Onde está Deus quando chega a dor?

Edição revista, ampliada e atualizada pelo autor da obra publicada, anteriormente, sob o título
Deus sabe que sofremos

PHILIP YANCEY

Onde está Deus quando chega a dor?

Tradução
Emma Anders de Souza Lima
e
Denise Avalone

Vida

Ao dr. Paul Brand, que tão generosamente compartilhou comigo suas experiências no campo médico e espiritual.

Sumário

Prefácio

Existe uma regra fundamental na publicação de um livro que também vale para uma cirurgia cerebral ou para o funcionamento de um automóvel: se nada estiver errado, não mexa. Como as pessoas ainda estão comprando o livro original *Deus sabe que sofremos*, posso estar quebrando essa regra ao fazer uma grande revisão e publicar *Onde está Deus quando chega a dor?*

Quando escrevi este livro, em meados de 1970, tinha pouco mais de 20 anos de idade. Em todos os anos que se seguiram, nunca deixei de pensar no assunto. Como um cão farejador, persigo incessantemente o problema da dor, buscando pistas. Naquela época, também recebi centenas de cartas de leitores contando as próprias odisséias com a dor. Por esses motivos, achei necessário retomar um trabalho que havia realizado há muito tempo, com o intuito de atualizá-lo.

Muitos estudiosos datam o livro de Jó como o mais antigo da Bíblia, e fico espantado de ver que as questões por ele formuladas com tanta eloqüência não desapareceram. Ficaram ainda mais gritantes e profundas com o passar dos séculos. Um romance mais recente, *The only problem* [*O único problema*], recebeu esse título de uma conversa sobre como um Deus bom permite o sofrimento, na qual o personagem principal diz: "Na verdade, esse é o único problema que vale a pena discutir".

Há mais uma coisa que me surpreendeu. Livros sobre a questão da dor claramente estão divididos em dois grupos. Os antigos, de pessoas como Aquino, Bunyan, Donne, Lutero, Calvino e Agostinho, os quais aceitam prontamente a dor e o sofrimento como agentes benéficos de Deus. Esses autores não questionam as ações de Deus. Apenas tentam "justificar os desígnios de Deus para o homem". Escreviam com convicção, como se a simples força de seu raciocínio pudesse acalmar seus sentimentos em relação ao sofrimento.

Os livros modernos sobre a dor são completamente diferentes. Os autores entendem que o mal e o sofrimento no mundo são tão grandes que não se encaixam na visão tradicional de um Deus bom e amoroso. Assim, Deus perde a posição de "defensor público" para assumir a cadeira de réu. "Como explica isso, Deus?", parecem perguntar esses revoltados escritores modernos, indignados. Muitos deles adaptam a visão que têm de Deus, redefinindo o amor dele ou questionando seu poder contra o mal.

Quem lê essas duas categorias de livros comparativamente percebe como a mudança de tom é notável. É como se, nos tempos modernos, as pessoas se achassem detentoras do monopólio do sofrimento. Teriam se esquecido de que Lutero e Calvino viveram num mundo sem éter e sem penicilina, no qual a média de esperança de vida era de 30 anos, e que Bunyan e Donne escreveram suas mais importantes obras, respectivamente, um na cadeia e o outro trancado num quarto, de quarentena, por causa da praga? Ironicamente, autores modernos, que vivem num conforto principesco, trabalham em escritórios perfeitamente climatizados e guardam elixires em seus armários de remédios, são os que queimam de raiva...

Depois de ler vários livros desse tipo, pensei: "será que o mundo realmente precisa de mais um livro sobre a dor?". Entretanto, como convivi com pessoas que sofreram, fui obrigado a concluir que sim. Percebi que muitos livros sobre a dor são estranhamente irrelevantes para quem sofre. Para elas, o problema da dor não é teórico, um jogo de palavras teológico no qual se deva associar todos os silogismos apropriados. É uma questão de relacionamento. Muita gente que sofre quer amar a Deus, mas não consegue parar de chorar, sentindo-se ferida e traída. Infelizmente, a resposta da igreja, em geral, traz mais confusão do que conforto.

Vinte e cinco anos atrás, numa idade na qual eu não tinha direito algum de tratar do problema da dor, escrevi *Deus sabe que sofremos* para essas pessoas. Em parte por ter tido grande retorno delas, agora revisei e ampliei o livro. De certa forma, esta nova edição representa um diálogo com meus leitores e mais um passo em minha peregrinação.

A seção "Como enfrentar a dor" foi a mais ampliada, porque acredito que Deus deu à igreja o mandamento de representar seu amor em um mundo sofredor. Normalmente, pensamos no problema da dor como uma pergunta que fazemos a Deus, mas se trata também de uma pergunta que ele nos faz. Como reagir às pessoas que sofrem?

Nesta revisão, selecionei vários artigos meus publicados na revista *Christianity Today*, além do livrete *Helping the hurting* [*Ajudando os que sofrem*], publicado pela Multnomah Press. Agradeço-lhes a permissão para incorporar esse material aqui.

*Lembrem-se [...] dos que estão
sendo maltratados, como se vocês
mesmos estivessem sendo maltratados.*

Hebreus 13.3

PRIMEIRA PARTE

Por que a dor existe?

Um problema que permanece

Enquanto isso, onde está Deus? Esse é um dos problemas mais inquietantes. Quando a pessoa se sente feliz, tão feliz que nem parece precisar dele, e a ele se chega a fim de louvá-lo, é recebida de braços abertos. Mas o que acontece quando a ele se dirige em situação desesperadora, a despeito de todos os seus esforços? A porta se lhe fecha e, por dentro, é duplamente aferrolhada. Depois, silêncio. Daí parece melhor se afastar.

C. S. Lewis
A grief observed
[*Análise de uma aflição*]

Sinto-me completamente sem ação perto dos que sofrem. Na verdade, sinto-me até culpado. As pessoas estão ali, sozinhas, talvez gemendo, com a face contorcida, e não consigo transpor o abismo e penetrar em seu sofrimento. Consigo apenas observar. Qualquer coisa que tente dizer parece-me medíocre e formal, como se recitasse algo previamente decorado.

Há alguns anos, atendi a um desesperado pedido de socorro de amigos muito íntimos, John e Claudia Claxton. Recém-casados, ambos com pouco mais de 20 anos, começavam a vida no Centro-Oeste norte-americano. Jamais tinha visto o amor transformar alguém tão profundamente como acontecera com John Claxton. Nos dois anos em que ele e Claudia estiveram noivos, John, uma pessoa cínica, desagradável e fria, tornou-se otimista, pronto a desfrutar as aventuras do casamento, como demonstravam as cartas que escrevia para mim.

Uma de suas cartas, porém, perturbou-me extremamente. Erros e rabiscos desfiguravam sua escrita, geralmente caprichada. Ele explicou: "Queira desculpar minha maneira de escrever [...] não sei o que dizer. Nem consigo achar as palavras". O casal enfrentava um problema maior do que podia suportar. Claudia tinha desenvolvido a doença de Hodgkin, câncer das glândulas linfáticas, e os médicos diziam que sua chance de vida era de apenas 50%.

Em uma semana, os cirurgiões fizeram um corte em seu corpo desde a axila até o abdome e removeram todo e qualquer traço visível da doença. Fraca e aturdida, ela jazia numa cama de hospital.

Na ocasião, ironicamente, John trabalhava como assistente de capelão num hospital local. Sua compaixão por outros pacientes declinou perigosamente. "A doença de Claudia", contou-me ele, "fazia com que eu entendesse melhor a situação de outros pacientes, mas não mais me interessava por eles; pensava somente em Claudia. Tinha vontade de gritar: 'Parem com essas lamúrias, seus idiotas! Vocês pensam que estão cheios de problemas, mas minha esposa pode estar morrendo neste momento!'".

Embora John e Claudia fossem cristãos, a revolta contra Deus avolumou-se: revolta contra um parceiro que eles amavam e que se tinha virado contra eles. "Ó Deus, por que nós?", clamavam. "Deste-nos, só para nos provocar, apenas um curto ano de casamento feliz preparando-nos para esta dor?"

O tratamento com cobalto arruinou o organismo de Claudia. Ela perdeu a beleza quase da noite para o dia. Sentia-se constantemente cansada, sua pele tornou-se escura, o cabelo começou a cair, a garganta estava sempre inflamada e ferida. Vomitava quase tudo o que comia. Os médicos precisaram suspender o tratamento por algum tempo, pois a garganta havia inflamado de tal maneira que ela não conseguia engolir.

Quando o tratamento de radiação recomeçava, ela permanecia periodicamente estirada numa mesa, nua. Não podia fazer nada, a não ser ficar deitada e escutar o chiado e o estalido do aparelho bombardeando-a com partículas invisíveis. Cada dose de radiação fazia seu corpo envelhecer meses. Deitada naquela fria sala revestida de aço, Claudia pensava em Deus e na dor que sentia.

AS VISITAS A CLAUDIA

No princípio, Claudia esperava consolo e conforto de seus amigos cristãos. Suas visitas, porém, tornaram-se desconcertantes, não consoladoras.

Um diácono da igreja aconselhou-a solenemente a refletir sobre o que Deus estava procurando ensinar-lhe.

— Certamente deve haver alguma coisa em sua vida que desagrada a Deus — disse ele. — Você deve ter deixado de fazer a vontade dele em algum ponto. Essas coisas não acontecem *por acaso*. Deus utiliza as circunstâncias para nos alertar e punir. O que será que ele está querendo lhe dizer?

Dias depois, Claudia ficou surpresa ao ver uma senhora da igreja que mal conhecia. Era evidente que aquela viúva gorducha e um tanto desmiolada pensava que sua vocação era ser "chefe de torcida" das visitas aos doentes. Trouxe flores, cantou hinos batendo palmas e recitou alegres salmos sobre lindos riachos e montanhas. Sempre que Claudia tentava falar de sua doença ou do prognóstico, a mulher rapidamente mudava de assunto. Queria afastar o sofrimento com entusiasmo e boa vontade. Ela, porém, fez apenas uma visita. Depois de um tempo, as flores murcharam, os hinos pareceram dissonantes, e Claudia ali estava face a face com outro dia de dor.

Veio outra mulher, fiel seguidora dos pregadores da televisão que curam pela fé. Irradiando confiança, assegurou a Claudia que a única solução era buscar a cura divina. Quando Claudia lhe contou sobre o conselho do diácono, a mulher quase explodiu.

— A doença jamais é da vontade de Deus! — exclamou ela. — É o que a Bíblia diz. O Diabo nos rodeia, como leão que ruge, mas Deus a livrará, se você tiver fé suficiente para acreditar que será curada. Lembre-se, Claudia, de que a fé pode remover montanhas, inclusive a doença de Hodgkin. Simplesmente nomeie sua promessa, com fé, e então reivindique a vitória.

Nas manhãs seguintes, Claudia tentou "aumentar" sua fé enquanto permanecia deitada na estéril sala de tratamento de cobalto. Ela se perguntava se havia entendido o procedimento. Não questionava o poder sobrenatural de Deus, mas como convencê-lo de sua sinceridade? A fé não era como um músculo que pudesse ser aumentado pelo exercício. Era algo escorregadio, teórico, difícil de alcançar. A questão de aumentar a fé pareceu-lhe terrivelmente cansativa, e jamais conseguiu descobrir como empreender tal tarefa.

Outra senhora, talvez a mais "espiritual" da igreja de Claudia, trouxe alguns livros sobre louvar a Deus por tudo que acontece.

— Claudia, você precisa chegar ao ponto de poder dizer: "Deus, eu te *amo* por me fazeres sofrer desta maneira. É a tua vontade. Tu sabes o que é melhor para mim. Eu te louvo por me amares de tal modo que permites esta experiência. Agradeço-te todas as coisas, inclusive esta".

Ao meditar sobre o que a senhora dissera, a mente de Claudia encheu-se de imagens horríveis e cruéis de Deus. Imaginou um gigante, tão grande quanto o Universo, que tinha prazer em esmagar entre os dedos as pobres criaturas humanas, pulverizando-as com os punhos e arremessando-as contra pedras pontiagudas. Esses seres humanos continuavam a ser torturados até que gritassem: "Deus, eu te amo por estares fazendo isso comigo!". Essa idéia lhe era repulsiva. Claudia não podia adorar nem amar um Deus assim.

Outro visitante, o pastor de sua igreja, fez com que ela sentisse que estava cumprindo uma missão. Ele lhe disse:

— Você, Claudia, tem o privilégio de sofrer por Cristo, e ele a recompensará. Deus a escolheu por causa de sua grande força e integridade, assim como escolheu Jó. Ele a está usando como exemplo. A fé que outros têm pode aumentar por causa de sua atitude. Deve sentir-se privilegiada, não amargurada. O que vemos como adversidade, Deus vê como oportunidade.

Ele lhe disse que pensasse em si como uma estrela do atletismo e encarasse a adversidade como uma série de obstáculos que deveria saltar em seu caminho para a vitória numa corrida.

Algumas vezes, com pena de si mesma, o pensamento de ser uma privilegiada mártir encantava Claudia. Outras vezes, quando as dores aumentavam num crescendo interminável, quando a comida era dolorosamente vomitada, quando via seu rosto envelhecer, Claudia clamava: "Deus, por que eu? Há milhões de cristãos mais fortes e mais retos do que eu. Não poderias ter escolhido um deles?". Ela, de fato, não se sentia como uma estrela do atletismo e perguntava por que Deus deliberadamente colocava obstáculos no caminho de alguém que ele amava.

Eu também visitei Claudia e a encontrei desesperadamente confusa com todas essas palavras contraditórias. Ela me contou os conselhos que havia recebido de pessoas bem-intencionadas. Ouvi suas indagações confusas. Que lição deveria aprender? Como ter mais fé? A quem deveria ouvir? No meio de tanta confusão, Claudia tinha uma certeza: seu mundo feliz com John estava se desintegrando, e essa era a última coisa que desejava que acontecesse.

Tive poucos conselhos a dar a Claudia naquele dia. Na verdade, saí com mais perguntas ainda. Por que Claudia se lastimava numa cama de hospital, enquanto eu estava de pé, saudável, a seu lado? Algo dentro de mim se perturbava ao ouvi-la repetir os prontos comentários de seus visitantes. O cristianismo deveria fazer quem sofre sentir-se ainda pior?

Na época que visitei Claudia, eu trabalhava para a revista *Campus Life* e fazia um "bico" como jornalista *freelance*. Num curto período, escrevi seis histórias da seção "Drama da vida real" para o *Reader's Digest*. Entrevistei um jovem casal canadense que havia sido atacado por um urso enorme. Embora ambos tivessem sobrevivido, o jovem perdeu um olho, e as muitas cirurgias plásticas não puderam esconder as cicatrizes espalhadas por seu rosto. Em outra cidade, dois jovens contaram-me a história de uma viagem que fizeram, na infância, com o pai para acampar na montanha Rainier. Surpreendidos por uma nevasca, cavaram desesperadamente uma gruta de neve. O pai, para protegê-los, ficou na entrada da gruta e congelou até morrer durante a noite.

Todas essas pessoas repetiram sua versão da cacofonia de vozes dos "confortadores" cristãos. Alguém que teve um membro amputado disse-me:

— Meus amigos religiosos foram a parte mais depressiva e irritante de toda a experiência.

Essa tendência me perturbou grandemente. Algo estava errado. A fé fundamentada no Grande Médico deveria trazer paz, não confusão, em tempo de crise.

Por que as pessoas têm de sofrer? O que a Bíblia diz de fato? Por causa das dúvidas que surgiram de meus contatos com Claudia[1] e com outros na mesma situação, comecei uma busca que culminou neste livro. Procurei uma mensagem que nós, cristãos, possamos dar aos que sofrem. Acima de tudo, busquei uma mensagem para fortalecer minha própria fé quando sofro. Onde está Deus quando chega a dor? Está tentando dizer-nos algo por meio da dor?

UMA ABORDAGEM PESSOAL

Depois de uma longa viagem pelos Estados Unidos, o conhecido pastor e teólogo alemão Helmut Thielicke foi inquirido sobre o maior defeito que observara nos cristãos norte-americanos. Ele respondeu: "Eles têm uma visão inadequada a respeito do sofrimento". Acabei por concordar com ele.

No mundo não-cristão, essa falha destaca-se ainda mais. Perguntei a alguns universitários o que tinham contra o cristianismo, e a maioria repetiu variações sobre o mesmo tema do sofrimento: "Não posso acreditar num Deus que tenha permitido Auschwitz e Camboja"; "Minha irmã adolescente morreu de leucemia, apesar de todas as orações dos cristãos"; "Ontem à noite, um terço da humanidade foi para a cama com fome; isso faz sentido no contexto do amor cristão?".

Nenhuma outra experiência humana provoca resposta tão urgente. Ninguém senta em cafés enfumaçados tarde da noite para debater as implicações cósmicas do sentido do olfato ou do paladar. *Cheiro! Por que essa estranha sensação? Qual era a intenção de Deus? Por que proporcionou, com esmero e abundância, perfume às rosas, mas não ao oxigênio? Por que a humanidade deve se virar com apenas um oitavo da capacidade sensorial do cachorro?* Curiosamente, não ouço ninguém debater "o problema do prazer". Por que achamos que as sensações de prazer são tão naturais, mas reagimos violentamente contra a dor?

Pesquisando livros sobre o problema da dor, descobri que diversos grandes filósofos, embora favoráveis à ética e aos princípios cristãos, tropeçaram ao se defrontar com o problema da dor e do sofrimento, acabando por rejeitar o cristianismo. C. E. M. Joad escreveu: "Quais são, pois, os argumentos que, para mim, desfazem o ponto de vista religioso do Universo? [...] Primeiro, a dificuldade apresentada pelo fato de existir a dor e o infortúnio".[2]

Outros filósofos, como Bertrand Russell e Voltaire, compartilham o protesto de Joad.

O confuso problema da dor e do sofrimento aparece sempre, apesar das eruditas tentativas de explicá-lo. O grande escritor britânico C. S. Lewis deu talvez a explicação mais articulada sobre o assunto neste século em *The problem of pain* [*O problema do sofrimento* — publicado em português pela Editora Mundo Cristão], escrito no auge de sua capacidade intelectual. Anos mais tarde, porém, depois que sua esposa morreu de câncer nos ossos, Lewis escreveu outro livro, *A grief observed* [*Análise de uma aflição*], que publicou sob um pseudônimo. Ele trata do mesmo assunto, mas de maneira muito diferente. Como revela a citação no início deste capítulo, a confiança de Lewis havia sido despedaçada, suas emoções tinham sido esticadas a ponto de se romper, ou mais do que isso. "Não conseguimos jamais saber quanto realmente acreditamos em algo até que sua veracidade ou não se torne uma questão de vida ou morte para nós", disse ele.

Como na batalha de Hércules contra Hidra, todas as nossas tentativas de derrubar argumentos agnósticos esbarram em exemplos de sofrimento bastante constrangedores. O romancista Peter De Vries chamou o problema da dor de "ponto de interrogação invertido, como um anzol no coração humano". Geralmente, a explicação cristã soa como uma desculpa falsa, confusa e mal-articulada.

"O problema da dor" representa um profundo mistério, e a abordagem dos filósofos ao assunto às vezes se traduz em uma argumentação abstrata, do tipo que se encontra em livros de matemática pura. Ao escrever este livro, não foi minha intenção dirigir-me a filósofos. Pessoas muito mais capazes do que eu já o fizeram. Ao escrevê-lo, preferi ter diante de mim a imagem de minha amiga Claudia Claxton estirada numa cama de hospital. Nossos problemas com a dor, em sua maioria, não são meros exercícios de ginástica mental. São parecidos com os de Claudia: perda de juventude, dores na garganta, casamento ameaçado pela morte, o terrível medo do desconhecido. Claudia ouviu de amigos cristãos muitos conselhos conflitantes sobre esses problemas. Em que podemos crer com confiança?

Ao preparar este livro, conversei com cristãos que sofrem bem mais do que qualquer de nós. Para muitos deles, a dor faz parte da vida. É a primeira sensação da manhã que se prolonga até o último momento antes do sono, se tiverem a sorte de conseguir dormir. Também passei uma temporada entre leprosos, pessoas que não sentem dor física, mas que, ironicamente, gostariam de sentir. Com tais pessoas como minhas referências, entrei no mundo dos que sofrem para descobrir que diferença faz ser cristão.

Primeiramente, examinarei a dor pelo microscópio, biologicamente, para ver o papel que ela desempenha na vida. Em seguida, voltando atrás, olharei para o planeta como um todo, procurando saber quais são os desígnios de Deus. Será o sofrimento o grande erro de Deus? Finalmente, perguntarei que resposta poderemos dar quando surgir o sofrimento e também como falar aos que sofrem.

É possível que, da próxima vez que eu cair doente, com gripe forte, debatendo-me na cama com febre ou lutando contra ondas de náusea, minhas conclusões sobre a dor não me sejam de nenhum consolo. Entretanto, como cristão tentando esquadrinhar o que Deus deseja neste mundo, tenho aprendido muito. Como passei a entender melhor o sofrimento deste mundo, minha atitude para com Deus mudou completamente.

A dádiva indesejável

Os sintomas e a doença não são a mesma coisa. A doença existe bem antes dos sintomas. São os sintomas, não a doença, o começo da cura. O fato de serem indesejáveis faz de todos eles mais um fenômeno da graça, um dom de Deus, uma mensagem do inconsciente para, se quiser, iniciar o auto-exame e o restabelecimento.

M. Scott Peck
Formação da personalidade[1]

Estou em Chicago, na luxuosa sala do Orchestra Hall. Deleitei-me com a música de Beethoven e de Mozart, mas o longo e complexo concerto de Prokofiev não me transmite o mesmo prazer. Como o sangue que dá energia é direcionado de meu cérebro para meu estômago a fim de ajudar a digestão do farto almoço de domingo, torna-se cada vez mais difícil ficar acordado.

A sala de concerto é quente e abafada. Aos poucos, os sons dos vários instrumentos começam a misturar-se em um único tom abafado. Minhas pálpebras ficam pesadas. Vejo a meu redor muita gente bem-vestida que já havia sucumbido. Assim, também apóio o queixo na mão direita e encosto o cotovelo no braço de madeira da poltrona. A música desaparece...

Bum! Braços e pernas espalham-se. Algumas pessoas em derredor fulminam-me com os olhos, o pescoço esticado em minha direção. Meu casaco está no chão. Assustado e constrangido, pego o casaco, endireito-me no assento e tento concentrar-me na música. O coração bate desordenadamente.

O que aconteceu? Mesmo enquanto vagueava pela terra dos sonhos, meu corpo trabalhava lealmente para proteger-me. Embora meu consciente já estivesse apagado, meu sistema de reflexos ainda funcionava. Enquanto minha cabeça balançava para a frente, duas pequenas bolsas no ouvido interno, cheias de fluido e revestidas de pêlos ultra-sensíveis, detectaram uma mudança alarmante em meu equilíbrio. Justamente no momento em que minha cabeça ia bater no braço da poltrona, o ouvido interno soltou um alerta geral. Meus braços moveram-se abruptamente, minha cabeça lançou-se para trás, e todo o meu corpo se contorceu. Embora bastante embaraçoso para mim, esse ato dramático foi apenas um esforço emergencial de meu corpo a fim de evitar que eu me machucasse. Todas essas manobras complexas aconteceram enquanto eu cochilava.

O mecanismo da dor no corpo humano opera justamente como o sistema de alarme que experimentei no Orchestra Hall. Os sensórios de dor avisam o corpo do perigo — *Isso dói!* — forçando a pessoa a se concentrar na área do problema.

Às vezes, a reação ocorre de maneira involuntária. Por exemplo, quando vou ao médico para um exame geral de rotina e ele golpeia meu joelho com um martelo de borracha, minha perna estica-se violentamente. Por quê? O joelho tem a impressão de que está sendo dobrado. O martelo atinge os mesmos nervos que seriam afetados se meu joelho vergasse subitamente ao caminhar. Meu corpo reage para que eu não tropece e sofra dor maior. A reação é rápida e espontânea demais para permitir que o cérebro tenha tempo de raciocinar que estou sentado numa mesa, não de pé, e que realmente não há perigo de eu cair.

MARCAS DE UM PROJETISTA

Apesar de seu óbvio valor como dispositivo de proteção ao organismo, o sistema nervoso e seus milhões de sensórios de dor são, entre as funções do corpo, as menos apreciadas. Jamais li um poema exaltando as virtudes da dor, nem vi uma estátua erigida em sua honra, nem ouvi um hino a ela dedicado. A dor é sempre qualificada como "desagradável".

Os cristãos, que crêem num Deus amoroso, realmente não sabem como interpretar a dor. Muitos deles, se colocados contra a parede numa hora difícil, provavelmente admitiriam que a dor é um erro de Deus. Achariam que ele deveria ter tido mais cuidado e inventado uma maneira melhor de enfrentarmos o perigo. Eu costumava sentir exatamente isso.

Agora, no entanto, estou convencido de que a dor tem tido propaganda injusta. Talvez devêssemos ter estátuas, hinos e poemas exaltando a dor. Por que minha atitude mudou? Porque, se fizermos um exame realmente acurado, veremos a estrutura da dor por um prisma completamente diferente. Minha discussão sobre a dor, então, deve começar examinando o corpo humano. Por que necessito da dor? O que ela tenta transmitir?

Começo aqui com visão ampliada, porque essa perspectiva é a mais desprezada pelas pessoas que tentam lidar com a questão: "Onde está Deus quando chega a dor?". Tenho lido muitos livros filosóficos e teológicos sobre "o problema da dor", mas estes atribuem, na melhor das hipóteses, reconhecimento simbólico ao fato de que a dor pode ter algum propósito biológico útil. O sistema nervoso merece muito mais que reconhecimento simbólico. Representa a marca da genialidade inventiva.

Considere apenas um dos órgãos do corpo humano: a pele, órgão flexível e resistente que se estende sobre o corpo todo como uma defesa avançada contra os perigos do mundo. A pele é aquinhoada de milhões de sensórios de dor espalhados por sua superfície. Entretanto, não estão espalhados a esmo; são distribuídos cuidadosamente nos lugares de maior carência. De fato, o corpo não parece ter quaisquer "células de dor" exclusivas, pois a sensação de dor está ligada a um elaborado sistema de sensórios que também apresentam informações sobre pressão, tato, calor e frio.

Cientistas vendaram os olhos de seus objetos de pesquisa (em geral, estudantes de medicina desafortunados) e mediram a sensibilidade de sua pele. Por exemplo, quanta pressão é necessária para que uma pessoa de olhos vendados perceba um objeto em contato com sua pele? A escala, chamada *limiar absoluto do tato*, é medida em gramas (por milímetro quadrado de superfície da pele). Os pesquisadores descobriram o seguinte:

- ponta da língua: sensível a 2 g de pressão
- dedos da mão: sensíveis a 3 g de pressão
- dorso da mão: sensível a 12 g de pressão
- parte posterior do antebraço: sensível a 33 g de pressão
- sola do pé: sensível a 250 g de pressão

Portanto, a pele, um único órgão, apresenta uma vasta variedade de sensibilidade à pressão. Usamos a língua para atos complexos, como articular palavras e pegar partículas de comida entre os dentes. Usamos os dedos para tocar violão, escrever com caneta de ponta porosa e acariciar. Essas áreas da pele requerem uma sensibilidade com diferenças mínimas.[2]

Áreas menos críticas, entretanto, não necessitam tal sensibilidade. Ficaríamos cansados demais se nosso cérebro tivesse de escutar todos os relatórios das mínimas pressões exercidas sobre o pé, que se defronta diariamente com o pisar, a compressão e o peso do corpo. Portanto, enquanto os dedos da mão e a língua são capazes de detectar o toque de uma pena, outras partes do corpo precisam de uma bela batida para transmitir ao cérebro uma atividade não-costumeira.

Essas medidas de pressão necessárias para provocar uma reação mal atingem a superfície das maravilhas do sistema nervoso. Por exemplo, a sensibilidade à pressão varia de acordo com o contexto. Posso distinguir uma carta que pesa 35 g de outra que pesa 15 g apenas segurando-a em minha mão. Se estivesse segurando um pacote de 4,5 kg, no entanto, não seria capaz de discernir essa diferença. Precisaria de uma variação de pelo menos 85 g para notar.

Outro teste determina o *limiar absoluto da dor*. Nele, o cientista mede o grau de pressão que precisa ser aplicada a uma agulha bem pontuda para que a dor seja sentida:

- córnea: 0,2 g produzem sensações doloridas
- antebraço: 20 g produzem sensações doloridas
- dorso da mão: 100 g produzem sensações doloridas
- sola do pé: 200 g produzem sensações doloridas
- ponta do dedo: 300 g produzem sensações doloridas

Repare o contraste que há entre esses números e os limites da pressão.[3] Há uma diferença estarrecedora na ponta do dedo, por exemplo. É capaz de perceber uma pressão de 3 g apenas, mas, para que sinta alguma dor, é necessário haver uma pressão de 300 g! Por quê? Pense nas atividades dos dedos. Os dedos do violinista sofrem enorme extensão de pressões para produzir som e volume perfeitos. Um padeiro hábil, ao mexer a massa de pão, pode notar variações de até 2% na "aderência" ou consistência da massa. Nas indústrias têxteis, apalpadores de pano comparam a qualidade dos tecidos pelo tato. As pontas dos dedos, portanto, precisam ser incrivelmente sensíveis a ínfimas diferenças no toque.

Mas não é só isso. As pontas dos dedos também precisam ser resistentes para suportar atividades pesadas. Repare na mão calejada de um carpinteiro ou de um jogador profissional de tênis. A vida seria insuportável se a ponta do dedo mandasse ao cérebro uma mensagem de dor todas as vezes que a mão apertasse uma raquete de tênis ou batesse um martelo. O projeto do corpo inclui pontas de dedos com sensibilidade extraordinária à pressão, mas com relativa insensibilidade à dor. As mãos e as pontas dos dedos são as partes mais usadas de nosso corpo.[4]

A córnea, entretanto, tem uma vida bastante diferente. Sendo transparente — essencial para deixar entrar raios de luz —, é muito frágil e tem um suprimento limitado de sangue. Um pequeno ferimento ou qualquer intrusão, como a de uma ínfima farpa de madeira ou partícula de pó, é um problema muito sério. Portanto, os sensórios de dor da córnea têm uma linha eletrônica direta para o cérebro.

Vi um jogo de uma competição mundial de beisebol se atrasar pelo simples motivo de o lançador ter um cisco no olho. Os jogadores e juízes se juntaram ao redor dele, enquanto se olhava no espelho para retirar do olho um cílio que o incomodava. Não seria capaz de continuar a fazer lançamentos até remover a causa da dor. O mesmo cisco em seu nariz, no braço ou em qualquer outra parte do corpo nem seria notado.

CÓLICAS, PEDRAS NO RIM E DORES DE CABEÇA

Internamente, o corpo apresenta mais evidências do inteligente projeto do sistema nervoso. Picadas de alfinete ou aplicações de calor, técnicas favoritas dos cientistas para medir a dor sobre a superfície da pele, não funcionam nos órgãos internos, os quais simplesmente não respondem a esses estímulos. Por que deveriam? Uma vez que a pele foi designada, no corpo, para identificar o choque de cortes, queimaduras e pressões, os órgãos internos não têm necessidade de tais sistemas elaborados de alarme.

Depois de ultrapassar as defesas da pele com a ajuda de um anestésico local, é possível queimar o estômago com um fósforo, inserir uma agulha através do pulmão, cortar o cérebro com uma faca, esmagar o rim num torno ou ainda perfurar o osso, e o paciente não sentiria dor alguma. Sinais internos de dor seriam redundantes, pois a pele e o esqueleto protegem os órgãos internos de tais perigos.

Entretanto, os órgãos protegidos do corpo possuem jogos únicos de receptores de dor específicos para os perigos que enfrentam. Se um médico inserir um balão dentro do estômago e enchê-lo de ar, dilatando-o ligeiramente, sinais urgentes de dor alcançarão o cérebro: cólicas ou dor motivada por gases. A estrutura nervosa do estômago foi planejada para protegê-lo de perigos específicos. Do mesmo modo, o rim solta um alarme de dor excruciante quando uma pedrinha de 4 mm de diâmetro acha-se presente. As bordas das juntas, insensíveis a uma agulha ou faca, são muito sensíveis a certas químicas.[5]

Em raras ocasiões, um órgão interno deve informar o cérebro sobre uma emergência para a qual seus sensórios de dor não foram preparados. Como alertar o cérebro da lesão que sente? O órgão utiliza, nesse caso, o notável fenômeno da *dor reflexa*. "Empresta" sensórios de dor vizinhos para soar o alarme. Por exemplo, a vítima de um ataque de coração pode notar um aperto ou uma dor intensa no pescoço, no peito, na mandíbula ou no braço esquerdo. As células da pele dali, embora perfeitamente saudáveis, enviam prestativas mensagens de alarme ao cérebro como se *elas* estivessem lesadas, quando, na verdade, o problema está em seu vizinho, o coração. Dessa forma, a pele "empresta" ao coração seus sensórios de dor como uma estação retransmissora.

Qualquer pessoa que tome sorvete caseiro rápido demais num dia quente de verão pode experimentar fenômeno parecido. De repente, bate uma dor de cabeça bem atrás dos olhos. Obviamente, o sorvete não entra na testa. Antes, o nervo do estômago envia fortes sinais de frio ao cérebro. Na junção com o nervo trigêmeo da face, testa e mandíbula, a dor pula de um nervo para o outro, e o frio no estômago é sentido como dor na cabeça.

O mistério da dor reflexa pode resultar em alguns diagnósticos médicos desafiadores. Problemas no baço às vezes são sentidos na extremidade do ombro esquerdo. Um apêndice prejudicado pode tomar emprestado sensórios de dor de diversos lugares de qualquer lado do abdome. Uma lesão no pescoço pode causar dor no braço. Tudo isso demonstra como o sistema de suporte do corpo coopera para preveni-lo de possíveis lesões.

Bibliotecas de medicina contêm maciços volumes cheios de fatos surpreendentes sobre o funcionamento do sistema nervoso do corpo. Mencionei apenas alguns. Fatos como a distribuição exata das células de dor necessárias, os limites de dor e de pressão e o sistema de suporte da dor reflexa convencem-me de que, qualquer que seja, a estrutura da dor não aparece por acidente.

A dor não é um erro de Deus, tampouco um planejamento malfeito. Pelo contrário, revela um projeto maravilhoso que serve ao nosso corpo muito bem. Pode-se argumentar que a dor é tão essencial ao funcionamento normal da vida como o sentido da visão ou até mesmo a boa circulação do sangue. Como veremos, se não houvesse dor, nossa vida estaria cheia de perigo e privada de usufruir muitos prazeres básicos.

MAS É PRECISO DOER?

Minha apreciação pelos aspectos engenhosos do sistema da dor remonta ao início da minha amizade com o dr. Paul Brand. Encontrei seu nome em 1975, quando pesquisava o tópico da dor. Já havia lido muitos livros sobre o assunto. Um dia, porém, minha esposa remexia um armário de suprimentos médicos e achou um folheto com o inusitado título *A dádiva da dor*. O autor era o dr. Brand. Pouco depois, nos encontramos no leprosário de Carville, Louisiana, e desde então escrevemos juntos dois livros: *As maravilhas do corpo*[6] e *In his image* [*À sua imagem*].

O dr. Brand recebeu amplo reconhecimento por seu trabalho médico, inclusive distinções médicas da Fundação Albert Lasker e do Serviço Público de Saúde dos Estados Unidos e a comenda do império britânico das mãos da rainha Elizabeth II. Contudo, curiosamente, obteve muito de seu reconhecimento por meio de uma cruzada a favor da dor. Sem hesitação, o dr. Brand declara: "Sejamos agradecidos a Deus por ter inventado a dor. Ele não poderia ter feito coisa melhor. É algo maravilhoso!". Como uma das maiores autoridades mundiais em lepra, doença que ataca o sistema nervoso, está qualificado a fazer tal julgamento.

De fato, certa vez o dr. Brand recebeu uma enorme verba para projetar um sistema artificial de dor. Ele sabia que pessoas portadoras de doenças como lepra e diabetes corriam o sério perigo de perder dedos da mão, do pé e até braços e pernas porque seu sistema de alarme de dor havia sido silenciado. Estavam literalmente destruindo a si mesmas sem perceber. Talvez pudesse projetar um substituto simples que as alertasse dos piores perigos.

Nesse projeto, o dr. Brand tinha de pensar como o Criador, prevendo as necessidades do corpo. Para ajudá-lo, contratou três professores catedráticos de engenharia eletrônica, um biotécnico e diversos bioquímicos especializados em pesquisa. A equipe decidiu concentrar-se nas pontas dos dedos da mão, a parte do corpo usada mais freqüentemente e, portanto, mais vulnerável. Desenvolveram uma espécie de nervo artificial que podia ser colocado na ponta do dedo como uma luva. O nervo eletrônico reagia à pressão por intermédio de uma corrente elétrica que estimulava um sinal de aviso.

O dr. Brand e seus assistentes enfrentaram problemas técnicos desencorajadores. À medida que se aprofundavam no estudo dos nervos, mais complexa tornava-se a tarefa. Quando deveria o sensório dar o aviso? Como distinguir a pressão normal de segurar um corrimão da pressão inaceitável de segurar uma planta com espinhos? Como ajustar isso para atividades rigorosas, como jogar tênis?

Brand observou também que as células nervosas mudam sua percepção de dor para atender às necessidades do corpo. Quando o dedo sofre uma infecção, torna-se dez vezes mais sensível à dor do que em estado normal. Essa é a razão de um dedo inchado incomodar e atrapalhar: seu corpo está dizendo que precisa de tempo para se curar. As células nervosas "aumentam de volume", exagerando as reações às pancadas e aos arranhões que normalmente nem seriam notados. Os cientistas, embora muito estudiosos, não encontraram meios para reproduzir tal proeza divina com a tecnologia atual.

Os sensórios artificiais custam cerca de 450 dólares cada, e precisaria haver muitos deles para proteger uma única mão ou um único pé, mas cada novo projeto revelara ser frágil, prestes a se romper ou a se deteriorar pela corrosão ou pela fadiga do metal depois de acionado uma centena de vezes. Mês após mês, o dr. Brand e seus companheiros apreciavam mais intensamente o notável planejamento da estrutura da dor no corpo humano, que inclui milhões de sensórios que funcionam, sem custo de manutenção, por toda a vida de uma pessoa saudável.

No início, o dr. Brand procurou um meio de fazer seu sistema artificial de dor funcionar sem de fato machucar o paciente. Havia lido as reclamações de vários filósofos contra o mundo criado. Por que Deus não havia projetado um sistema nervoso que nos protegesse sem o desagradável aspecto da dor? Aqui estava a chance de melhorar o projeto original com um sistema protetor que não doesse.

Primeiramente, tentaram usar um sinal audível produzido por um aparelho de audição, sinal que zumbiria quando os tecidos estivessem recebendo pressões normais e zuniria ruidosamente quando estivessem realmente em perigo. Mas o sinal não era suficientemente desagradável. O paciente era capaz de tolerar o forte ruído se quisesse fazer algo como apertar uma chave de fenda com muita força, mesmo que o sinal lhe avisasse que isso lhe era prejudicial. Isso acontecia não uma, mas muitas vezes. As pessoas que não sentiam dor não podiam ser persuadidas a confiar nos sensórios artificiais.

Depois, a equipe de Brand tentou usar luzes cintilantes, que não funcionaram pela mesma razão. Finalmente, recorreram a choques elétricos, fixando eletrodos em alguma parte do corpo ainda sensitiva, como a axila. As pessoas tinham de ser *forçadas* a reagir; não era suficiente apenas alertá-las do perigo. O estímulo tinha de ser tão desagradável quanto a dor.

"Descobrimos também que o sinal tinha de estar fora do alcance do paciente", disse Brand. "Até pessoas inteligentes, quando queriam fazer algo que sabiam que resultaria no choque, desligavam o sinal, faziam o que tinham em mente e religavam o sinal quando não mais havia o perigo de receber um desagradável choque. Isso me fez lembrar da sabedoria de Deus ao colocar a dor fora de nosso controle."

Depois de cinco anos de trabalho, de milhares de horas de empenho individual e de uma despesa de alguns milhões de dólares, Brand e seus sócios abandonaram o projeto. Um sistema de alarme que se ajustasse a apenas uma das mãos alcançaria um preço exorbitante, estaria sujeito a freqüentes avarias mecânicas e ainda seria irremediavelmente inadequado para interpretar tão grande número de sensações. O sistema chamado, às vezes, de "o grande erro de Deus" era demasiadamente complexo para ser reproduzido até mesmo pela tecnologia mais sofisticada.

Por isso, Paul Brand diz com absoluta sinceridade: "Sejamos agradecidos a Deus pela dor!". Por definição, a dor é desagradável o suficiente para forçar-nos a retirar os dedos de um fogão quente. Mas é justamente essa característica que nos livra da destruição. Se não fosse um sinal de alerta que exigisse pronta reação, não prestaríamos a devida atenção.

DANDO ATENÇÃO À DOR

A típica resposta norte-americana à menor dor é tomar uma aspirina e silenciá-la. Essa abordagem lida somente com o sintoma do problema. Não ousamos cortar o sistema de alarme sem primeiramente escutar o aviso.

Um trágico exemplo de alguém que não deu atenção ao aviso ocorreu num jogo da Liga Nacional de Basquete, quando um famoso jogador, Bob Gross, quis jogar mesmo com um tornozelo bastante machucado. Sabendo que Gross era necessário para o importante jogo, o médico do time injetou Marcaína, um forte analgésico, em três lugares diferentes de seu pé. Gross iniciou o jogo, mas depois de alguns minutos, ao brigar por um rebote, um forte estalo pôde ser ouvido no ginásio. Gross, distraidamente, correu para um lado e para outro da quadra duas vezes e então sucumbiu no chão. Embora não sentisse dor, um osso se quebrara em seu tornozelo. Desprezando o sistema de alarme da dor com o analgésico, o médico causou uma lesão permanente no pé de Gross e deu fim à carreira dele no basquete.

A dor não é o grande erro de Deus. É uma dádiva, a dádiva que ninguém deseja. Mais do que qualquer outra coisa, a dor deve ser compreendida como uma estrutura de comunicação. Assim como o sistema de alarme de meu equilíbrio livrou-me no embaraçoso episódio no Orchestra Hall, um notável sistema de sensórios de dor mantém vigilância, com o extraordinário propósito de impedir que me machuque.

Longe de mim afirmar que toda dor é boa. Algumas vezes, ela torna a vida completamente miserável. Para os que sofrem de artrite deformadora ou de câncer em estado terminal, a dor é tão terrível que qualquer alívio, especialmente um mundo sem dor, pareceria o próprio céu. Mas, para a maioria das pessoas, a estrutura da dor funciona diariamente como proteção. É planejada de modo efetivo para que a vida seja possível neste planeta hostil.

Como disse o dr. Brand:

> A única reclamação legítima que pode ser feita contra a dor é que ela não pode ser "desligada". Pode continuar sem controle, como num paciente com câncer terminal, mesmo que seu alarme tenha sido ouvido e não haja mais o que fazer para tratar a causa da dor. Como médico, no entanto, estou certo de que

> menos de 1% da dor está nessa categoria que podemos chamar de fora do controle. Noventa e nove por cento de todas as dores que as pessoas sofrem são de curto prazo: situações corrigíveis que requerem medicação, descanso ou mudança no estilo de vida de uma pessoa.

Obviamente, a idéia surpreendente da "dádiva da dor" não responde a muitos problemas relacionados com o sofrimento, mas é o ponto inicial de uma perspectiva realista sobre dor e sofrimento. Muito freqüentemente, o trauma emocional da dor intensa impede que apreciemos seu valor intrínseco.

Quando alguém quebra um braço e toma aspirinas para amortecer uma dor lancinante, agradecer a dor não é o primeiro pensamento que lhe vem à mente. Naquele exato momento, entretanto, a dor está alertando o organismo do perigo, mobilizando as defesas antiinfecciosas em torno da parte afetada e forçando a pessoa a deixar atividades que possam agravar a lesão. A dor exige atenção, o que é extremamente importante para a recuperação do organismo.

O inferno indolor

Quem jamais foi ferido zomba de cicatrizes.

WILLIAM SHAKESPEARE
Romeu e Julieta

Quase por definição, quando sentimos dor, não a queremos. Por que o dr. Brand e seus colegas gastaram tanto tempo e energia tentando criar a dor, enquanto tantos outros médicos profissionais trabalham diligentemente para silenciá-la?

Aprendi muitos fatos sobre a estrutura do sistema da dor. Cheguei até a enxergá-la como uma "dádiva". Entretanto, o mero conhecimento não era suficiente para superar minha instintiva resistência à dor. Tinha fortes dúvidas, até que passei uma semana em Louisiana com o dr. Brand, o apologista da dor.

O dr. Brand passou a apreciar a dor ao viver entre leprosos. Foi ele quem descobriu que os pacientes leprosos sofriam pelo simples motivo de ter um sistema defeituoso de dor.

A palavra "lepra" evoca imagens exageradas de dedos sem ponta, úlceras, pessoas sem pernas, rostos deformados. Livros e filmes como *Ben Hur* e *Papillon* (freqüentemente imprecisos) têm nos condicionado a pensar na lepra como uma doença insuportavelmente cruel. É a mais antiga enfermidade registrada e uma das mais temidas. Durante séculos, as vítimas da lepra tinham de gritar: "Imundo! Imundo!", sempre que alguém se aproximasse.

A lepra é, de fato, cruel, mas não do mesmo modo que muitas doenças. Age basicamente como anestésico, amortecendo as células de dor de mãos, pés, nariz, ouvidos e olhos. Realmente não é tão grave, pode-se pensar. A maioria das doenças é temida por causa da dor que provoca. O que faz uma doença indolor tornar-se tão horrível?

A qualidade anestésica da lepra é justamente a razão pela qual surge a tão falada destruição e decomposição dos tecidos. Durante milhares de anos, pensou-se que a doença causava úlceras nas mãos, nos pés e no rosto e que essas úlceras produziam infecção e, por fim, perda de pernas e braços. A pesquisa pioneira do dr. Brand na Índia descobriu que, em praticamente todos os casos, a lepra apenas amortece as extremidades. A destruição dos tecidos que se segue ocorre unicamente pela falta do sistema de alerta à dor.

Como se dá essa destruição? O dr. Brand fez essa pergunta a si mesmo milhares de vezes ao tratar as mãos infectadas de habitantes dos povoados da Índia. Parecia uma batalha perdida. Tratava as feridas e as enfaixava apenas para ter os pacientes de volta meses depois com lesões muito piores. Como outras pessoas que lidavam com a lepra, supunha que a doença funcionava como um fungo, destruindo tecidos indiscriminadamente.

Mas Brand logo aprendeu a questionar seus pacientes cuidadosamente sobre atividades que pudessem ter contribuído para a lesão. Certa vez, ficou horrorizado ao ver uma pessoa com a doença retirar diretamente com a mão uma batata que alguém tinha derrubado numa fogueira de carvão. Brand sabia que logo estaria tratando machucados na mão daquele paciente, causados pelas queimaduras, não pela lepra. Insensível à dor, havia exposto inconscientemente a mão a algo terrivelmente danoso.

Brand começou a seguir os pacientes no leprosário da Índia. De que outras formas eram capazes de causar danos a si mesmos? Viu um homem trabalhando arduamente no jardim sem notar o sangue que escorria de sua mão. Brand examinou a pá e encontrou um prego saliente no cabo que sua mão estava segurando. Outros pacientes leprosos eram capazes de apagar a chama de uma vela com as mãos desprotegidas ou de andar descalços sobre cacos de vidro. Ao observá-los, Brand começou a formular sua teoria radical de que a lepra é, sobretudo, anestesiante e destrói apenas indiretamente. Precisaria de muito mais evidências, no entanto, para anular séculos de tradição médica.

Certa ocasião, no meio dessa pesquisa de campo, o dr. Brand foi buscar alguns suprimentos num pequeno depósito atrás do hospital. Tentou abrir a porta, mas o cadeado enferrujado não cedia. Bem naquele momento, um de seus pacientes, um garoto de 10 anos, desnutrido e raquítico, aproximou-se dele. Brand apreciou seu espírito agradável e cooperativo.

— Deixe-me tentar, doutor — disse o menino segurando a chave. Com uma contração rápida da mão, virou a chave na fechadura. Brand ficou atônito.

Como pôde esse garoto fraco, com metade de seu tamanho, exercer tamanha força?

Seus olhos logo vislumbraram a resposta. Não era sangue aquilo no chão? Depois de examinar o dedo indicador do menino, Brand descobriu que o fato de dar a volta na chave tinha aberto uma ferida profunda no dedo, a ponto de ficarem expostas pele, gordura e articulação. O garoto, porém, nada tinha percebido! Para ele, a sensação de cortar o próprio dedo era a mesma de apanhar uma pedra ou de revirar uma moeda no bolso.

Depois desse acidente, Brand redobrou seus esforços para testar sua teoria de que a lepra era uma causa secundária, não primária, das lesões. Começou a medir os dedos de seus pacientes todos os dias e tentou explicar cada bolha, úlcera e corte. Descobriu que seus pacientes viviam em grande perigo por causa de sua falta de dor.

Machucados nos pés eram fáceis de explicar. Se torcesse um tornozelo, lacerando tendão e músculo, o paciente leproso simplesmente se ajustaria a isso e andaria com ele torcido. Nenhum sistema de alerta à dor anunciaria a necessidade de dar descanso ao tornozelo e de buscar tratamento, e a lesão levaria então a estrago permanente. Os machucados mais misteriosos, porém, ocorriam à noite. Como pedaços de dedos de mãos e de pés podiam desaparecer enquanto os pacientes dormiam? Brand achou a perturbadora resposta: ratos entravam pelas alas abertas e mordiam pacientes, que não desconfiavam de nada. Sem sentir dor, os pacientes dormiam e, somente na manhã seguinte, percebiam a lesão e a relatavam ao dr. Brand. Essa descoberta levou a uma regra firme: cada paciente liberado do hospital tinha de levar junto um gato para proteção noturna.

Ouvindo o dr. Brand contar essas histórias de horror, pude entender facilmente por que dizia com absoluta convicção: "Sejamos agradecidos a Deus pela dor!". Para ele, a dor representa a grande dádiva de Deus, aquela que Brand deseja desesperadamente compartilhar com 15 milhões de vítimas da lepra.

Após vinte anos na Índia, o dr. Brand mudou-se para o hospital e centro de pesquisa do mal de Hansen[1] em Carville, Louisiana. Ali, com o patrocínio do Serviço Público de Saúde dos Estados Unidos, continuou sua pesquisa e ajudou potencialmente muito mais pacientes de todo o mundo.

Encontrei o dr. Brand pela primeira vez no hospital de Carville, em uma visita que mudou para sempre minha maneira de pensar sobre a lepra. Por causa do estigma da lepra, o hospital acha-se em lugar afastado e de difícil acesso. Foi construído na década de 1890 sobre o pantanoso terreno de uma plantação junto às margens do Mississippi. (O terreno foi comprado sob o pretexto de ali iniciar uma criação de avestruzes, para que os vizinhos não suspeitassem da verdadeira intenção dos compradores.)

O centro abrange mais de 136 hectares de terra, incluindo um campo de golfe de nove buracos e um lago de águas drenadas do pântano, além de modernas instalações médicas. Não existe mais o arame farpado ao redor de Carville, e os visitantes agora são bem-vindos. Há três excursões diárias.

O ambiente é agradável, os prédios são projetados para pacientes em cadeiras de rodas, os cuidados médicos são os melhores possíveis, e o tratamento é gratuito, com as drogas mais modernas à disposição dos pacientes. À primeira vista, a vida nesse cenário à sombra das plantações torna-se quase invejável. Atualmente, a doença está sob controle. Na maioria dos casos, pode ser detida no primeiro estágio. Permanece, porém, como rapidamente aprendi, um aspecto horrível da lepra: a perda da sensação de dor.

VISITA A CARVILLE

Tive a oportunidade de visitar um ambulatório em Carville. Dois fisioterapeutas, uma enfermeira e o dr. Paul Brand sentaram-se formando um semicírculo ao redor de uma tela de televisão. Juntos examinariam três pacientes com problemas de saúde.

Veio o primeiro, um havaiano de meia-idade chamado Lou (naturalmente, não é seu nome real). Notei que Lou era visivelmente mais deformado do que a maioria dos pacientes dali. Veio a Carville quando a doença já se encontrava em estado adiantado. Já não tinha sobrancelhas nem cílios, o que dava a seu rosto uma aparência desequilibrada, como que faltando algo. Suas pálpebras já estavam paralisadas, de maneira que as lágrimas tendiam a extravasar como se ele estivesse sempre chorando.

O dr. Brand me dissera que Lou estava praticamente cego. A perda da sensibilidade fora responsável por isso: as minúsculas células de dor sobre a superfície de seus olhos deixaram de sinalizar a irritação e o desconforto que requerem um piscar de olhos, e, como suas pálpebras amortecidas piscavam com menos freqüência, os olhos de Lou se secaram gradativamente. Prevenir a cegueira era um verdadeiro desafio em Carville. Alguns pacientes destruíam os olhos pelo simples ato de lavar o rosto. Suas mãos não tinham sensibilidade suficiente para avisar que estavam usando água fervendo.

Além da cegueira, Lou sofria de muitos outros efeitos colaterais da lepra. Seus pés eram tocos gastos, sem dedos. Todos os dez dedos haviam se perdido devido a lesões inadvertidas e a infecções. Suas mãos estavam marcadas com fendas e cicatrizes profundas. No entanto, seu principal problema, razão pela qual chegara à clínica, era psicológico.

Lou sentia que uma porta tinha-lhe sido fechada para o mundo. Quase cego, não era capaz de enxergar as pessoas. Tinha perdido completamente o sentido do tato e não podia sequer sentir um aperto de mão ou qualquer outra forma de toque humano. O último sentido que ainda possuía era a audição, fonte de seu grande temor. Uma nova droga experimental estava causando certa perda de audição.

Com voz trêmula, Lou contou ao grupo como amava sua cítara. Podia tocar melodias havaianas do tempo da infância e sonhar com os dias de sua juventude. Era um cristão devoto, cantava como forma de louvar a Deus e, às vezes, oferecia-se para tocar hinos em sua igreja. Para tocar, Lou prendia a palheta ao único lugar de seu dedo que ainda possuía algum tato. Com isso, era capaz de detectar suficiente variação na pressão de modo a dedilhar as cordas corretamente.

Mas o dedo de Lou não era suficientemente sensível para estar alerta às pressões perigosas. Horas de prática com a cítara haviam deixado calos, e uma úlcera havia surgido. Somente então procurara a clínica. Tivera medo de vir antes.

— Vocês podem achar um jeito para que eu continue a tocar a cítara sem prejudicar minha mão? — ele pediu quase implorando.

A equipe de médicos e de fisioterapeutas observou a mão de Lou no monitor de televisão. Usavam a termografia, processo pelo qual uma máquina detecta diferentes faixas de temperatura e as projeta visualmente como cores brilhantes. Satélites meteorológicos usam a mesma tecnologia.

No termograma, a mão de Lou estava delineada numa mistura psicodélica de verde-amarelado, amarelo-limão, vermelho-vivo e todas as nuanças dessas cores. O verde ou o azul representava as partes mais frias. O vermelho-vivo era sinal de perigo, pois mostrava que uma infecção estava sendo combatida internamente pelo sangue, aumentando a temperatura. O amarelo demonstrava perigo extremo. O único ponto mais útil do polegar de Lou era facilmente visível, pois estava inflamado pelo uso constante e destacava-se como um pequeno ponto amarelo de calor.

A termografia havia revolucionado o tratamento em Carville, porque, pela primeira vez, oferecia um sistema de alerta às pessoas que não sentem dor. Infelizmente, ao contrário do sistema da dor, essa tecnologia detecta o perigo *depois* do período de pressão, e não durante. Qualquer pessoa que tivesse um sistema saudável de dor buscaria tratamento bem antes. Seu polegar latejaria o dia todo até que não fosse mais usado e recebesse atenção adequada. Lou, porém, não possuía tal vantagem. Não tinha capacidade de saber quando estava prejudicando e aumentando o ponto de infecção do polegar.

A equipe projetou uma luva para a mão de Lou, a qual aliviaria parte da pressão da palheta do instrumento. O dr. Brand fez severas recomendações a Lou, alertando-o para a necessidade de dar descanso ao polegar, de usar sempre a luva e de retornar dentro de poucos dias. Depois que ele partiu, o fisioterapeuta expressou seu pessimismo:

— Lou detesta luvas. Elas chamam atenção para as mãos, e ele certamente terá menos controle sobre a palheta. É provável que as use no primeiro dia, mas logo deve deixá-las de lado.

Lou já estava se afastando das pessoas, perdendo contato com elas à medida que perdia gradativamente os sentidos da visão, da audição e do tato. Agora, achava-se ameaçado seu último grande amor: sua auto-expressão pela música. Podia ser que voltasse dentro de poucas semanas com uma infecção que causasse lesão permanente no polegar. Corria o risco até de perder aquele dedo. Mas o tratamento em Carville é voluntário. Sem seu próprio sistema de dor para forçá-lo a agir, Lou tinha a arriscada opção de ignorar o sinal de alerta dado pelo termograma.

UM ESFREGÃO E UM SAPATO

Outro paciente, Heitor, entrou na sala. Embora seu rosto não mostrasse nenhuma das deformidades de Lou, não pude deixar de dar um grito sufocado quando o vi. Àquela altura, eu já tinha me acostumado a ver cores projetadas num termograma, mas não na face de um homem. Heitor tinha pele azul! O dr. Brand, notando minha reação, sussurrou para mim que Heitor não se dera bem com as sulfonas geralmente usadas para o tratamento da lepra, e os médicos estavam tentando uma nova droga que era um corante azul. Heitor estava sacrificando alegremente sua aparência normal para deter a disseminação da lepra por todo o corpo.

Sendo um paciente bastante cooperativo, respondia a todas as perguntas da equipe com a fala arrastada e profunda do Texas. Não, ele não tivera problemas desde o último exame. O termograma, entretanto, o contradisse, revelando um ponto vermelho-vivo, sinal de perigo, na membrana entre o polegar e o indicador da mão direita. Um calo havia escondido qualquer sinal externo de infecção, mas embaixo a infecção se alojava.

Interrogando-o minuciosamente, como numa investigação policial, o dr. Brand e os outros tentaram descobrir quais eram as atividades diárias de Heitor. De que maneira ele se barbeava? Como calçava os sapatos? Qual era seu trabalho? Jogava golfe? Bilhar? Em algo que fazia diariamente, Heitor estava segurando alguma coisa com demasiada firmeza entre o polegar e o indicador. Sua mão ficaria mais e mais danificada, a menos que se pudesse descobrir qual era a atividade que o prejudicava e tal atividade fosse retirada de sua rotina.

Finalmente, no meio do interrogatório, Heitor identificou o problema. Depois de um ameno dia de trabalho como caixa de uma lanchonete, Heitor ajudava a fazer faxina no local, esfregando o assoalho para eliminar qualquer mancha de refrigerante ou de doce. O movimento para a frente e para trás, unido à sua incapacidade de regular a força que usava para segurar o cabo do esfregão, havia danificado o tecido do lado de dentro do polegar. O mistério estava resolvido.

Heitor agradeceu à equipe efusivamente. Um fisioterapeuta fez uma anotação para pedir ao supervisor da lanchonete que substituísse a atividade que o prejudicava.

Veio o último paciente: José. Diferentemente da maioria das pessoas de Carville, José estava vestido à última moda. Usava bonitas calças com vinco, e via-se que sua camisa de algodão acabara de chegar do tintureiro. Seus sapatos também eram muito diferentes dos feios sapatos pretos ortopédicos que eu vira na maioria dos pacientes. José calçava sapatos elegantes, modernos, de bonita cor marrom, demonstrando que tinham sido engraxados.

Na realidade, os sapatos de José eram o problema. Ele se vestia muito bem porque trabalhava em regime de tempo integral como vendedor numa loja de móveis da Califórnia. Os terapeutas de Carville haviam tentado convencer José a usar sapatos mais apropriados a seus pés, embora menos elegantes, mas ele jamais aceitou tal idéia. Para ele, o trabalho e sua imagem eram mais importantes do que a condição de seus pés.

Quando José tirou os sapatos e as meias, seus pés mostraram a pior lesão que eu já tinha visto. Não havia protuberância alguma onde deviam estar os dedos. Depois de anos de infecção, seu corpo havia absorvido os tecidos dos ossos, e agora havia apenas tocos redondos sobre os quais ele andava. Sem os dedos para amortecer o efeito do calcanhar levantado ao andar, José foi gastando sistematicamente até os tocos. O termograma ilustrava graficamente o problema. O dr. Brand chamou a atenção de José às zonas amarelas que marcavam a extensão da infecção.

Em estado normal, uma pessoa mancaria automaticamente ou passaria a usar outro tipo de calçado, mais confortável, mas José não sentia os sinais de perigo. A equipe conversou longamente com José, tentando convencê-lo da gravidade do problema, mas ele foi educadamente inflexível. Não estava disposto a usar os sapatos feitos em Carville, que lhe pareciam inadequados à sua aparência e posição. Isso faria com que seus clientes suspeitassem de que havia algo errado com ele. A fisionomia e as mãos eram quase normais. Ele não deixaria que seus pés o traíssem.

Finalmente, o dr. Brand chamou o sapateiro e pediu-lhe que fizesse alguns ajustes menores nos sapatos de José que pudessem aliviar parcialmente a pressão.

No final do atendimento, depois da saída do último paciente, o dr. Brand virou-se para mim e disse: "A dor é muitas vezes entendida como o grande inibidor que impede nossa felicidade. Eu a vejo, porém, como doadora de liberdade. Veja estes homens. Lou: estávamos procurando desesperadamente uma maneira de lhe dar a liberdade de tocar a cítara. Heitor: ele não pode nem esfregar o chão sem prejudicar-se. José: não pode vestir-se bem e andar normalmente. Para isso, precisaria da dádiva da dor".

INDIFERENÇA FATAL

A lepra não é a única doença que amortece os protetores alertas da dor. A pesquisa de Carville também tem sido aplicada a outras condições médicas de insensibilidade. Em casos adiantados, os diabéticos perdem as sensações de dor e enfrentam exatamente os mesmos perigos. Muitos têm perdido dedos das mãos, dos pés, braços e pernas como conseqüência de lesões que poderiam ser prevenidas. Viciados em álcool e em drogas podem também ter os sentidos amortecidos. Durante o inverno, em países de clima frio, muitos alcoólatras morrem, porque o corpo não sente o frio cortante.

Há também quem nasça com um sistema defeituoso de dor, e alguns vão em busca de tratamento em Carville. Vítimas dessa doença rara, conhecida informalmente como "indiferença congênita à dor", têm uma espécie de sistema de alerta, mas, como as luzes cintilantes e os sinais audíveis do dr. Brand, não produzem *dor*. Para elas, a sensação de tocar um fogão quente é a mesma de tocar o chão da entrada da garagem. Ambas as sensações lhes são neutras.

A indiferença congênita à dor traz problemas incomuns às crianças. Uma família contou o horrível incidente que ocorreu com sua filhinha quando haviam nascido quatro dentes nela. A mãe, ouvindo-a rir e murmurar no quarto ao lado, foi até lá esperando que ela tivesse descoberto alguma nova diversão. Ela deu um berro. Sua filha tinha mordido a ponta do dedo e estava brincando com o sangue, fazendo desenhos com as gotas.

Como explicar o perigo de fósforos, facas e lâminas de barbear a tais crianças? Como puni-las? Ao ver o efeito da "brincadeira" sobre a mãe, a garotinha passou a usá-la como travessura. Sempre que a mãe a proibia de fazer algo, a garota colocava a mão na boca e começava a mordê-la. Quando completou 16 anos, tinha mastigado todos os dedos.

Cerca de cem casos dessa estranha doença haviam sido relatados em literatura médica. Uma menina de 7 anos beliscara tanto o nariz que suas narinas ficaram cheias de úlceras. Uma menina inglesa de 8 anos, num ataque de raiva, arrancou nove de seus dentes e tirou ambos os olhos das cavidades. Crianças doentes podem impressionar os amigos com proezas tais como enfiar um alfinete nos dedos.

A insensibilidade à dor condena tais pessoas a uma vida de constante perigo. Podem torcer um tornozelo ou pulso sem saber ou morder a língua ao mastigar chiclete. Articulações se deterioram porque não equilibram o peso enquanto dormem ou ficam de pé. Uma mulher perdeu a vida porque não sentiu uma simples dor de cabeça, sintoma de alerta de uma séria doença.[2]

Essas pessoas são capazes de passar por cirurgias sem anestesia, mas como saberiam quando precisariam de cirurgia? Enquanto uma pessoa saudável sentiria previamente sintomas de um ataque cardíaco ou de uma apendicite, elas não sentem nada. A maioria dos seres humanos reage imediatamente ao receber estímulos de dor, mas os que sofrem de insensibilidade congênita devem atender conscientemente aos menores indícios e concentrar-se na resposta apropriada: *Estou sentindo um formigamento no abdome... será que isso significa que o meu apêndice supurou?*

Antes de visitar Carville, livros de medicina já tinham feito muito para me convencer do valor da dor. Já estava começando a perceber que, mesmo no caso de Claudia Claxton, a dor não era o problema fundamental, mas sim a própria doença. A dor era apenas a maneira leal de o corpo informá-la de que as células do câncer e os raios de cobalto a estavam prejudicando. Sem esses alertas, ela poderia ter morrido inconsciente da presença da doença.

A semana que passei em Carville deixou memórias indeléveis. Todas as vezes que sou tentado a revoltar-me contra Deus por causa da dor, lembro-me de Lou, de seus olhos sempre lacrimejantes, de seu rosto cheio de cicatrizes, incapaz de sentir o toque de alguém, procurando freneticamente um jeito de continuar com sua música, seu último amor na vida. A dor nos permite, pelo menos aos afortunados, levar uma vida livre e ativa. Se tiver dúvida disso, visite um leprosário e observe, por si mesmo, um mundo sem dor.

A dor não é algo desagradável a ser evitado a todo custo. De milhares de formas, pequena ou grande, a dor nos serve todos os dias, tornando possível a vida neste planeta. Se formos saudáveis, as células da dor nos alertarão quando tivermos de ir ao banheiro, de trocar os sapatos, de afrouxar a pressão sobre um cabo de esfregão ou de piscar. Sem a dor, levaríamos vidas paranóicas, indefesas contra perigos não sentidos. A única maneira segura de viver para uma pessoa incapaz de sentir dor é ficar na cama o dia todo, mas até isso produz feridas.

Agonia e êxtase

Quão singular é essa coisa chamada prazer e quão curiosamente relacionada à dor, a qual se imagina oposta a ela... No entanto, quem persegue uma geralmente é compelido a levar a outra. Seus corpos são dois, porém unidos pela mesma cabeça.

SÓCRATES

Confrontados com os fatos, a maioria de nós admitirá que a dor — pelo menos um pouco de dor — tem um propósito bom e útil. Além do sistema de alerta que provê, os perigos escondidos seriam uma sombra em nossa existência. Mais negligenciado ainda, porém, é o elo íntimo existente entre dor e prazer. As duas sensações funcionam em conexão e tão de perto que algumas vezes se tornam quase indistinguíveis.

A dor é um elemento essencial em nossas experiências de maior satisfação. Parece esquisito? Possivelmente, pois nossa cultura moderna nos bombardeia com mensagens opostas. Aprendemos que a dor é a antítese do prazer. Quem sente uma leve dor de cabeça abafa-a imediatamente com o mais novo aliviador de dor. Se o nariz começa a escorrer, trata-se logo de arranjar um descongestionante nasal. Ao menor sinal de prisão de ventre, corre-se à farmácia e escolhe-se um líquido, uma pílula ou ainda um supositório.

Volto a pensar na crítica de Thielicke aos norte-americanos acerca de sua "opinião inadequada sobre o sofrimento". Não é de admirar. Nós, os modernos, isolamo-nos do curso da história humana, que sempre aceitou a dor como parte integral da vida. Até há pouco tempo, qualquer visão equilibrada da vida tinha de considerar a dor como ocorrência normal, rotineira. Agora, o sofrimento surge como um intruso.

Deixe-me acrescentar, rapidamente, que compro pedaços de carne bem embalados, sem sangue, em supermercados, trabalho num escritório com ar condicionado e uso sapatos para proteger meus pés das calçadas de Chicago. No entanto, fazendo essas coisas, entendo que tais luxos e conveniências me dão uma perspectiva do mundo e da dor jamais compartilhada em qualquer século da história e ainda não conhecida por dois terços da população atual do mundo. A maioria dos norte-americanos e eu temos a tendência de analisar a dor como algo que pode e deve ser dominado pela tecnologia. Esse ponto de vista distorcido adota o mito de que dor e prazer são coisas diametralmente opostas. Nosso estilo de vida sugere-nos isso diariamente.

George Wald, ganhador do Prêmio Nobel, refletiu sobre esse fato:

> Pensem nisto: estou com 69 anos e jamais vi uma pessoa morrer. Tampouco jamais estive na mesma casa em que houvesse alguém morrendo. E nascer? Somente no ano passado vi um nascimento, ocasião para a qual fui convidado por um obstetra. Imaginem só! Esses são os maiores acontecimentos da vida e foram tirados de nossa experiência. Removemos cuidadosamente as fontes das emoções humanas mais profundas e ainda temos esperança de levar vidas emocionais plenas. É muito difícil sentir alegria quando não se experimentou a dor.

CÉREBROS ESTIMULADOS

Em alguns aspectos, o cérebro humano assemelha-se a um amplificador eletrônico, coordenando a entrada de uma deslumbrante coleção de fontes. Em vez de discos ou fitas, temos fontes como tato, visão, audição, paladar e olfato. Em um corpo saudável, a dor é somente uma das muitas fontes designadas para relatar a condição das extremidades.

Quando um dos sentidos começa a enfraquecer, o cérebro aumenta automaticamente seu volume. Às vezes, uma pessoa com lepra não percebe a perda do sentido do tato até que tenha desaparecido completamente, isso porque seu cérebro veio compensando a perda com aumento de volume dos menores impulsos até o momento em que os sensórios não funcionam mais e morrem.

A cultura moderna entristece-me porque, embora procure diminuir o volume da dor, vem aumentando constantemente o volume de todas as outras fontes. Temos ouvidos: eles são tão bombardeados com decibéis que os sons mais suaves se perdem para sempre. Ouça a música de qualquer outro século, XII, XVI ou mesmo XIX, e compare-a à que a maioria das pessoas escuta hoje. Temos olhos: o mundo os agride com o brilho ofuscante do néon e suas cores fosforescentes, a ponto de o pôr-do-sol e a borboleta empalidecerem em comparação. Imagine como reagiriam os sentidos ao perceber uma borboleta colorida num vilarejo da Europa medieval. Agora, compare a mesma borboleta no centro de Las Vegas hoje. Temos nariz: amostras químicas vêm impregnadas em forma de tinta nas páginas de revistas, de forma que somente precisamos esfregar e cheirar. Se tirássemos os perfumes do armário e as partículas poluídas do ar, muitos de nós não teriam a mínima idéia de qual seria o cheiro do mundo ao natural.

Usamos a palavra "drogados" para pessoas tão carregadas de sensações, geralmente induzidas quimicamente, que se tornam quase embotadas. Prefiro a palavra "estimulados", seguindo a analogia do cérebro/amplificador. Nesse ambiente de alta tecnologia, é fácil, especialmente para os jovens, confundir prazeres vicários, tais como videogame, com a verdadeira vida de satisfação. Não vêem prazer em algo ser alcançado e obtido com esforço. O prazer está aí, à sua disposição; só precisa apertar o cinto no parque de diversões.

O problema das drogas nos Estados Unidos demonstra esse padrão: para aumentar o poder de percepção, estimulantes químicos abrem um novo mundo para uma geração que nunca aprendeu a apreciar totalmente o mundo que temos. Não é suficiente andar ao longo de um pântano para ouvir as rãs e os grilos, ver as tartarugas mergulharem na água como submarinos e sentir o cheiro suave das flores silvestres. Tampouco é suficiente visitar lugares onde a natureza ainda é selvagem. Em vez disso, com demasiada freqüência, experimentamos tudo vicariamente, afundados numa poltrona em frente a uma televisão bruxuleante com cores nada naturais, recebendo estímulo sensório apenas através de nossos olhos. Achamos que já estivemos no Everest e voltamos, quando, de fato, alguns de nós nunca escalaram montanha alguma.

Substituir sensações naturais por vicárias e artificiais causa danos ao corpo humano. Como os músculos, nossos sentidos podem atrofiar. Cientistas franceses provaram isso em experimentos com câmaras de isolamento escurecidas em que voluntários flutuam em água morna. Na ausência de estímulo externo, os sentidos nada têm a reportar e começam a falhar. Logo os sujeitos tornam-se inquietos e desorientados e não muito depois começam a ter alucinações. Pilotos de jatos de grande altitude e sentinelas militares em postos isolados têm experimentado alucinações semelhantes. Quando privado de relatórios sensórios do corpo, o cérebro parece fabricar as próprias sensações.

Entretanto, pelo uso regular, nossas faculdades sensórias podem desenvolver uma receptividade ainda maior. Os terminais nervosos de fato "melhoram" com o uso. Alguns cientistas afirmam que as pontas de nossos dedos desenvolvem sua incrível sensibilidade porque desde a infância dependemos constantemente delas. De forma semelhante, a sensibilidade da pele pode ser aumentada escovando-se o braço diariamente com uma escova de náilon. Com o decorrer do tempo, o braço estará apto a receber maior gama de sensações de prazer e de dor.

Andar descalço, principalmente na areia ou na grama, também ajuda a variar as sensações da pele. As sutis variações do formato e da textura da grama alimentam o cérebro com as informações sensoriais necessárias, o que é vital para o desenvolvimento saudável do cérebro.

Por essa razão, o dr. Brand, meio por brincadeira, meio a sério, sugeriu que os nenês fossem criados em esteiras ásperas de folhas de coco, não em camas com cobertores macios. Envolver um bebê com sensações macias e neutras reprime o desenvolvimento dos nervos e limita sua possibilidade de interpretar o mundo. Brand também contou que sua esposa não permitiu que ele rodeasse o cercado dos filhos com arame farpado. Crueldade? Apenas treinaria a criança a aceitar um mundo onde certas coisas, como fogões quentes e objetos cortantes, estão fora dos nossos limites e são dolorosas. Ele é da opinião de que, quanto mais mimamos as crianças, mais as preparamos para uma vida de isolamento sem as sensações que poderiam ter.

O dr. Brand procurou seguir esse princípio durante toda a vida, mesmo ao aproximar-se de suas últimas décadas.

> Em certa época, considerava a dor oposta à felicidade. Poderia retratar a vida por meio de um gráfico de onda com um pico em cada ponta e uma depressão no meio. O pico à esquerda representaria a experiência de dor ou de infelicidade extrema. O pico à direita representaria felicidade pura ou êxtase. O centro seria a vida normal, tranqüila. Pensava que meu objetivo era correr firmemente em direção à felicidade, longe da dor. Agora, porém, vejo as coisas de maneira diferente. Se eu desenhasse um gráfico hoje, teria um único pico central com uma parte plana em volta. O pico seria a vida com "vê" maiúsculo, o ponto em que dor e prazer se encontram. A parte plana em volta seria sono, apatia ou morte.

DOR E PRAZER

A natureza, sempre econômica, usa os mesmos sensórios nervosos e condutores que levam mensagens de dor ao cérebro para levar também mensagens de prazer. No plano das células, a sensação de coceira de uma picada de mosquito (desagradável) e a sensação de uma cócega (agradável) são praticamente idênticas, sendo que a única diferença é que a cócega envolve o movimento de alguma coisa agindo sobre a pessoa: uma pena em contato com a pele ou a carícia de um dedo em um ponto sensível. Os sensórios nervosos envolvidos são os mesmos, enviando reações idênticas ao cérebro, mas nós interpretamos uma ação como agradável e a outra como desagradável.

O corpo não contém sensórios específicos de "prazer". Os sensórios dos dedos que informam o cérebro sobre a extensão de um leve choque elétrico ou o grau de aspereza numa superfície são os mesmos que o levam a sentir o veludo ou o cetim. Na verdade, até os sensórios que produzem sensações de prazer sexual são os mesmos que levam mensagens de alarme. A dissecação de zonas erógenas resulta em abundância de células de toque e pressão (o que explica por que essas áreas são tão sensíveis à dor), mas nenhuma célula dedicada ao prazer. A natureza nunca é tão esbanjadora.

Algumas dores, como a fincada de uma unha para parar a coceira de uma picada de mosquito ou o esticar de um músculo dolorido depois do trabalho de um árduo dia, são percebidas mais como prazer do que como desprazer. Depois de esquiar o dia inteiro nas montanhas, quero a banheira mais quente disponível. Espero alguns poucos minutos e, então, cautelosamente coloco a mão ou a perna dentro da água. Ai! Uma dolorosa explosão de dor. Tiro a mão ou a perna e depois tento novamente. Até os tornozelos agora. Dessa vez, a dor é menor. Gradativamente, mergulho o corpo na água. A mesma água que um momento antes me causou dor, agora parece maravilhosa. Meus músculos doloridos sentem-se bem melhor do que durante todo o dia. (Os linimentos atuam sob o mesmo princípio. Irritam ligeiramente a pele, o que causa algo semelhante a uma sensação de "ardência". O sangue corre para o local, trazendo alívio para músculos sobrecarregados.)

Essa associação íntima entre dor e prazer aplica-se não somente ao campo das células, mas também a muitas experiências que envolvem todo o corpo trabalhando junto. Freqüentemente, o prazer intenso só chega depois de uma luta prolongada.

Participei, certa ocasião, de um acampamento radical nas florestas do norte de Wisconsin. Tais programas oferecem cura instantânea para qualquer um que se sinta isolado do mundo natural ou da dor. Levantar às 4 horas, subir uma parede natural de rochas sem luvas, correr uma maratona depois de dez dias entre as flores, invadir o quartel-general mundial de moscas pretas e pernilongos que ninguém enxerga, tais delícias aguardam o brando morador da cidade. Nunca havia me sentido tão cansado no fim de um dia ao forçar músculos exaustos a entrar em um saco de dormir ainda úmido do orvalho da última noite. Mesmo assim, nunca dormi tão pouco, graças principalmente aos pernilongos noturnos, menores do que a abertura de qualquer mosquiteiro e mais ferozes que qualquer abelha assassina.

No entanto, o que mais me recordo dessa semana é de como meus sentidos foram afetados. Parece que se tornaram mais vivos. Quando respirava, podia sentir "o gosto" do ar, bem diferente de como sentia o ar ao redor de minha casa em Chicago. Eu notava coisas que meus olhos e ouvidos normalmente nem perceberiam.

Certa vez, depois de andar uma tarde na poeira e no calor carregando uma mochila de 35 quilos, fizemos uma breve parada para descansar. Uma pessoa do grupo seguiu uma abelha até uma pequena área próxima, onde havia morangos silvestres crescendo. Nenhuma mercearia de respeito teria aceitado aqueles morangos. Eram pequenos e mirrados e estavam cobertos de poeira. Não nos importamos. Eram comestíveis e talvez tivessem algum caldo. Peguei um punhado, joguei na boca e fui imediatamente desarmado pelo incrível sabor doce e apetitoso do suco dos morangos. Aqueles moranguinhos secos eram os melhores que eu já havia comido! Passei meu tempo livre pegando mais e colocando em uma sacola para o lanche da tarde.

A princípio, imaginei que tivéssemos deparado com uma nova espécie, descoberta que revolucionaria a indústria de frutas cultivadas. Aos poucos, descobri que o sabor estava relacionado a *minha* condição física, e não aos morangos. O processo de usar meu corpo e de conectá-lo com todos os meus sentidos tinha liberado um enorme grau novo de percepção e de prazer. O extraordinário e delicioso sabor daqueles morangos nunca teria sido experimentado por mim se não tivesse primeiro sentido o calor e o esforço de andar o dia todo, bem como as pontadas de fome que aguçaram meus sentidos.

Os atletas conhecem muito bem essa estranha irmandade. Observe um levantador olímpico de peso. Ele se aproxima da barra de aço com pesados e enormes discos. Respira fundo, faz uns trejeitos, flexiona os músculos. Abaixando-se, dá alguns arrancos preparatórios para ficar mais flexível. Então se agacha, inspira, retesa todos os músculos do corpo num enorme reflexo e começa a levantar. Que dor se expressa em seu rosto! Cada milésimo de segundo em que empurra o peso para cima até chegar aos ombros e depois levantá-lo acima da cabeça está estampado na agonia de sua face. Seus músculos gritam por alívio.

Se for bem-sucedido, atira os pesos no chão com um tremendo estrondo. Pula para o alto, as mãos enlaçadas acima da cabeça. Num milésimo de segundo, êxtase absoluto substitui agonia absoluta. Um não teria existido sem o outro. Se perguntássemos ao levantador de peso o que ele achara da dor, ficaria perplexo. Já a havia esquecido, pois fora sobrepujada pelo prazer.

Lin Yutang descreve uma antiga filosofia chinesa em seu livro *My country and my people* [*Meu país e meu povo*]: "Estar ressequido e sedento em uma terra quente e poeirenta e sentir grandes gotas de chuva na pele despida, não é isso felicidade? Sentir coceira numa parte íntima do corpo e finalmente conseguir escapar dos amigos para, num lugar escondido, coçá-la, não é isso felicidade?". Na longa lista de experiências de felicidade de Yutang, praticamente todas combinam dor e prazer.

Há um trecho notavelmente semelhante em *Confissões*, de Agostinho: "O que é isso, portanto", começa ele, "que vai dentro da alma, porque há maior prazer quando as coisas que se ama são achadas ou recuperadas do que se sempre as possuísse?". Agostinho segue adiante e menciona um general vitorioso que experimenta grande satisfação quando o perigo é maior, o navegador que exulta em mares calmos após uma violenta tempestade e um doente que, depois de restabelecer-se, caminha com uma alegria que nunca havia tido antes de sua enfermidade.

"Em todo lugar, uma grande alegria é precedida de um grande sofrimento", conclui Agostinho.[1] Como outros pais da igreja, compreendeu que privar alguns sentidos, pelo jejum, por exemplo, intensifica outros. A experiência espiritual é melhor nutrida no deserto.

Quando for velho, espero não passar meus dias entre lençóis esterilizados, preso a uma máscara respiratória num ambiente livre de germes, protegido dos perigos do mundo exterior. Espero estar numa quadra de tênis, forçando meu coração numa rebatida de um setuagenário, ou talvez descendo arquejante e ofegante por uma trilha na parte sul das Cataratas do Yosemite, sentindo pela última vez no rosto enrugado os borrifos de água. Em resumo, espero não me isolar da dor a ponto de não mais sentir prazer.

TORNANDO-SE AMIGO DE INIMIGOS

Tanto atletas quanto artistas aprendem que a maioria das realizações humanas de grande mérito requer muita luta e esforço. Os afrescos criados por Michelangelo na Capela Sistina, que proporcionam prazer a tantas pessoas, exigiram anos de labuta e de penúria. Qualquer pessoa que construa armários para a cozinha ou que cultive uma horta aprende a mesma verdade de forma mais mundana: o prazer que se segue à dor absorve-a. Jesus usou o nascimento de uma criança como analogia: nove meses de espera e de preparação, de dor intensa, e, então, êxtase absoluto (Jo 16.21).

Certa vez, entrevistei Robin Graham, o indivíduo mais jovem a velejar ao redor do mundo sozinho (sua história é contada no livro e filme *Dove* [*Pom-*

ba]). Quando começou a velejar, era um imaturo adolescente de 16 anos, à procura de qualquer coisa que adiasse seu futuro. Durante a longa viagem, foi seriamente atingido por uma violenta tempestade marítima, viu o mastro rachar em dois com uma onda perigosa, e sua embarcação quase foi totalmente destruída numa tromba d'água. Ao chegar à zona das calmarias equatoriais, onde não há ventos nem correntes marítimas, ficou tão desesperado que encharcou o barco com querosene, acendeu um fósforo e pulou no mar (uma repentina rajada de vento o fez mudar de idéia, e ele pulou de volta ao barco para apagar o fogo e continuar a viagem).

Depois de cinco anos, Robin entrou no porto de Los Angeles e foi saudado por barcos, bandeiras, multidões, jornalistas, buzinas de carros e apitos de navios. A alegria daquele momento foi bem diferente de qualquer outra experiência que tivera. Ele jamais teria sentido essa alegria se apenas voltasse de um agradável passeio pela costa. A agonia de sua viagem ao redor do mundo tornara possível a exultação da volta triunfal. Partiu como um garoto de 16 anos e voltou um homem de 21.

Impressionado pelo senso de saúde que a auto-realização pode trazer, Robin imediatamente comprou uma fazenda em Kalispell, Montana, e lá construiu uma cabana de toras cortadas à mão. Editores e agentes de cinema tentaram atraí-lo com viagens de publicidade ao redor do país, conferências e polpudas contas bancárias, mas Robin recusou tudo isso.

Nós, do mundo moderno, em nosso ambiente de conforto controlado, temos a tendência de reclamar de nossa infelicidade com a dor, que identificamos como o grande inimigo. Se pudéssemos remover a dor da vida, seríamos felizes. Experiências como as de Robin, no entanto, mostram que a vida não se submete a essa simples divisão. A dor é parte do tecido sem costura das sensações e geralmente um prelúdio necessário ao prazer e à satisfação. A chave da felicidade é não tanto evitar a dor a todo custo, mas compreender seu papel como sistema de alerta protetor e tirar proveito disso em seu benefício, não contra você.

Aprendi que esse mesmo princípio aplica-se não somente à dor, mas a outros "inimigos" também. Quando encontro um aparente inimigo, pergunto-me: *posso achar nisso algum motivo de gratidão?* Para minha surpresa, a resposta é quase sempre sim.

Peguemos o medo, por exemplo. Por que ser grato pelo medo? Conheço a fisiologia que há por trás do medo, a maneira em que o corpo usa minúsculas quantidades de adrenalina para acelerar os batimentos do coração, aumentar a fricção da pele, intensificar o tempo de reação e suprir força adicional, tudo isso num milésimo de segundo de medo. Tento imaginar um esporte, como o esqui nas montanhas, sem a reação protetora do medo que me guarda de ser mais imprudente. O medo, como a dor, serve de um sistema de alerta, com o benefício adicional de funcionar antes do dano.

Alguém perguntou a Paul Tournier, médico e escritor suíço, o que fazia para ajudar seus pacientes a vencer o medo. Ele respondeu: "Não faço nada. Tudo o que vale a pena na vida é assustador. Escolher uma faculdade, escolher uma carreira, casar, ter filhos, todas essas coisas são assustadoras. Se não for amedrontador, não valerá a pena".

Considere outra aparente inimiga: a culpa, uma reação humana universal que muitos querem expurgar de sua vida. Tente visualizar, porém, um mundo sem culpa, uma sociedade sem freios no comportamento. O sistema judicial norte-americano define sanidade como a habilidade de discernir entre o bem e o mal, e um mundo sem culpa tenderia para a insanidade.

A culpa é uma mensagem de dor à consciência, informando-a de que algo está errado e precisa ser tratado. Dois passos são necessários. Primeiro, deve-se localizar a causa da culpa, exatamente como se deve localizar a causa da dor. Grande parte do aconselhamento moderno lida com esse processo de eliminar motivos de falsa culpa. Deve-se dar, entretanto, outro passo: fazer a trajetória para fora da culpa.

Como na dor, a função *notável* da culpa é o impulso de livrar-se de uma sensação desagradável. Antes disso, no entanto, está o propósito mais significativo, que é tratar de sua origem verdadeira. No entanto, tentar dissipar autênticos sentimentos de culpa não ajudará em nada, a menos que primeiramente se permita que isso conduza ao perdão e à reconciliação. Assim como a dor, a culpa em si não o leva a lugar algum. Ambas são indicações, sintomas de uma condição que requer atenção urgente.

Posso ainda pensar num mundo sem outra dor, a solidão. Existiriam amizade e amor sem o sentido interior de necessidade, o empurrão que nos impede de ser eremitas? Não precisamos do poder da solidão para nos tirar do isolamento e nos empurrar em direção aos outros?

Não quero dizer que devemos encobrir ou diminuir o sofrimento real deste mundo. No entanto, quando algo ruim acontece e sentimos que não temos controle sobre a tragédia em si, ainda temos algum controle sobre nossas próprias reações. Podemos investir, com amargura e raiva, contra a infelicidade da vida que nos priva do prazer e da alegria ou procurar o bem em fontes inesperadas, mesmo que sejam aparentes inimigos.

Ouvi recentemente acerca de uma pesquisa de opinião entre os idosos de Londres. À pergunta "Qual foi o período mais feliz de sua vida?", 60% responderam: "O dos ataques de guerra repentinos". Toda noite, esquadrões de enormes aviões alemães de bombardeio descarregavam toneladas de explosivos sobre a cidade, transformando em entulho uma orgulhosa civilização, e agora as vítimas recordam essa época com nostalgia! Naqueles dias sombrios, horrendos, aprenderam a unir-se e a esforçar-se por um objetivo comum. Aprenderam qualidades como coragem, compartilhamento e esperança.

Quando algo ruim acontece — uma discussão com minha esposa, um doloroso desentendimento com um amigo, a dor da culpa por alguma responsabilidade que deixei escorregar —, procuro encarar isso como se fosse uma dor física. Aceito como um sinal de alerta para que eu trate de algo que preciso mudar. Esforço-me para ser grato, não pela dor em si, mas pela oportunidade de reagir, de fazer algo bom daquilo que parece ruim.

SURPRESO PELA FELICIDADE

Jesus captou sucintamente a natureza paradoxal da vida em sua afirmação mais repetida nos evangelhos: "Quem acha a sua vida a perderá, e quem perde a sua vida por minha causa a encontrará". Tal afirmação vai contra a procura da "auto-satisfação" da psicologia avançada, a qual acaba sendo não tão avançada. O cristianismo oferece a compreensão maior de que a verdadeira realização não vem pela satisfação do ego, mas sim pelo serviço a outros. Isso me leva à última ilustração do princípio de dor/prazer: o conceito cristão de serviço.

Em minha carreira de jornalista, entrevistei diversas pessoas. Fazendo um retrospecto, posso dividi-las grotescamente em dois tipos: estrelas e servos. As estrelas incluem craques de futebol, astros do cinema, artistas musicais, autores famosos, celebridades da televisão e outros. São essas pessoas que dominam nossas revistas e nossos programas de televisão. Nós os bajulamos, ficando a par dos detalhes de sua vida: as roupas que vestem, o que comem, as rotinas aeróbicas que seguem, as pessoas que amam, o creme dental que usam.

Por minha limitada experiência, no entanto, devo dizer que esses "ídolos" são o grupo mais miserável que já conheci. A maioria tem casamentos rompidos ou com problemas. Quase todos são desesperadamente dependentes de psicoterapia. Numa pesada ironia, esses super-heróis parecem atormentados por uma incurável insegurança.

Também passei um tempo com servos, pessoas como o dr. Paul Brand, que trabalhou vinte anos entre os mais pobres dos pobres, os pacientes leprosos da

Índia rural. Ou profissionais de saúde que deixaram trabalhos bem-remunerados para servir no Ministério Mendenhall, numa afastada cidade do Mississippi. Ou pessoas que trabalham para trazer alívio na Somália, no Sudão, na Etiópia, em Bangladesh ou em outros repositórios do sofrimento da classe humana mundial. Ou os doutores espalhados pelas matas da América do Sul, traduzindo a Bíblia para línguas pouco conhecidas.

Estava preparado para honrar e admirar esses servos, para tê-los como exemplos inspiradores. No entanto, não estava preparado para invejá-los. Agora, porém, ao refletir sobre ambos os grupos, colocando-os lado a lado, estrelas e servos, os servos destacam-se claramente como favorecidos e agraciados. Trabalham longas horas, ganham pouco, não recebem aplausos e "gastam" seus talentos e aptidões entre pobres e incultos. Mas de alguma forma, no processo de perder a vida, eles a acham. Recebem a "paz que não é deste mundo".

Quando penso nas grandes igrejas que tenho visitado, o que me vem à mente não é a imagem de catedrais da Europa. São meros museus agora. Ao contrário, penso na capela em Carville, numa igreja interiorana em Newark, com reboco caindo aos pedaços e teto com vazamento, numa igreja missionária em Santiago do Chile, feita de blocos de concreto e de ferro corrugado. Nesses lugares, no meio da miséria humana, vi fluir o amor cristão.

O leprosário de Carville, no estado de Louisiana, é um exemplo maravilhoso desse princípio em ação. Uma agência governamental comprou a propriedade e prometeu desenvolvê-la, mas não conseguiu ninguém para limpar as estradas, consertar as antigas cabanas de escravos das plantações ou drenar o pântano. O estigma da lepra afastou as pessoas.

Por fim, uma ordem de freiras, as Irmãs da Caridade, mudou-se para Carville a fim de cuidar dos leprosos. Acordando duas horas antes do amanhecer, vestindo uniformes brancos engomados no calor da baía pantanosa, essas freiras viveram sob um regime mais disciplinado do que qualquer acampamento de recrutas da Marinha. Elas mesmas, no entanto, demonstraram o desejo de fazer o trabalho. Cavaram valas, puseram alicerces para os prédios e tornaram o lugar habitável, o tempo todo glorificando a Deus e levando alegria aos pacientes. Descobriram o nível mais profundo talvez da associação dor/prazer da vida: o serviço sacrifical.

Se eu gastar a vida procurando a felicidade em drogas, conforto e luxo, terei enganado a mim mesmo. "A felicidade foge daqueles que a perseguem." A felicidade virá a mim inesperadamente, como subproduto, como surpresa adicional, depois de eu ter investido a vida em alguma coisa de valor. E, provavelmente, esse investimento terá incluído a dor. Sem ela, é difícil imaginar o prazer.

SEGUNDA PARTE

A dor é uma mensagem de Deus?

O planeta maculado

Imagine um grupo de pessoas vivendo no mesmo prédio. Metade pensa que é um hotel, a outra metade acha que é uma prisão. Os que imaginam viver em um hotel podem considerá-lo completamente intolerável, e os que pensam estar em uma prisão podem concluir que é, de fato, surpreendentemente confortável. Assim, o que parece um terrível dogma é o que, afinal, o conforta e fortalece. Os que tentam sustentar uma visão otimista deste mundo tornam-se pessimistas; os que sustentam uma visão bastante severa dele tornam-se otimistas.

C. S. Lewis
God in the dock [*Deus no banco dos réus*]

Pense na terra, nosso lar. Deixe que seus olhos absorvam as brilhantes nuanças e as delicadas sombras de um pôr-do-sol de verão. Enterre os dedos dos pés na areia molhada, não se mova e sinta a espuma ondulada e os borrifos de uma onda do mar. Visite um local onde se criam borboletas e estude os desenhos abstratos que têm — 10 mil variedades muito mais criativas que desenhos de pintores abstratos, tudo condensado em delicadas amostras de material volante. Rodeado dessas criaturas maravilhosas, é fácil acreditar num Criador amoroso.

Entretanto, o mesmo Sol que esbanja cores no crepúsculo pode também transformar o solo africano em uma seca superfície rachada, trazendo destruição a milhões de pessoas. O constante ritmo borbulhante da arrebentação pode, quando estimulado por uma tempestade, transformar-se num paredão de morte de 6 metros de altura, destruindo cidades costeiras. E as inofensivas criaturas coloridas esvoaçando em meio às flores sobrevivem, em média, duas semanas antes de sucumbir à atroz ferocidade da cadeia alimentar da natureza. A natureza é nossa irmã decaída, não nossa mãe, e a terra, embora seja o lugar de exposição de Deus, é uma boa criação que foi degenerada.

Observe a espécie humana. O mesmo país que produziu Bach, Beethoven, Lutero e Goethe também nos deu Hitler, Eichmann e Goering. A nação que engendrou a Declaração dos Direitos Humanos também produziu a escravidão e a Guerra Civil. Em cada um de nós, como espécie e como indivíduos, sabedoria, criatividade e compaixão rivalizam-se com engano, orgulho e egoísmo.

O mesmo acontece com a dor. Depois de um minucioso exame, a dor pode parecer uma amiga digna e de confiança. Do ponto de vista restrito de um biotécnico, a estrutura da dor certamente parece uma das maiores obras da criação. O sistema nervoso, um toque de gênio, merece admiração e respeito, como uma pintura rara de Rembrandt.

Entretanto, a dor chama nossa atenção não pela observação microscópica, mas pelas indesejáveis indicações de miséria pessoal que produz. Se relacionarmos cada sinal de advertência a sua causa específica, a estrutura da dor parecerá racional e bem desenhada, mas se voltarmos e virmos a humanidade contorcendo-se de dor, morrendo de inanição e sangrando, bilhões morrendo de câncer aos poucos, temos um problema.

O "problema da dor" abrange muito mais do que os leais reflexos das células nervosas. O que dizer dos efeitos colaterais da dor quando ela corrói a alma, levando-a ao desespero? Por que esse capricho de haver alguns dominados por artrite, câncer ou defeitos de nascença, enquanto outros escapam saudáveis durante sete décadas? O poeta William Blake resumiu a existência humana desta forma:

> Minha mãe gemeu, meu pai chorou,
> Num mundo de perigos saltei...

Os filósofos gostam de discussões prolongadas sobre a soma total do sofrimento humano, como se toda a dor humana pudesse ser extraída e colocada num grande caldeirão a fim de ser apresentada a Deus: "Aqui estão a dor e o sofrimento do planeta Terra. Como se explica tanta miséria?". No entanto, como Ivan Karamazov salienta no grande romance de Dostoievski, a dor chega a uma pessoa de uma vez, e o imerecido sofrimento de um único ser humano — uma criança batendo o punho cerrado contra o peito — levanta severamente o problema.

A dor pode ter sido designada para ser um eficiente sistema de alarme protetor, mas algo neste planeta parou de funcionar devidamente, e agora a dor se alastra fora de controle. Precisamos de outra palavra para o problema: talvez *dor* para significar o sistema de proteção do corpo e de *sofrimento* para significar a miséria humana. Afinal, um paciente leproso não sente dor, mas tem muito sofrimento.

Embora algumas pessoas permaneçam, pela misericórdia, livres de intensas dores físicas na vida, todas as que eu conheço experimentam alguma forma de sofrimento da qual não se livram: uma falha de personalidade, um relacionamento rompido, uma memória não curada da infância, um sentimento de culpa sufocante. Para entender o sofrimento, é preciso que nos afastemos do microscópio em que observamos as células nervosas reagindo obedientemente ao estímulo e olhemos diretamente para o rosto dos seres humanos angustiados. A pergunta "Onde está Deus quando chega a dor?" torna-se em "Onde está Deus quando a dor não cessa?". Como pode Deus permitir dor tão intensa e injusta?

O MELHOR MUNDO POSSÍVEL?

Durante séculos, filósofos têm debatido a questão: "A terra é o melhor de todos os mundos possíveis?". A discussão segue da suposição de que um Deus que sabe tudo, que tem todo o poder e é todo amor teria, naturalmente, criado um domínio maravilhoso para suas criaturas. Olhe ao redor, porém, e veja alguns aspectos de nosso planeta: vírus da AIDS, síndrome de Down, meningite, poliomielite, escorpiões, moscas tsé-tsé, terremotos e furacões. Deus não poderia ter feito um trabalho melhor? Como Voltaire sarcasticamente colocou em *Candide*: "Se este é o melhor de todos os mundos possíveis, então como serão os outros?".

Antigamente, teólogos cristãos, tais como Agostinho e Tomás de Aquino, argumentavam que Deus havia de fato criado o melhor de todos os mundos possíveis. Hoje, após a exibição dos horrores naturais provocados pelo homem durante o século XX, somente os pensadores mais corajosos fariam tal afirmação.

Certamente, eu não tentaria argumentar que a terra representa o melhor de todos os mundos possíveis, mas uma das razões de eu gastar tanto tempo na biologia da dor é que acredito que os filósofos modernos podem falhar ao estimar as dificuldades envolvidas no ato da criação. Presumem que tudo o que Deus tem de fazer é balançar uma vara mágica para eliminar o maior número de perigos da vida na terra.

A fim de provar sua teoria de modo convincente, os críticos deste planeta precisariam descrever um Universo superior, com um sistema completo de leis naturais que resultassem num sofrimento humano significantemente menor. Imagine algumas possibilidades. Por que simplesmente não acabar com as bactérias? Seria um desastre: 24 mil espécies diferentes de bactérias têm sido identificadas, sendo que apenas pequeno número delas causa doenças. Se as bactérias fossem eliminadas, jamais conseguiríamos digerir os alimentos. Furacões? Bangladesh e Índia têm aprendido penosamente que o sistema climático da terra depende de tais distúrbios maiores, pois nos anos em que não há furacões não há chuva também.

A criação envolve uma seleção de alternativas. Se eu quebrar a perna esquiando, posso desejar ossos mais fortes. Talvez os ossos pudessem ter sido feitos mais fortes (embora os cientistas não tenham sido capazes de encontrar uma substância mais forte e apropriada para os implantes), mas então minhas pernas seriam mais grossas e pesadas, provavelmente me tornando inativo e volumoso demais para esquiar de qualquer forma. Se meus dedos fossem mais grossos e firmes, muitas atividades humanas, tais como tocar piano, seriam impossíveis. Quem cria precisa fazer essas difíceis escolhas entre força e mobilidade, peso e volume.

O dr. Paul Brand experimentou tais escolhas difíceis enquanto tentava projetar um simples sensório de dor para proteger as mãos de seus pacientes leprosos. Foi isto o que aprendeu:

> Quanto mais me aprofundo nas leis naturais — o átomo, o Universo, os elementos sólidos, moléculas, o Sol, e até mais, a interação de todos os mecanismos necessários para manter a vida —, mais maravilhado fico. A criação toda poderia cair como um monte de cartas de baralho, se apenas um desses fatores fosse removido. Alguns de fato acreditam que o projeto inteiro e a precisão da natureza ocorreram por acaso, que se milhões de moléculas bombardearem por tempo suficiente uma célula nervosa e um terminal sensório, isso fará com que a pressão exata passe a existir. A essas pessoas eu simplesmente sugiro que tentem fazer isso, como eu fiz, e vejam se têm alguma chance.
>
> Gastei a maior parte de minha vida no campo de cirurgia de mãos. Poderia encher uma sala razoavelmente grande de livros que explicam várias técnicas de reparação de mãos lesadas. Nunca vi, no entanto, um único procedimento que sugira uma maneira de melhorar uma mão saudável. O projeto é incrível, e a dor é, sem dúvida, parte desse projeto. De cada cem mãos, 99 são perfeitamente normais. As estatísticas, porém, são completamente opostas no caso de pessoas insensíveis à dor: 99% delas têm algum tipo de má-formação ou disfunção, simplesmente porque seu sistema de dor não funciona de modo apropriado.

Muito do sofrimento em nosso planeta acontece em decorrência de dois princípios que Deus estabeleceu na criação: o mundo físico, que segue leis naturais consistentes, e a liberdade humana.

Comprometendo-se com esses dois princípios, bons em si mesmos, Deus permitiu a possibilidade de seu abuso. Por exemplo, a água prova ser útil para nós e para toda a criação por sua "suavidade", seu estado líquido e sua gravidade específica. Essas mesmas propriedades, entretanto, tornam acessível sua capacidade mais desagradável de nos afogar — ou a possibilidade ainda mais alarmante de podermos afogar alguém.

Tomemos outro exemplo, o da madeira. Ela carrega o fruto das árvores, sustenta folhas que fornecem sombra e abriga pássaros e esquilos. Mesmo quando é tirada da árvore, a madeira tem valor. Nós a usamos como combustível para nos aquecer e como material para construir casas e móveis. As propriedades essenciais da madeira — solidez, inflexibilidade, inflamabilidade — tornam possíveis essas funções úteis.

No entanto, assim que uma árvore com essas propriedades é plantada num mundo povoado de seres humanos livres, apresenta-se a possibilidade de abuso. Um indivíduo livre pode pegar um pedaço de madeira e tirar vantagem de sua firmeza para golpear a cabeça de outro ser humano. Suponho que Deus poderia descer à terra, cada vez que isso aconteça, e transformar as propriedades da madeira nas de esponja, de forma que o bastão batesse levemente. Não é isso, porém, o que ele pretende fazer no mundo. Colocou em movimento leis fixas que podem ser desvirtuadas para o mal por nossa liberdade degradada.

(Deus pode ter tido em mente um argumento parecido com esse em seu discurso no final do livro de Jó. Depois de escutar as reclamações de Jó, equivalentes a 35 capítulos, finalmente faz uma aparição pessoal, desconcertando Jó com descrições magníficas do mundo criado. Deus indica com orgulho alguns dos aspectos mais notáveis da criação e, então, dá a Jó a chance de sugerir melhorias. Será que ele se interessaria em propor como fazer o mundo funcionar de maneira diferente? Se Deus e Jó comparassem seus currículos, quem será que ganharia?)

Deus é responsável, de algum modo, pelo sofrimento deste mundo? Desse modo indireto, sim. Dar a uma criança, porém, um par de esquis sabendo que poderá cair é bem diferente de arremessá-la na neve.

Num mundo que funciona segundo leis fixas e é habitado por seres humanos livres, o sistema que protege da dor, uma dádiva maravilhosa, está igualmente sujeito a abusos. Deus poderia tê-lo feito de outra forma? Poderia ter mantido alguns dos benefícios do sistema da dor sem suas desvantagens? Existem dúvidas quanto à eficácia de qualquer sistema de alerta que exclua o sofrimento. Como mostram os experimentos do dr. Brand e a experiência de pessoas que não sentem dor, não é suficiente ser alertado quando a dor está presente. Deve *doer* para que se requeira uma ação.

Pode-se discutir para sempre se Deus poderia ter projetado nosso mundo de maneira diferente. Por que não há um interruptor para limitar a dor? Tempestades tropicais, mas não furacões? Um vírus ou três bactérias a menos? Nenhum de nós sabe a resposta a essas perguntas ou mesmo à pergunta anterior de como determinado vírus entrou no mundo. (Foi um ato criativo direto de Deus? Uma conseqüência da Queda? Uma ação de Satanás? Uma mutação genética?) Tal especulação é, porém, abafada pela própria resposta franca de Deus à pergunta: "A terra representa o melhor de todos os mundos possíveis?". E a resposta é um NÃO absoluto!

O ANIMAL SELVAGEM

A Bíblia registra a entrada do mal e do sofrimento no mundo em conexão com a maravilhosa, mas terrível, qualidade dos seres humanos: a liberdade. O que nos torna diferentes dos botos brincalhões, dos leões que rugem, dos pássaros canoros? Os seres humanos são os únicos livres do comportamento instintivo e estereotipado da espécie animal. Temos poder de escolha e autodeterminação.

O indivíduo livre, entretanto, introduziu algo novo no planeta: a rebelião contra o plano original. Temos apenas uma vaga idéia de como a terra deveria ter sido, mas sabemos perfeitamente que a humanidade fugiu do modelo original. "Falamos de animais selvagens", diz G. K. Chesterton, "mas é o homem o único animal selvagem. Foi ele quem fugiu à regra. Todos os outros animais são submissos; obedecem ao severo respeito à tribo ou a seu tipo".[1]

O ser humano é um animal selvagem porque é o único, neste pontinho de rocha chamado Terra, que resiste a Deus, sacode o punho e diz:

— Faço o que quero porque assim o desejo, e é melhor que Deus me deixe em paz.

Por causa disso, um grande abismo separa as pessoas e o planeta de Deus. É incrível, mas Deus concedeu-nos a liberdade de vivermos exatamente como queremos, desafiando todas as regras do Universo (pelo menos, por algum tempo). Chesterton disse: "Ao criar o mundo, deu-lhe liberdade. Não foi um poema o que Deus escreveu, antes uma peça; uma peça que planejou com toda a perfeição, mas que necessariamente foi levada em cena por atores e diretores humanos, os quais, desde então, só têm atrapalhado tudo".[2]

Os teólogos usam o termo *Queda* para resumir a grande ruptura da criação causada pela rebeldia inicial, quando o mal teve sua primeira atuação no mundo. O rápido relato em Gênesis 3 apresenta a simples descrição das conseqüências dessa revolta, mas o suficiente para indicar que a ruptura se deu com toda a criação, não apenas com a espécie humana. Como disse Milton em *O paraíso perdido*: "A terra sofreu o golpe, e a natureza, a observar o que fora construído, pranteou, pois tudo estava perdido".

Já o apóstolo Paulo disse: "A natureza criada aguarda, com grande expectativa, que os filhos de Deus sejam revelados. Pois ela foi submetida à inutilidade, não pela sua própria escolha, mas por causa da vontade daquele que a sujeitou [...]. Sabemos que toda a natureza criada geme até agora, como em dores de parto" (Rm 8.19,20,22).

De alguma forma, a dor e o sofrimento multiplicaram-se na terra por causa do abuso da liberdade humana. Quando o homem e a mulher voltaram-se contra Deus, o mundo livre corrompeu-se para sempre. Como Paulo disse, desde a Queda, o planeta e todos os seus habitantes emitem um fluxo constante de sinais de pesar em baixa freqüência. Agora vivemos num planeta maculado.

Por isso, qualquer discussão sobre a injustiça do sofrimento deve começar com o fato de que Deus também não está satisfeito com a condição do planeta. A Bíblia, do Gênesis ao Apocalipse, conta a história do plano de Deus para restaurar sua criação ao estado original da perfeição. Ela começa e termina com a mesma cena: o Paraíso, um rio, a fulgurante glória de Deus e a Árvore da Vida. Toda a história humana se desenrola em algum lugar entre a primeira parte do Gênesis e a última parte do Apocalipse, e tudo nesse ínterim encerra a luta para recuperar o que foi perdido.

Julgar a Deus apenas pelo mundo atual seria um grande erro. Houve um tempo em que ele foi "o melhor mundo que já existiu", mas certamente não o é agora. Não há mensagem mais categórica na Bíblia do que a *insatisfação* de Deus com o estado da criação e da humanidade.

Imagine a seguinte situação: vândalos invadem um museu com obras do período azul de Picasso. Motivados pelo simples impulso de destruição, jogam tinta vermelha em todos os quadros e talham-nos com facas. Seria o cúmulo da injustiça exibir essas obras — meras amostras da genialidade criativa de Picasso reduzidas àquilo — como representantes do artista. O mesmo se aplica à criação de Deus. Deus já colocou sobre a terra uma placa de "condenada" e prometeu que haveria julgamento e restauração. O fato de o mundo corrompido pelo mal e pelo sofrimento ainda existir é um exemplo da misericórdia de Deus, e não de sua crueldade.

O MEGAFONE

Que meio Deus pode empregar para nos falar tão alto a ponto de prestarmos atenção? O que nos convencerá de que esta terra não está levando a vida planejada por Deus?

C. S. Lewis introduziu a expressão "dor, o megafone de Deus". Ele disse: "Deus sussurra quando sentimos prazer, fala em nossa consciência, mas grita quando sofremos. Ele usa esse megafone para acordar o mundo adormecido".[3] A palavra *megafone* é apropriada, porque a dor realmente grita. Quando dou uma topada com o dedo do pé ou torço o tornozelo, a dor avisa meu cérebro aos berros que há algo errado. Da mesma forma, a existência do sofrimento na terra é, assim acredito, um grito para todos nós de que alguma coisa está errada. É isso o que nos faz parar e examinar outros valores.

A fábula *A longa jornada*[4] conta a história de uma colônia de coelhos selvagens expulsa de sua toca por causa de uma construção. Em sua jornada, encontram uma nova raça de coelhos, grande e bela, de pêlo macio e lustroso, com garras e dentes perfeitos. "Como conseguem viver tão bem?", perguntam os coelhos selvagens. "Não lutam para conseguir comida?". Os coelhos domesticados explicam que recebem alimento, na forma de cenoura, maçã, milho e couve. A vida é bela e feliz.

Depois de alguns dias, porém, os coelhos selvagens notam que um dos coelhos domesticados mais robustos e bonitos desapareceu. Ora, isso acontece de vez em quando, explicam os outros. Mas não deixamos que interfira em nossa vida. Há muitas coisas boas para se desfrutar. Por fim, os coelhos selvagens descobrem que a terra está cheia de armadilhas e que a morte "paira como uma sombra" sobre suas cabeças. Os coelhos domesticados, em troca de belas pelagens e de uma vida confortável, resolveram fechar os olhos para um fato: o perigo da morte é iminente.

A longa jornada é uma fábula com moral da história. Assim como os belos e robustos coelhos, as pessoas podem acreditar — e algumas acreditam de fato — que o único propósito da vida é ter uma existência confortável. Fartar-se, morar numa bela casa, saborear uma boa comida, fazer sexo, ter uma vida boa. É tudo o que se pode querer. Mas a presença do sofrimento complica muito esse estilo de vida, a menos que resolvamos ficar de olhos vendados, como os coelhos domesticados.

É difícil acreditar que o mundo exista apenas para nos divertirmos, quando a terça parte de seus habitantes vai para a cama com fome todas as noites. É difícil acreditar que o propósito da vida seja o bem-estar, quando vemos jovens adolescentes morrendo em desastres nas estradas. Ainda que se tente esquecer tudo e apenas aproveitar a vida, o sofrimento e a morte estão à espreita, sempre presentes, trazendo à lembrança a superficialidade da vida, caso o mundo se resuma apenas a experiências individuais.

Algumas vezes sussurrando, outras vezes gritando, o sofrimento é um "clamor transcendente" de que toda a condição humana está fora do funcionamento normal. Alguma coisa está errada numa vida de guerras, violências e insultos. Precisamos de auxílio. Aquele que deseja estar em paz com o mundo, que pensa que viver é o único alvo da existência, só pode alcançar sua meta com algodão nos ouvidos, pois o megafone da dor grita muito alto.

Há três séculos, o matemático francês Blaise Pascal, aborrecido e angustiado com alguns de seus colegas que pareciam evitar as questões mais importantes da vida, caracterizou-os, quase como em uma paródia, da seguinte forma:

> Não sei quem me colocou neste mundo nem que mundo é este ou quem realmente sou. Vivo numa terrível ignorância de tudo [...]. Tudo o que sei é que morrerei logo, e o que menos sei é o que significa essa morte da qual não posso escapar.
>
> Como não sei nem de onde vim, não sei para onde vou. Só sei que, ao deixar este mundo, desaparecerei para sempre ou cairei nas mãos de um Deus irado, sem saber qual desses destinos me está eternamente reservado. É assim que me encontro, num estado de total debilidade e incerteza. E, de tudo isso, concluo que devo aproveitar todos os dias de minha vida sem me preocupar em perguntar o que me acontecerá. Talvez encontre uma solução para minhas dúvidas, mas não me empenharei nem farei nada para tentar descobrir.

Pascal estava perplexo com as pessoas que se preocupavam com trivialidades, ou mesmo com assuntos importantes, mas ignoravam a grande questão. Ele disse: "É um feitiço incompreensível e um sono sobrenatural".[5]

Algumas religiões tentam negar toda a dor ou permanecer acima dela. O cristianismo, porém, começa com a asserção de que o sofrimento existe exatamente como prova de nosso estado decaído. Quem considerar insatisfatória a explicação cristã para a origem do sofrimento — de que ele foi *introduzido* no mundo por causa da liberdade malograda do ser humano —, poderá até descartá-la. Mas, pelo menos, o conceito de um mundo "maravilhoso, porém caído" combina com a realidade que conhecemos. Ele explica a natureza dual do mundo e a nossa.

Somos sobreviventes de um naufrágio, como Crusoé, que foi lançado à praia com os destroços procedentes de outra terra. Foi esse aspecto do cristianismo que fez Chesterton dizer: "Filósofos modernos disseram-me repetidamente que eu estava no lugar certo; embora concordando com eles, sentia-me deprimido. Mas tendo ouvido que estava no lugar errado, minha alma cantou de alegria, como o pássaro na primavera". Otimistas haviam-lhe informado que este mundo é o que há de melhor, mas isso não lhe deu conforto. O cristianismo fez-lhe sentido pelo fato de admitir livremente que este planeta é maculado e desfigurado.

Depois dessa experiência, Chesterton concluiu:

> O importante é que foi justamente isso que reverteu inteiramente a razão para o otimismo. E, no instante em que a reversão é feita, sente-se um alívio semelhante ao que se experimenta quando um osso é recolocado no lugar. Eu tinha o hábito de chamar-me otimista, a fim de evitar a blasfêmia evidente demais do pessimismo. Mas todo o otimismo do mundo é falso, porque tenta provar que nós nos ajustamos ao mundo; o otimismo cristão é baseado no fato de *não* nos ajustarmos ao mundo.[6]

O megafone da dor, às vezes, certamente produz efeito contrário: podemos odiar a Deus por ele permitir uma miséria tão grande. Ou, de outra forma, a dor pode levar-nos a ele, como aconteceu com Chesterton. Podemos crer nele, quando diz que este mundo não é tudo o que existe, e saber que ele está preparando um lugar perfeito para os que o seguirem na terra destruída pela dor.

Não é fácil ser a criatura. Achamos que somos fortes o bastante para controlar nosso mundo sem essas questões confusas da dor e do sofrimento a nos lembrar de nossa dependência. Achamos que somos sábios o suficiente para tomar nossas próprias decisões sobre moralidade e viver honestamente sem o megafone da dor gritando em nossos ouvidos. Estamos errados, como prova a história do jardim do Éden. O homem e a mulher, num mundo sem sofrimento, decidiram contrariar Deus.

Portanto, nós, que viemos de Adão e Eva, temos uma escolha. Podemos confiar em Deus ou culpá-lo, assim nos eximindo pela condição do mundo.

ECOS DA DOR

Se houver dúvida quanto ao valor megafônico do sofrimento, basta visitar a UTI de um hospital. Difere de todos os outros lugares do mundo. Por sua sala de espera, passa toda espécie de gente. Alguns ricos, outros pobres. Há pessoas bonitas, feias, negras, brancas, elegantes, malvestidas, espirituais, ateístas, funcionários e trabalhadores. A UTI é o único lugar do mundo onde tais divisões não fazem a menor diferença, pois todos estão unidos pelo mesmo simples e terrível laço: o amor a um parente ou um amigo às portas da morte. Ali não se vê uma centelha de tensão racial. Diferenças econômicas e religiosas desaparecem. Muitas vezes, consolam-se uns aos outros ou choram silenciosamente. Enfrentam as emoções mais profundas da vida; alguns chamam, nessa ocasião, o pastor ou o padre pela primeira vez. Só o megafone da dor é suficientemente poderoso para tornar essas pessoas humildes e fazê-las ponderar sobre as grandes questões da vida e da morte e seu significado. Como observou estranhamente Helmut Thielicke: nos hospitais, há um capelão, mas nas festas, não.

Creio que esse é o valor do megafone da dor. Este planeta emite um "gemido" constante, um clamor pela redenção e pela restauração, mas quase sempre ignoramos a mensagem até o sofrimento ou a morte nos forçar a ouvi-la. Não estou dizendo que Deus permite o sofrimento *por causa* de seu valor magafônico. Também não creio que ele tenha uma mensagem específica do tipo: "você está sofrendo por causa de tal coisa". Sobre isso tratarei no próximo capítulo. Mas o megafone da dor leva uma mensagem geral de pesar a toda a humanidade.

John Donne, poeta do século XVII, passou por uma experiência de grande sofrimento. Seu sogro, irado, fez com que perdesse o emprego e fosse impedido de seguir carreira no direito. Donne, em desespero, recorreu à igreja e ordenou-se pastor anglicano. Mas um ano depois de assumir sua primeira paróquia, sua esposa, Anne, morreu, deixando-lhe sete filhos. Alguns anos mais tarde, em 1623, manchas começaram a aparecer em seu corpo. Ele foi diagnosticado com a peste bubônica.

A doença prolongou-se, consumindo toda a sua energia a ponto de quase matá-lo. Na verdade, ele havia contraído uma espécie de tifo, não a peste. No auge da doença, Donne escreveu uma série de preces sobre o sofrimento, as quais fazem parte das meditações mais comoventes sobre o assunto. Escreveu o livro na cama, sem se beneficiar de notas, pois estava convencido de que estava para morrer.

Em *Devotions*, John Donne faz uma reprimenda a Deus. Ele pensa em sua vida e não vê sentido algum. Depois de vagar perdido por tanto tempo, finalmente encontra um lugar no qual poderia servi-lo, mas, agora, exatamente nesse momento, fora abatido por uma doença mortal. Qual era o sentido disso?

O que essa doença significava? Seu livro sugere a possibilidade de uma resposta. A primeira inspiração veio de uma janela aberta em seu quarto, na forma dos sinos de uma igreja anunciando uma dolorosa declaração de morte. Por um momento, pensou que seus amigos, ao saberem que sua condição era mais grave do que se imaginava, pediram que tocassem os sinos por sua causa. Mas logo percebeu que eles anunciavam a morte de um vizinho contaminado com a peste.

Donne escreveu a "Meditação XVII" pensando nos sinos da igreja, uma das passagens mais conhecidas da literatura inglesa: "O homem não é uma ilha

[...]. Nunca queiras saber por quem os sinos dobram, pois dobram por ti". Ele se deu conta de que, embora os sinos tocassem para homenagear outra pessoa, serviam perfeitamente para lembrá-lo daquilo que todo ser humano passa a vida tentando esquecer: a morte.

> Quando morre um homem, esse capítulo não é arrancado do livro, mas traduzido em uma linguagem mais clara; e todo capítulo deve ser traduzido; Deus usa vários tradutores; algumas partes são traduzidas pela idade, outras pela doença, pela guerra ou pela justiça; mas a mão de Deus está em todas elas e unirá todas as páginas soltas novamente na biblioteca na qual todos os livros ficarão abertos. [...] Por isso, esses sinos chamam a todos nós, mas muito mais a mim, que estou tão perto dessa porta por causa da doença.[7]

Três séculos antes de C. S. Lewis, em vez de "dor, o megafone de Deus", Donne usou uma expressão diferente para expressar o mesmo conceito: a capacidade única da dor de acabar com todas as defesas normais e com a rotina do dia-a-dia: "Preciso de teu trovão, ó meu Deus; tua música não te servirá".[8] O som dos sinos tornou-se, para ele, um eco antecipado da própria morte. Para o homem morto, era o fim, a vida havia acabado. Para Donne, que lutava pela vida, era um grande ponto de interrogação. Estaria ele pronto para se encontrar com Deus?

O chamado dos sinos causou uma curiosa mudança no raciocínio de Donne. O megafone ou o trovão da dor o fez reexaminar a vida, e o que ele viu foi uma revelação. Certa vez, dissera à sua congregação, em tom de autocomiseração: "Sou um homem que conhece a aflição". Mas, agora, estava claro que os períodos de grande sofrimento foram também de grande crescimento espiritual. As provações expurgaram seu pecado e lhe desenvolveram o caráter; a pobreza ensinara-o a ser dependente de Deus e livrara-o da ganância; o fracasso e a desonra pública ajudaram a curar a ambição mundana. Um claro exemplo emergiu: a dor poderia ser transformada e, até mesmo, redimida.

A revisão mental de Donne, em seguida, levou-o a refletir sobre as circunstâncias presentes. Será que mesmo *aquela* dor poderia ser redimida? A doença, sem dúvida, privara-o de várias obras boas, mas a debilidade física certamente não impedia seu crescimento espiritual. Tinha mais tempo para orar: os sinos lembraram-no de seu vizinho menos afortunado e de muitos outros que sofriam em Londres. Aprendera sobre humildade, confiança, gratidão e fé. Donne fazia uma espécie de brincadeira com a idéia: imaginava que sua alma crescia forte sobre a cama e que caminhava pelo quarto, enquanto seu corpo jazia inerte.

Em resumo, Donne percebeu que sua vida, embora estivesse enfermo, não era insignificante e canalizou suas energias para as disciplinas espirituais: oração, confissão dos pecados, fazer um diário (que se transformou no livro *Devotions*). Parou de pensar em si e começou a pensar nos outros.

O livro *Devotions* registra uma mudança sísmica na atitude de Donne em relação à dor. Começa com orações para que a dor seja removida e termina com orações para que seja redimida, e ele seja "catequizado pela aflição". Uma redenção como essa poderia se transformar numa cura milagrosa — assim esperava —, mas, mesmo que isso não acontecesse, Deus poderia levar essa barra de metal fundido para a refinaria do sofrimento e transformá-la em ouro puro.

O que Deus está tentando dizer?

Posso entender minha aflição como uma correção ou como perdão; confesso que não sei como interpretá-la. Como devo entender essa doença? Não chego a conclusão alguma, embora a morte conclua minha vida. Se for realmente uma correção, permita-me traduzi-la e interpretá-la como perdão; pois, embora pareça uma correção, não há prova maior de teu perdão senão morrer em ti e, com a morte, unir-me Àquele que morreu por mim.

John Donne
Devotions [Devoções]

Um artigo da revista *Time* relatava o seguinte sobre a cidade de Yuba, Califórnia:

> Rodeado por parentes, chorando, um casal hispano-americano achava-se sentado no cemitério de Sutter, de mãos dadas e olhando com ar abobalhado para o esquife que continha os restos mortais de seu filho, Bobby, de 16 anos. A jovem sobrinha do rapaz, em soluços desesperados, jogou-se sobre o caixão, onde seis colegas de Bobby haviam depositado cravos brancos. Na grande multidão, várias pessoas choravam. O pai chacoalhou a cabeça algumas vezes como se tivesse recebido uma pancada; depois, com a esposa, caminhou como um autômato em direção à limusine verde à frente do longo cortejo.
>
> No cemitério, a sra. Harry Rosebrough, de olhos enxutos, via o filho ser sepultado. Havia morrido no dia do seu décimo sexto aniversário. Pamela Engstrom, usando um vestido de seda azul e branco — presente da mãe — tinha morrido um dia antes de seu décimo oitavo aniversário. Entre as vítimas, estavam também as gêmeas Carlene e Sharlene Engle, de 18 anos, que adoravam cantar músicas compostas pela mãe: "Acordo sorrindo à luz do sol" e "Orgulhe-se da América". Depois do funeral, estacionaram a poeirenta perua Ford de Sharlene do outro lado da rua da sua casa com o anúncio: VENDE-SE.

Isso aconteceu na cidade de Yuba, Califórnia, em junho de 1976, onde 15 mil pessoas choraram seus mortos. Um ônibus com 53 componentes do coro da escola local e a acompanhante Christina Estabrook arrebentou 22 metros do gradil de proteção da estrada ao sair para uma rampa de acesso e caiu numa depressão de 6 metros e meio de profundidade. Parou com as rodas para cima ainda rodando, o teto esmagado de encontro aos assentos.

Viam-se folhas de música do coral cheias de sangue. "Alguém gritou: 'Ó meu Deus!', na parte da frente do ônibus", disse soluçando Kim Kenyon, um garoto de 16 anos, cuja namorada morrera a seu lado. Perry Martin, de 18 anos, acrescentou: "Era tudo uma confusão de choro, gemidos, pernas e braços espalhados". Resultado: 29 mortos e 25 feridos.

Todos freqüentavam a mesma escola. No começo daquele ano, tinham encenado *Um violinista no telhado.* Faltavam apenas três semanas para a formatura, e muitos tinham ido a seu primeiro baile no sábado anterior. Agora, seus amigos andavam aturdidos pela escola, parando algumas vezes desconsoladamente à janela do diretor para ler o boletim diário que informava a condição dos feridos. Karen Hess, 18 anos, presidente do Grêmio Estudantil, disse: "Esta é a primeira vez que a maioria de nós vê amigos íntimos morrerem".[1]

POR QUE YUBA?

Por que não Salina, no estado de Kansas... ou Clarkston, na Geórgia... ou Ridgewood, em Nova Jersey?

Por que um coral da escola? Por que não a banda, ou a equipe de debates, ou o time de futebol?

Foi um acidente de trânsito corriqueiro, normal, com mais fatalidades do que a maioria, talvez, mas nada comparado à devastação de um terremoto da Califórnia, uma enchente no Paquistão ou um acidente com uma balsa em Manila. Entretanto, uma tragédia medíocre como a do acidente do ônibus de Yuba traz à tona questões delicadas.

Por que aqueles 29 jovens mereceram essa pavorosa morte na estrada? Estaria Deus tentando comunicar-lhes alguma coisa? Ou estaria dando uma lição a seus pais e amigos?

Os adolescentes daquela escola não conseguiam evitar tais perguntas. Os passageiros sobreviventes ao acidente teriam, forçosamente, de querer saber por que estavam vivos, enquanto seus amigos morreram.

Será que Deus desce à terra, torce um pouco as rodas de ônibus escolares e fica observando enquanto ricocheteiam de encontro à mureta? Será que ele traça com lápis vermelho, no mapa do estado de Indiana, uma linha planejando o caminho exato a ser seguido por um tornado? *Ali, atinja aquela casa, mate aquela criança de 6 anos, mas suba agora e não atinja a próxima casa*. Será que Deus programa a terra como se fosse um videogame, brincando constantemente com as ondas do mar, com os terremotos e com os furacões? É assim que ele nos recompensa e nos pune, a nós, suas vítimas indefesas?

Pode parecer sacrilégio formular tais perguntas. Mas elas têm me obcecado e, de várias formas, têm sido atiradas em mim, como lanças, por amigos escarnecedores. Refletir sobre Deus é um ato quase universal que faz parte da experiência do sofrimento. Tenho um livro em minha biblioteca intitulado *Theories of illness* [*Teorias sobre a doença*] que traz um levantamento com 139 comunidades tribais do mundo inteiro. Todas, à exceção de quatro, entendem a doença como um sinal da censura de Deus (ou dos deuses).

A dor tem valor como proteção para nosso corpo. Quase todos admitem isso. O sofrimento tem até mesmo valor moral ao salientar nossa condição carente e temporária de criaturas mortais num planeta maculado. Pelo menos, a maioria dos cristãos dá um passo além e aceita que Deus fala com a raça humana em geral por meio do megafone da dor. Mas a dor nunca nos atinge em *termos gerais*. Ela é específica e se revela na forma de uma explosão sináptica dos nervos e da medula espinhal, ou de uma onda de dor e de pesar.

Certa vez, assisti a uma entrevista na TV com uma famosa atriz de Hollywood, cujo amante tinha se afogado em uma enseada perto de Los Angeles. A investigação policial revelou que ele caiu de um iate, letárgico por embriaguez. A atriz olhou para a câmera, com sua bela face desfigurada pela dor, e perguntou com indignação: "Como um Deus amoroso pôde deixar que isso acontecesse?".

A atriz provavelmente não pensava em Deus havia meses ou anos. Mas, de repente, diante do sofrimento, revoltou-se contra ele. Para ela e para a maioria das pessoas, a dúvida é quase certa e imediata no momento da dor, como um reflexo. O sofrimento coloca em questão nossas mais fortes crenças a respeito de Deus. Quando estou abatido, a primeira coisa que penso é: o que Deus está tentando me dizer com essa inflamação na garganta ou com a morte de meu amigo? Terá ele uma mensagem específica para mim?

Num jantar, sentei-me ao lado de um convidado que se referiu a um terremoto na América do Sul.

— Sabia que nesse terremoto morreu uma porcentagem bem menor de cristãos do que de não-cristãos? — perguntou ele com absoluta sinceridade.

Fiquei a cogitar sobre os cristãos que *foram* mortos. O que teriam feito para ser jogados na área de perigo ao lado de pagãos vulneráveis? E fiquei pensando sobre essa afirmação presunçosa de que Deus teria poupado grande parte dos cristãos, como se fosse um placar no Coliseu Romano: Cristãos 4, Gladiadores 3.

Também pensei sobre as tragédias ocasionais que parecem atingir cristãos: os massacres armênios, um acidente de ônibus envolvendo um coral de igreja, uma enchente relâmpago que devastou o acampamento de uma cruzada estudantil em Estes Park, Colorado, a ruptura de uma represa na faculdade de teologia em Toccoa Falls.

A fé em Deus não oferece nenhuma garantia contra tragédias. Tampouco contra sentimentos de dúvida e de traição. No mínimo, ser cristão complica ainda mais o problema. Para os que acreditam num mundo de acasos, que diferença faz um ônibus sofrer um desastre em Yuba ou em Salina? Mas para quem acredita num mundo governado por um Deus poderoso, que ama ternamente seus filhos, isso faz uma diferença tremenda.

O QUE DIZ A BÍBLIA

Entretanto, a maior parte da confusão mental sobre dor e sofrimento depende, assim penso, do problema da *causa*. Se Deus está mesmo no comando, ligado de algum modo ao sofrimento do mundo, por que é tão extravagante e injusto? Será o sádico cósmico que se deleita em ver-nos sofrer?

Se procurarmos na Bíblia saber "Quem fez isso?", encontraremos respostas variadas. A título de ilustração, às vezes distribuo Bíblias aos integrantes de um grupo de estudo e peço que leiam uma passagem e que comentem sobre a resposta que ela dá à questão da *causa*.

Gênesis 38.7. Deus é claramente retratado como a causa direta do sofrimento de Er. Ele "era mau aos olhos do Senhor, pelo que o Senhor o matou" (ECA).

Lucas 13.10-16. Satanás, ou no mínimo "um espírito, foi a causa direta da enfermidade dessa mulher, uma condição que a debilitava havia dezoito anos. O apóstolo Paulo também chamou sua aflição, um espinho na carne, de "mensageiro de Satanás".

Jó 2.4-7. Jó oferece uma combinação de duas causas: Satanás inflige a dor, mas apenas depois de obter a permissão de Deus.

Provérbios 26.27. Esse versículo, típico de Provérbios, ressalta as conseqüências naturais das ações de uma pessoa: siga o caminho do mal e, um dia, sofrerá por isso.

Como expliquei no primeiro capítulo, este livro surgiu por causa de minha amizade com Claudia Claxton e de minha preocupação com os conselhos confusos que ela recebeu de amigos cristãos. Tendo em vista essas passagens bíblicas, é de admirar que essas pessoas ofereçam conselhos tão confusos? Poderia citar dezenas de passagens que apresentam várias explicações para a causa do sofrimento específico, mas ainda não encontrei na Bíblia nenhuma grande teoria unificadora de sua causa.

O Antigo Testamento, em especial, apresenta muitas situações — como as dez pragas do Egito, por exemplo — nas quais Deus intervém de forma sobrenatural na história humana a fim de punir o mal. Estudei cada um desses casos detalhadamente e, embora não possa propor nenhuma grande teoria unificadora, ofereço duas observações.

(1) Muitas passagens do Antigo Testamento advertem sobre as conseqüências dolorosas de determinadas ações. O estudioso alemão Klaus Kloch mostra, com muita propriedade, que Salmos, Provérbios e muitos outros livros do Antigo Testamento apresentam a noção de que as "más escolhas trazem conseqüências dolorosas".[2] O livro de Provérbios está cheio de conselhos do tipo: "A preguiça leva ao sono profundo, e o preguiçoso passa fome" (19.15). Segundo esses autores, Deus programou os seres humanos e a sociedade humana para agirem de acordo com princípios fixos. Honestidade, autenticidade e compaixão produzem bons resultados; trapaça, mentira e ganância produzem o contrário.

(2) Algumas passagens do Antigo Testamento mostram que Deus causa o sofrimento humano para castigar o mau comportamento. Os livros proféticos estão cheios de advertências terríveis sobre o julgamento. Mas, se olharmos com mais atenção, veremos que suas predições de condenação normalmente aparecem depois de um longo e explícito aviso. Amós, Jeremias, Isaías, Habacuque, Oséias e Ezequiel, todos apresentam listas impressionantes de pecados e fraquezas que provocarão o castigo.

Em quase todos os casos, os profetas também mantêm a esperança de que Deus mudará sua forma de agir, caso Israel se arrependa e retorne para ele. Se continuar rebelde, será esmagado. Assim, o julgamento claramente parte de Deus, mas de forma alguma é caprichoso ou injusto. O castigo do Antigo Testamento foi consistente com a "aliança", ou pacto, de Deus com Israel e só foi aplicado depois de muitas advertências.

Concordo que o Antigo Testamento está repleto de idéias do tipo recompensa/castigo e apresenta a vida conforme o seguinte princípio: "Faça o bem e será recompensado; faça o mal e será punido". Entretanto, não acredito que o princípio se aplique aos dias de hoje exatamente da mesma forma. No livro *Dissapointment with God* [*Decepcionado com Deus*], explico que as "regras" que governam o contrato do relacionamento de Deus com os israelitas expressam um relacionamento único que não pode, nem deve, ser imitado.

Considere os princípios do Antigo Testamento à luz das questões levantadas atualmente. Quando uma tragédia nos acontece, perguntamos quase que instintivamente: "Por que eu?". Claudia Claxton, assim como os amigos e parentes dos mortos em Yuba e mesmo a atriz que perdeu o amante, fizeram a mesma pergunta. *Havia dois mil carros enfrentando a chuva na estrada, por que o meu tinha de derrapar na ponte? As montanhas estão cheias de esquiadores todos os dias, por que bem eu tinha de quebrar a perna e estragar minhas férias? Um tipo raro de câncer atinge apenas uma a cada cem pessoas, por que exatamente meu pai tinha de estar entre as vítimas?*

As pessoas que estão sofrendo atormentam-se com tais questões, e os exemplos bíblicos oferecem alguma orientação. Quanto à primeira observação, de que algumas ações podem gerar conseqüências dolorosas, esse princípio aplica-se totalmente aos dias de hoje. A pessoa que esquia além dos limites permitidos, em uma área de avalanchas e de colinas irregulares, coloca a vida em risco. Quem dirige perigosamente em estradas molhadas pela chuva está pedindo para derrapar. O que come todo tipo de frituras e de comida industrializada expõe seu corpo a certos danos à saúde.

O livro de Provérbios vai além desses simples exemplos e deixa claro que nossas ações têm uma dimensão moral que afetará nossa saúde e bem-estar na terra. Nossa versão moderna — fumar, ter relações sexuais levianamente, usar drogas, destruir o meio ambiente, comer excessivamente — tem conseqüências diretas e dolorosas. Os cientistas reconhecem as relações e as divulgam amplamente. Os princípios, construídos na criação, aplicam-se tanto aos cristãos como aos não-cristãos. Tabelas atuariais demonstram esse fato de forma incontestável: Utah, a terra dos mórmons, que levam uma vida saudável, apresenta uma das mais baixas taxas de doenças cardíacas, enquanto sua vizinha, Nevada, a terra dos que vivem livremente, apresenta uma das mais altas.

E quanto ao segundo princípio, de que Deus, às vezes, intervém diretamente para castigar as pessoas por mau comportamento? Fico abismado de ver a forma natural e leviana em que os cristãos aplicam esse princípio atualmente. Visitam quartos de hospital levando mensagens de culpa como: "Você deve ter feito alguma coisa errada para merecer isso"; ou mensagens de acusação do tipo: "Você não deve estar orando com muita fé".

Mas existe uma grande diferença entre o sofrimento que a maior parte das pessoas enfrenta — machucar-se ao esquiar, ter um tipo de câncer raro, sofrer um acidente de ônibus — e o "sofrimento como castigo" descrito no Antigo Testamento. Ali, o castigo acontece depois de várias advertências contra um comportamento específico. Na verdade, para ser eficaz, o castigo *requer* uma clara ligação com o comportamento. Imagine um pai que castiga o filho pequeno. Não faria muito sentido ele aparecer de surpresa diante do filho em determinados momentos do dia e dar um sermão. Essa tática produziria um filho neurótico, não obediente.

O povo de Israel sabia por que estava sendo castigado; os profetas o advertiram com extremo detalhe. O faraó do Egito sabia exatamente por que sua terra fora assolada pelas dez pragas: Deus advertira-o, explicando o motivo e indicando a mudança de comportamento que poderia evitá-las. Os exemplos bíblicos do "sofrimento como castigo", portanto, tendem a seguir um padrão. A dor chega depois de muitos avisos, e ninguém fica sem saber o que está acontecendo. As pessoas sabem muito bem por que estão sofrendo.

Esse padrão é parecido com o que acontece conosco hoje? Temos uma revelação enviada diretamente por Deus para nos avisar de uma futura catástrofe? O sofrimento pessoal acontece depois de uma clara explicação de Deus? Como não é assim, sou obrigado a perguntar se os sofrimentos por que passamos — câncer, acidentes de carro — são realmente castigos de Deus. Se o sofrimento é uma forma de castigo, então recebemos mensagens muito confusas, pois a ocorrência da doença e da dor parece aleatória, desvinculada de qualquer padrão de virtude ou de vício.

Francamente, acredito que, a menos que Deus revele claramente o contrário, seria melhor buscar outros modelos bíblicos. A Bíblia contém algumas histórias de pessoas que sofreram, mas que certamente não estavam sendo castigadas por Deus.

O QUE DIZ JESUS

Os cristãos acreditam que, com a vinda de Jesus, Deus entrou inteiramente na história humana. Não mais interferia de fora, mergulhando na história de vez em quando para mudar seu curso. Repentinamente, passou a residir no corpo de um ser humano na terra, sujeitando-se às leis e limitações físicas deste planeta. Portanto, a melhor maneira de saber o que Deus sente a respeito do sofrimento humano é estudar o comportamento de Jesus.

Jesus nunca disse a uma pessoa necessitada ou sofredora que "aceitasse sua sina na terra" ou que "aceitasse o que Deus lhe havia dado". Ficava extremamente consternado com os gemidos de sofrimento das pessoas e procurava ajudá-las. Para tanto, usava seus poderes sobrenaturais de cura, jamais de castigo.

Os milagres de cura, obviamente, agradavam muito ao público, mas, apesar disso, Jesus recusava-se a usá-los como "sinais" de uma verdade mais profunda. Algumas vezes, mostrava-se até relutante em intervir, dizendo a seus seguidores que os sinais eram realizados apenas porque tinham necessidade deles. Em diversas ocasiões, pediu aos discípulos que não divulgassem seus milagres, que silenciassem. Houve momentos em que Jesus deliberadamente escolheu não intervir na ordem natural das coisas. Por exemplo, resolveu não chamar os anjos do céu para livrá-lo de sua hora mais amarga antes da morte.

Estaria Jesus tentando dizer que não é bom Deus intervir em nosso viver diário? O reino do céu, justamente o que há de mais importante na vida, é um reino espiritual a ser formado dentro do coração e da mente do ser humano? Que o poder de Deus não deve ser apresentado ao mundo de maneira espetacular? Pelo menos, Jesus recusou-se a fazer mudanças radicais nas leis naturais que regem o planeta. Em vez de, digamos, refazer o sistema nervoso para implementar algumas melhorias estruturais, ele próprio sujeitou-se à trama da dor com todos os seus aspectos indesejáveis. Ao enfrentar o sofrimento pessoalmente, reagiu como nós, em geral, fazemos: com medo e pavor.

Qual foi a atitude de Jesus diante da pergunta: "Quem é responsável pelo sofrimento?". A resposta mais clara a essa questão está em Lucas 13. Aqui, como no Antigo Testamento, há diversas respostas. Por exemplo, no versículo 16, Jesus declara que Satanás foi a causa do sofrimento de uma mulher presa à doença por dezoito anos. No fim do mesmo capítulo, entretanto, Jesus lamenta sobre o futuro de Jerusalém: como os profetas do Antigo Testamento, ele viu que sua atitude obstinadamente rebelde causaria mais sofrimento.

Mas no início desse mesmo capítulo, Jesus é questionado sobre "eventos recentes", que certamente provocaram calorosas discussões. Um deles era a opressão política com a qual soldados romanos haviam massacrado os membros de uma minoria religiosa; o outro era um acidente de construção que havia matado dezoito pessoas. Estudando a Bíblia, não vejo outra situação mais parecida com o tipo de sofrimento que mais nos incomoda. Aqueles judeus do século I perguntavam sobre situações semelhantes à do acidente de ônibus de Yuba ou do desmoronamento do teto de um estádio.

A resposta de Jesus é ao mesmo tempo enigmática e brilhante. Ele não responde completamente à questão que mais os atormenta: a da causa. Ele nunca explica: "Essas tragédias aconteceram por causa disso". Mas deixa uma coisa bem clara: não ocorreram por causa de qualquer má conduta. "Vocês acham que esses galileus eram mais pecadores do que os outros porque sofreram essa fatalidade? Eu lhes digo: não! Vocês acham que as dezoito pessoas que morreram com a queda da torre em Siloé eram mais culpadas que todas as outras que viviam em Jerusalém? Eu lhes digo: não!"

Nenhuma pessoa que chora a morte de um parente precisa se perguntar o que causou essa calamidade. Jesus diz com clareza que as vítimas não tinham feito nada de extraordinário que merecesse tal destino. Eram iguais às demais pessoas. Não chega a dizer isso, mas talvez a torre tenha caído simplesmente porque fora mal construída. Acredito que Jesus teria respondido a mesma coisa em relação à tragédia de Yuba: "Vocês acham que esses adolescentes eram mais pecadores que outros?". Talvez o ônibus tenha sofrido o acidente por causa de um erro do motorista ou de uma falha mecânica.

Mas Jesus não pára por aí. Ele usa as duas tragédias para mostrar verdades eternas relevantes a todas as pessoas ("a menos que se arrependam, vocês também perecerão") e conta uma parábola sobre a decisão de Deus de não conceder misericórdia. Sugere que nós, "observadores" de catástrofes, precisamos aprender com os eventos tanto quanto as vítimas. As tragédias devem nos alertar a que estejamos prontos no caso de sermos a próxima vítima do desmoronamento de uma torre ou de um ato de terrorismo político. Portanto, a catástrofe chama tanto vítimas quanto observadores ao arrependimento, lembrando-nos bruscamente da brevidade da vida.

É DEUS A CAUSA?

Assisti certa vez à cerimônia fúnebre de uma garota de 10 anos, morta num acidente de carro. A mãe, chorando, disse:

— O Senhor levou-a para junto de si. Ele deve ter tido algum motivo. Obrigada, Senhor!

Conheço cristãos que, ao ficarem doentes, atormentam-se com a pergunta: "O que Deus está tentando dizer?", ou: "Como posso aumentar minha fé para ficar livre dessa doença?", "Como fazer para que Deus me liberte?".

É provável que esse raciocínio esteja errado. Talvez Deus *não esteja tentando nos dizer nada específico* todas as vezes que sofremos. Dor e sofrimento são partes inerentes de nosso planeta, e os cristãos não estão isentos disso. Na metade das vezes, sabemos por que ficamos doentes: pouco exercício, dieta inadequada, contato com germes. Será que realmente esperamos que Deus esteja sempre nos protegendo onde quer que encontremos algo perigoso?

Em minha opinião, a abordagem de Jesus corresponde exatamente ao que sugeri com "dor como megafone de Deus". O sofrimento é uma mensagem *geral* de advertência a toda a humanidade de que algo está errado com o planeta e de que precisamos de uma intervenção externa radical ("a menos que nos arrependamos..."). Mas pode-se ligar o sofrimento *específico* de uma pessoa a um ato direto de Deus.

Outra história semelhante da Bíblia pode esclarecer melhor essa abordagem. Em João 9, Jesus refuta a clássica explicação do sofrimento. Seus seguidores apontaram para um homem cego de nascença. Alardeando falsa piedade, perguntaram: "Quem pecou, este homem ou os seus pais?". Jesus respondeu claramente: "Nem ele nem seus pais. Isso aconteceu para que a obra de Deus pudesse se revelar em sua vida".

Os discípulos quiseram voltar atrás e saber "a razão". Jesus desviou sua atenção. Com propriedade, apontou para o futuro e colocou outra questão: "Qual é a finalidade disso?". Para mim, isso resume bem a abordagem da Bíblia em relação ao problema da dor. Levantar questões sobre a causa, os "porquês", não resolve o problema. Mas é uma esperança para o futuro saber que até o sofrimento pode ser transformado ou "redimido". Uma tragédia humana, como a cegueira, pode ser usada para revelar a obra de Deus.

Às vezes, como no caso do homem que nasceu cego, a obra de Deus se manifesta por meio de um grande milagre e, às vezes, não. Seja como for, o sofrimento oferece uma oportunidade de revelarmos a obra de Deus.

Por que estamos aqui?

Somente quando fiquei naquela prisão de palha apodrecida, senti os primeiros vestígios do bem. Gradualmente, ficou claro para mim que a linha que separa o bem do mal não passa por nenhum país, classe social ou partido político, mas pelo coração humano, e pelo coração de todos os seres humanos. [...] Alimentei minha alma ali e digo sem hesitação: Deus abençoe essa prisão por ter feito parte de minha vida.

ALEKSANDR SOLZHENIËTÌSYN
Arquipélago Gulag[1]

A Bíblia não esclarece a questão da causa. Mas há nela uma passagem que aborda o sofrimento, passagem esta que trata exaustivamente do assunto e que contém uma mensagem inequívoca. Está no livro de Jó, bem no meio do Antigo Testamento.

Embora seja uma das mais antigas da Bíblia, a história de Jó é como as modernas, pois trata diretamente do problema da dor, que tanto atormenta nosso século. Num período recente da história, escritores como Robert Frost, Archibald MacLeish e Muriel Spark tentaram recontar a vida de Jó.

Jó foi um homem reto e espiritual. Amava a Deus de todo o coração. Notavelmente, Deus o usou como um exemplo para provar a Satanás que os seres humanos podem ser fiéis. Se havia um homem que não merecia sofrer por seus atos, era Jó.

O que aconteceu, porém? Incrivelmente, Jó sofreu uma série de calamidades e de desgraças injustas. Assaltantes, fogo, bandidos e, depois, um forte vento derrubou e destruiu tudo o que possuía. Da sua grande família e inúmeras riquezas, só restou a esposa, que lhe foi de pouca valia! Depois, numa segunda fase de provações, apareceram-lhe furúnculos ulcerosos por todo o corpo.

Em questão de horas, todos os terrores do inferno caíram sobre ele, destruindo completamente sua felicidade e saúde. Jó coçava-se e gemia. A dor, ele conseguiu encontrar uma forma de suportar. O que mais o incomodava, no entanto, era o sentimento de traição. Até então, sempre acreditara num Deus justo e amoroso. Mas os fatos simplesmente não faziam sentido. Ele levanta questões angustiantes, as mesmas que quase todas as pessoas fazem em meio a uma grande dor: *Por que eu? O que eu fiz de errado? O que Deus está tentando me dizer?*

Nessa situação, Jó e seus amigos discutiam o mistério do sofrimento. Cada um de seus amigos, homens devotos e reverentes, deitou erudição. Em resumo, seus argumentos eram praticamente os mesmos. *Jó, Deus está tentando dizer-lhe algo. Seu sofrimento tem sido enorme, e deve haver uma razão. O único motivo lógico é que Deus está zangado com algum pecado. Portanto, confesse sua culpa, e Deus aliviará seu sofrimento.*

A outra opção foi dada a Jó por sua esposa: amaldiçoar a Deus e morrer. Nenhuma delas foi aceita. Jó sabia que o que havia acontecido não correspondia à justiça. Simplesmente não podia rejeitar Deus. Qual era a resposta para Jó? Em desespero total, chegou mesmo a pensar que Deus fosse um sádico que "zomba do desespero dos inocentes" (9.23).

Diante dos ataques verbais de seus amigos, Jó hesita, contradiz-se e, às vezes, até concorda com eles. Ao refletir sobre a vida, reconhece outros sinais de injustiça. Há ladrões que prosperam, enquanto alguns homens realmente santos levam uma vida pobre e sofrida. Evidentemente, nem sempre o mal é punido e o bem recompensado nesta vida.

As próprias explosões descontroladas de Jó contrastam com o raciocínio calmo dos amigos. Mas ao ponderar sobre seu caso em particular, conclui que os amigos estão errados. Contra todas as provas, apega-se a duas crenças aparentemente contraditórias: ele, Jó, não merecia essa tragédia, mas Deus ainda merecia sua lealdade. Jó mantém-se firme diante de ataques como: "Você se considera mais virtuoso do que Deus?".

Talvez o aspecto mais perturbador do livro seja que os argumentos dos amigos de Jó pareçam tão suspeitos quanto os dos cristãos de hoje. Não é fácil encontrar, neste livro ou em outro, uma defesa do sofrimento que não apareça de alguma forma nos discursos deles. No entanto, numa irônica e maravilhosa virada no fim do livro, Deus, zangado, descarta todas essas teorias pomposas. Ele disse a um deles: "Estou indignado com você e com os seus dois amigos, pois vocês não falaram o que é certo a meu respeito, como fez meu servo Jó" (42.7).

Assim, mesmo no Antigo Testamento, onde o sofrimento é com freqüência identificado com o castigo de Deus, o exemplo de Jó destaca-se lindamente. O livro de Jó deveria colocar um ponto final na idéia de que toda vez que sofremos é porque Deus está nos castigando ou tentando nos dizer algo. Embora a Bíblia defenda o princípio geral de que "você colhe o que semeia" ainda em sua vida (v. Sl 1.3, 37.25), o livro de Jó prova que as pessoas não têm nenhum direito de aplicá-lo a uma pessoa em particular. A pessoa que menos merecia sofrer era Jó e, no entanto, foi uma das que mais sofreram.

UM MUNDO PERFEITAMENTE JUSTO

Aparentemente, o livro de Jó gira em torno do sofrimento, o mesmo problema de que tratamos neste livro. Mas, na verdade, há outra questão em jogo: a doutrina da liberdade humana. Jó teve de suportar um sofrimento imerecido a fim de demonstrar que Deus está realmente interessado num amor espontâneo.

É uma verdade difícil de compreender; grandes inteligências têm tropeçado nela. C. G. Jung seguiu estranhos raciocínios para explicar o comportamento de Deus no livro de Jó. Chegou a ensinar que a encarnação e a morte de Jesus eram o resultado de seu sentimento de culpa pelo modo de tratar Jó. Achava Jung que Deus habitou o mundo em Jesus para que pudesse desenvolver sua consciência moral.[2]

Jung subestimou o valor que Deus dá ao amor oferecido por livre-arbítrio. As provações de Jó originaram-se de um debate no céu sobre a questão: "Os seres humanos são realmente livres?". Nos primeiros dois capítulos de Jó, Satanás revela-se um grande behaviorista. Alega que a fé é simplesmente um produto do meio ambiente e das circunstâncias. Jó estava *condicionado* a amar a Deus. Se as recompensas positivas fossem retiradas, desafiou Satanás, sua fé desmoronaria. O pobre Jó, sem saber, foi escolhido para a discussão cósmica que determinaria essa questão crucial do livre-arbítrio humano.

A discussão entre Satanás e Deus não era uma lição como outra qualquer. A acusação de Satanás de que Jó amava a Deus somente porque ele pusera "uma cerca em volta dele" foi um ataque ao caráter de Deus. Insinua que Deus não é digno de ser amado pelo que é, e que pessoas fiéis como Jó seguiam-no apenas porque eram "subornadas" a fazê-lo. A resposta de Jó quando todos os amparos da fé foram retirados provaria se Satanás estava certo ou errado.

Para entender a questão do livre-arbítrio humano, procuro imaginar um mundo no qual cada pessoa realmente recebe o que merece. Como seria um mundo de perfeita justiça?

Num mundo perfeitamente justo, a moralidade funcionaria de acordo com leis fixas, semelhantes às leis da natureza. O castigo pelas más ações funcionariam como a dor física. Se você mexer com fogo, será "punido" instantaneamente com uma advertência de dor; um mundo justo castigaria assim, de fato, o pecado prontamente: se você tentar roubar um objeto em uma loja, receberá um choque elétrico. Da mesma forma, um mundo justo recompensaria o bom comportamento: se você preencher o formulário do imposto de renda honestamente, receberá uma sensação de prazer, como uma foca adestrada que recebe um peixe.

Esse mundo imaginário tem certo apelo. Ele seria justo e coerente, e todos saberiam claramente quais são as expectativas de Deus. A justiça reinaria. Esse mundo perfeito, porém, apresenta um grande problema: é totalmente diferente do que Deus deseja realizar na terra. Ele quer que o amemos de forma espontânea. Não devemos subestimar o prêmio preparado para esse amor. O amor sentido pelo livre-arbítrio é tão importante para Deus que ele permite que nosso planeta seja um câncer do mal em seu Universo, por enquanto.

Se este mundo funcionasse segundo regras fixas e perfeitamente justas, não haveria verdadeira liberdade. Agiríamos corretamente por causa de nossos interesses imediatos. A bondade seria contaminada por motivos egoístas. Apenas amaríamos a Deus por causa de uma necessidade inata e programada, não por causa de uma escolha deliberada em face de alternativas atraentes. Seria como o mundo autômato de B. F. Skinner, de estímulo/resposta, ação/reação. Em contraste, o caráter cristão descrito na Bíblia revela-se quando nossa escolha recai sobre Deus e seus caminhos, apesar de tentações e de impulsos de agirmos de outra maneira.

Em toda a Bíblia, há uma analogia que sempre se revela para ilustrar o relacionamento entre Deus e seu povo. Deus é retratado como um marido que reclama a esposa para si. Ele quer seu amor. Se o mundo fosse construído de forma que cada pecado merecesse um castigo e cada boa ação, uma recompensa, essa analogia não seria válida. O melhor exemplo para esse relacionamento seria o de uma mulher presa, mimada, subornada e trancada num quarto, para que seu amante tivesse certeza de sua fidelidade. Deus não "prende" seu povo. Ele o ama, se entrega e aguarda ansiosamente por uma resposta espontânea de amor.

É desejo de Deus que nós o amemos por nossa livre e espontânea vontade, embora tal escolha nos traga sofrimento, por estarmos submissos a ele, não a nossos sentimentos nem a recompensas. É de sua vontade que permaneçamos fiéis a ele, como Jó o fez, mesmo quando temos todos os motivos para renegá-lo violentamente.

Acredito que seja essa a mensagem central de Jó. Satanás escarneceu de Deus com a acusação de que os seres humanos não são verdadeiramente livres. Estaria Jó sendo fiel apenas porque Deus lhe havia proporcionado uma vida próspera? Ficou claramente provado por seu abrasador sofrimento que não. Jó apegou-se à justiça de Deus quando, aparentemente, ele era o melhor exemplo da pretensa injustiça de Deus. Ele não procurou o doador por causa das dádivas; quando todas as dádivas foram removidas, ainda procurou o doador.

O VALE DA FORMAÇÃO DAS ALMAS

Se um mundo de justiça perfeita não produziria o que Deus deseja de nós, amor espontâneo, também não produziria o que Deus deseja *para* nós. Nos primeiros capítulos, usei o exemplo da lepra para demonstrar que a dor é válida, que o sofrimento pode tornar-se um instrumento importante para a realização dos propósitos de Deus para os seres humanos.

Já disse que o megafone da dor torna difícil aceitar que fomos colocados neste planeta que "geme" em busca de um prazer hedonista. Mas se o objetivo de Deus não é nossa felicidade, o que, então, ele pretende para este mundo? Por que se dar a todo esse trabalho?

Para entender melhor, pensemos na família humana por exemplo. O pai, determinado a excluir toda dor da vida de sua amada filha, não permite que ela dê um passo sequer, pois poderá cair. Ele a carrega para onde quer que ela vá no colo ou no carro. Com o tempo, essa criança mimada se tornará uma pessoa inválida, incapaz de dar um passo, totalmente dependente do pai.

Por mais amoroso que seja, esse pai acabaria não cumprindo sua tarefa mais importante: criar uma pessoa independente para a vida adulta. Seria muito melhor *para a própria filha* se o pai permitisse que ela caminhasse, mesmo que isso significasse alguns tombos. Aplique essa analogia diretamente a Jó, que, permanecendo firme em meio ao sofrimento, sem o benefício de respostas confortadoras, ganhou muito mais força. Como disse o rabino Abraham Heschel: "Uma fé como a de Jó nunca é abalada porque nasceu do abalo".

C. S. Lewis desenvolve essa idéia de maneira muito poética em seu livro *O problema do sofrimento*, em que ele diz:

> Não é um pai que queremos no céu, mas um avô, cujo plano para o Universo tivesse sido tal que se pudesse dizer ao fim de cada dia: "Todos tiveram um dia maravilhoso".
>
> Gostaria muito de viver num Universo regido por essas leis, mas, já que isso não acontece, e tenho motivos para crer que Deus é amor, concluo que meu conceito de amor precisa ser corrigido.
>
> [...] O problema de reconciliar o sofrimento humano com a existência de um Deus amoroso somente é insolúvel enquanto damos um significado

trivial à palavra *amor* e limitamos a sabedoria de Deus pelo que nos parece sensato.

> Desenhando apenas para divertir uma criança, um artista pode deixar de se ater à perfeição; não exigirá de si mesmo perfeição absoluta. Mas ao fazer um quadro, que pode ser o melhor de sua vida — obra na qual ele põe todo o seu amor, embora de modo diferente, mas tão intenso quanto o amor de um homem por uma mulher ou da mãe pelo filho —, ele não medirá esforços para fazê-lo perfeito e , sem dúvida, se dedicaria a ele infinitamente, caso se tratasse de um ser vivente. Imagine um quadro que pudesse sentir todas as vezes que a pintura fosse apagada, raspada e recomeçada pela décima vez; provavelmente, desejaria ser apenas um leve esboço que terminasse num minuto. Do mesmo modo, é natural que desejemos que Deus tivesse planejado para nós um destino menos glorioso e menos árduo; mas, então, estaríamos desejando menos, e não mais.[3]

Essas idéias também remontam às questões mais básicas da existência humana. Por que estamos aqui? A presença do sofrimento intriga ou até enfurece as pessoas que presumem que os seres humanos são criaturas plenamente formadas que precisam de um lar condizente. Na perspectiva cristã, porém, como resumiu o professor John Hick no livro *Filosofia da religião*, Deus está lidando com criaturas incompletas. O ambiente da terra deve promover o processo da "formação da alma".

Já vimos as vantagens de um mundo com leis fixas e que permite a liberdade humana, embora os seres humanos possam abusar da liberdade e ferir ou prejudicar uns aos outros. John Hick continua com a imagem utópica e alega que um mundo livre de erros iria certamente abortar os planos de Deus para a humanidade.

> Suponhamos, ao contrário da realidade, que este mundo fosse um paraíso do qual fosse excluída toda e qualquer possibilidade de dor e sofrimento. As conseqüências seriam incalculáveis. Por exemplo, ninguém jamais magoaria qualquer pessoa; a faca do assassino viraria papel ou as balas do seu revólver se tornariam ar; o cofre do banco, do qual tivessem roubado milhões de reais, seria preenchido novamente, de maneira miraculosa, com outros milhões (sem que isso, qualquer que fosse a quantia, se tornasse inflacionário); fraude, trapaça, conspiração e traição, de alguma forma, não abalariam a estrutura da sociedade. Do mesmo modo, ninguém jamais sofreria qualquer acidente: o alpinista, o operário de obras ou uma criança que caísse das alturas flutuaria incólume até o chão; um motorista imprudente jamais sofreria um desastre.

Não haveria necessidade de trabalhar; ninguém precisaria preocupar-se com outros em tempos de necessidade e de perigo, porque em tal mundo não haveria necessidades ou perigos reais.

Para tornar possível essa contínua série de ajustes individuais, a natureza precisaria elaborar "providências especiais", em vez de funcionar normalmente de acordo com leis gerais e fixas, as quais os homens precisam aprender a respeitar sob pena de dor ou de morte. As leis da natureza teriam de ser extremamente flexíveis: algumas vezes, a lei da gravidade funcionaria, outras vezes, não; algumas vezes, os objetos seriam resistentes e sólidos, outras vezes, macios [...].

Pode-se tentar imaginar tal mundo. É claro que nossos atuais conceitos éticos não significariam nada. Se, por exemplo, a noção de ferir alguém é elemento essencial no conceito de uma ação nefasta, no nosso paraíso hedonista não haveria ações nefastas, tampouco ações retas em contraste com as nefastas. Coragem e energia não teriam lugar num ambiente em que, por definição, não houvesse perigo nem dificuldade. Generosidade, bondade, amor desinteressado, prudência, altruísmo e todas as outras noções éticas que fazem parte de uma vida ideal não poderiam nem ser formadas. Conseqüentemente, tal mundo, por mais prazer que oferecesse, estaria mal equipado para o desenvolvimento das qualidades morais da personalidade humana. Quanto a esse objetivo, seria o pior de todos os mundos possíveis.

Parece, então, que um lugar apropriado para fazer frente ao crescimento de seres livres, possuidores de ótimo caráter, precisa ter muito em comum com o mundo em que vivemos. É necessário que esse mundo funcione de acordo com leis gerais e fixas; é necessário também incluir perigos reais, dificuldades, problemas, obstáculos e possibilidades de dor, fracasso, tristeza, frustração e derrota. Se não contivesse as provações e perigos que contém — sem contar com a enorme contribuição que o próprio homem acrescenta —, ele teria de ter outras provações e perigos no lugar destes.

Compreender isso é [...] entender que este mundo, com todos os seus "sofrimentos e milhares de choques naturais que a humanidade herdou", num ambiente tão notoriamente planejado para que não haja o máximo de prazer nem o mínimo de sofrimento, está muito bem adaptado para um propósito bem diferente, isto é, o da "formação da alma".[4]

De certo modo, seria mais fácil para Deus interferir, ter fé em nosso lugar e ajudar-nos de maneiras extraordinárias. Mas ele preferiu colocar-se diante de nós, com os braços estendidos amorosamente, e *nos* pedir que andemos, que participemos da formação da nossa própria alma. E esse processo é sempre difícil e quase sempre causa dor.

PARA QUÊ?

A idéia da terra como "vale da formação da alma" (expressão cunhada pelo poeta John Keats) explica uma das mais difíceis passagens das Escrituras. Embora seja um tanto vaga sobre a causa de alguns sofrimentos, a Bíblia oferece muitos exemplos, como no versículo de Amós, em que Deus usa determinada dor com um propósito em mente: "'Fui eu mesmo que dei a vocês estômagos vazios em cada cidade e falta de alimentos em todo lugar, e mesmo assim vocês não se voltaram para mim', declara o SENHOR" (Am 4.6). Em quase todas as páginas, os profetas hebreus advertem os israelitas de que enfrentariam a calamidade, caso continuassem a desconsiderar as leis de Deus.

As pessoas, em geral, possuem uma escala de valores diferente da de Deus. A vida é seu bem mais precioso (e, conseqüentemente, o assassinato é o pior crime). "Vida, liberdade e busca da felicidade": assim os fundadores dos Estados Unidos definiam os mais nobres valores que um governo deveria lutar para defender. Mas, claramente, Deus opera de uma perspectiva diferente. Ele de fato valoriza a vida humana, tanto que a declarou "sagrada", determinando que somente ele, e nenhum ser humano, tem o direito de tomá-la. Mas nos tempos de Noé, por exemplo, Deus não hesitou em exercer esse direito; em várias ocasiões, no Antigo Testamento, ele tirou a vida humana a fim de conter a disseminação do mal.

Da mesma forma, muitas passagens da Bíblia mostram que algumas coisas são mais terríveis para Deus do que a dor de seus filhos. Considere o sofrimento de Jó, de Jeremias ou de Oséias. Deus não poupou nem a si mesmo: pense na pavorosa dor de se tornar um homem e de morrer na cruz. Esses exemplos seriam uma demonstração da falta de compaixão de Deus? Ou, ao contrário, revelam que algumas coisas são mais importantes para ele do que uma vida sem sofrimentos, mesmo para seus mais fiéis seguidores?

Como já disse, a Bíblia constantemente direciona nossos questionamentos para o problema da dor. Raramente responde ao "por quê?", mas quando o faz é de forma ambígua. Na verdade, levanta uma questão bem diferente, pensando no futuro: "para quê?". Não fomos colocados na terra apenas para satisfazer nossos desejos, aproveitar a vida, a liberdade e a felicidade. Estamos aqui para mudar, para nos tornar mais semelhantes a Deus, a fim de nos preparar para passar a eternidade com ele. Esse processo acontece segundo o padrão misterioso de toda a criação: às vezes, o prazer surge em meio à dor, o mal pode ser transformado em bem e o sofrimento pode produzir algo de valor.

Será que Deus fala conosco por meio de nossos sofrimentos? É perigoso, talvez até não-bíblico, torturar-se procurando a mensagem de Deus no sofrimento que o atinge. A mensagem pode ser, simplesmente, que vivemos num mundo de leis fixas, como todas as pessoas. Mas de um ponto de vista mais amplo, através da história, Deus de fato fala por intermédio da dor, ou, quem sabe, apesar da dor. Pode usá-la para tornar-nos cônscios dele. A sinfonia que está compondo inclui acordes menores, dissonâncias e cansativas fugas. Mas aqueles que o seguem, que estão em harmonia com o Maestro em todos esses movimentos iniciais, um dia irromperão com energia renovada numa melodia final.

DOIS GRANDES ERROS

As discussões sobre o problema da dor costumam pender para o lado abstrato e filosófico. Expressões do tipo "o melhor mundo possível", "as vantagens do livre-arbítrio humano" e "o vale da formação das almas" despontam e podem desviar a atenção para longe dos problemas reais das pessoas que sofrem. Entretanto, achei necessário explorar algumas dessas questões, porque acredito que tenham efeito direto e prático em nossa reação ao sofrimento.

Na verdade, acredito que os cristãos caminham numa corda bamba imaginária e estão em constante perigo, podendo cair em duas direções. Sobre esse assunto, um erro de raciocínio pode ter conseqüências trágicas.

O primeiro deles é atribuir todo sofrimento a Deus, enxergando-o como um castigo para os erros humanos; o segundo erro é exatamente o oposto: achar que a vida com Deus nunca trará sofrimento.

Já mencionei uma conseqüência infeliz do primeiro erro. Entrevistei muitos cristãos com doenças fatais, e todos, sem exceção, disseram que é muito ruim quando um visitante planta a idéia: "Você deve ter feito alguma coisa errada para merecer um castigo como esse". No momento em que mais precisam de esperança e de forças para lutar contra a doença, recebem uma fria dose de culpa e insegurança. Fico feliz pelo fato de o autor do livro de Jó ter tido o cuidado de registrar as conversas incoerentes dos amigos de Jó. Para mim, esse livro é um lembrete permanente de que não tenho direito algum de ficar do lado de uma pessoa que está sofrendo e dizer: "essa é a vontade de Deus", por mais que disfarce essa idéia com frases devotas.

O erro de atribuir todo sofrimento ao castigo de Deus tem conseqüências extensas, como dolorosamente mostrou a história da igreja. No final da Idade Média, as mulheres eram queimadas em estacas pelo ato herético de tomar analgésicos para fazer o parto. "Na dor deverás dar a luz às crianças", admoestavam os padres, ao condenar as mulheres à morte.[5] Depois que Edward Jenner aperfeiçoou a vacina contra a varíola, encontrou grande oposição no clero, que condenava qualquer interferência na vontade de Deus. Ainda hoje, algumas seitas religiosas rejeitam o tratamento médico moderno.

Escritores seculares apoderaram-se dessa fraqueza. Em seu romance *A peste*, Albert Camus apresenta um padre católico, padre Paneloux, atormentado por um dilema. Deveria ele devotar sua energia ao combate da peste ou ensinar seus paroquianos a aceitá-la como sendo de Deus? Num sermão, chegou à seguinte conclusão: "Paneloux garantiu aos presentes que não era fácil para ele dizer aquilo. Sendo a vontade de Deus, nós também deveríamos aceitá-la. Apenas assim, os cristãos poderiam encarar o problema honestamente. [...] O sofrimento de crianças era o nosso pão de aflição, mas sem esse pão nossa alma morreria de fome espiritual". O padre Paneloux pronunciou esse sermão, mas na verdade não acreditava no que dizia. Mais adiante no romance, ele abandonou a fé, depois de ver uma criança pequena ter morte terrível por causa da peste.[6]

Se a Bíblia não fosse tão enfática em negar que todo sofrimento é causado por pecados específicos, se não pintasse o retrato do sofrimento de Jó de forma tão completa, se não mostrasse o Filho de Deus dedicando a vida a curar as doenças, em vez de infligi-las, então o dilema que Camus apresentou seria insolúvel. Pois se aceitarmos que o sofrimento é causado por Deus como uma lição para nós (como faz o Islã), teremos de aceitar resignadamente qualquer fatalidade. Pólio, AIDS, malária, peste bubônica, câncer, febre amarela... por que as pessoas deveriam lutar contra essas doenças, se são agentes que Deus envia para nos ensinar uma lição?

Quando a peste negra atingiu a Inglaterra, no século XVII, os profetas de rua gostavam de anunciar que a peste era um castigo de Deus. Mas outros cristãos, dentre eles médicos e o clero, decidiram permanecer em Londres para combater a doença. Um pároco penitente reuniu 350 aldeões de Eyam e fez com que concordassem em fazer uma quarentena por conta própria, como medida sanitária para impedir que a peste se espalhasse para os povoados vizinhos. Ao todo, 259 aldeões morreram, mas, no transcorrer de sua doença, ajudaram-se mutuamente a tratar da doença e evitaram maior contaminação.

No livro *Journal of the plague year* [*Diário de um ano de praga*], Daniel Defoe compara a atitude dos cristãos com a dos maometanos. Quando a peste atingiu o Oriente Médio, os religiosos fatalistas de lá não mudaram seu comportamento e continuaram a sair em público livremente. A porcentagem de morte entre essas pessoas foi muito maior do que entre os londrinos, que tomaram medidas preventivas.[7]

Nos tempos modernos, alguns cristãos ainda se apóiam perigosamente em um fatalismo que favorece mais o islamismo ou o hinduísmo que o próprio cristianismo. Há alguns anos, pesquisadores estudaram por que os sulistas, nos Estados Unidos, sofriam maior porcentagem de mortes por causa de tornados do que os habitantes do Centro-Oeste. Levando em consideração fatores como diferenças de material de construção das casas, os pesquisadores concluíram que os sulistas, sendo mais religiosos, tinham desenvolvido uma atitude fatalista em relação ao desastre: "Se o tornado tiver de vir, que venha; nada posso fazer para impedi-lo". Os do Centro-Oeste, entretanto, ouviam as reportagens sobre a previsão do tempo, guardavam bem os equipamentos soltos em casa e se dirigiam a um lugar seguro até que o tornado passasse.[8]

Se essas conclusões dos pesquisadores forem realmente exatas, aceito esse fato como uma perigosa perversão do dogma cristão. Os sulistas deveriam dar ouvidos à previsão do tempo. O padre Paneloux deveria estar nas linhas de frente combatendo a peste. O próprio Jesus passou a vida na terra combatendo a doença e o desespero. Jamais sugeriu uma aceitação resignada ou fatalista do sofrimento.

Como habitantes de um planeta maculado, temos o direito, até mesmo a obrigação, de combater os efeitos negativos da queda do homem. Quem pensa diferente deve ler a parábola do bom samaritano, em Lucas 10, e a parábola da ovelha e das cabras, em Mateus 25.

A TEOLOGIA DA SAÚDE E DA PROSPERIDADE

Nos últimos tempos, alguns segmentos da igreja tomaram um rumo muito diferente em direção ao segundo grande erro. Ensinam que a vida com Deus nunca inclui o sofrimento. Essa "teologia da saúde e da prosperidade" só poderia surgir em tempos de afluência, numa sociedade bem guarnecida de recursos que suprimem a dor.

Os cristãos, digamos, no Irã ou no Camboja dificilmente apareceriam com uma teologia tão alegre. Como observou um cristão do Leste Europeu: "Parece que os cristãos ocidentais costumam considerar a prosperidade material o único sinal da bênção de Deus. No entanto, acham que a pobreza, o desconforto e o sofrimento são sinais do desagrado de Deus. De certa forma, no Oriente, entendemos o sofrimento de forma contrária. Acreditamos que seja um sinal da satisfação de Deus e de confiança nos cristãos a ponto de permitir que passassem por provações".[9]

Nos dias de hoje, reservamos as medalhas de honra ao mérito mais lustrosas aos que milagrosamente foram curados, publicando artigos sobre eles em revistas e em edições especiais da TV, sustentando a promessa sincera de que a cura está ao alcance de todos, bastando apenas pedi-la.

De forma alguma, pretendo desmerecer a maravilha da cura física. Mas, obviamente, os milagres não oferecem uma solução definitiva ao problema do sofrimento, porque, no fim, a taxa de mortalidade é exatamente a mesma para cristãos e não-cristãos: 100%. Todas as pessoas estão sujeitas a usar lentes corretivas para os olhos, a quebrar os ossos e a ter o corpo destruído por acidentes de carro e bombas terroristas. Cristãos também têm câncer; também compartilham a tristeza dessa palavra.

A ênfase moderna na cura milagrosa costuma ter o efeito de fazer as pessoas não-curadas acharem que Deus as preteriu. Recentemente, vi um programa de testemunhos de cura na televisão. Os aplausos maiores vieram quando alguém contou que sua perna foi curada justamente uma semana antes da data marcada para a amputação. A platéia gritava de entusiasmo, e o apresentador do programa declarou: "Este é o melhor milagre da noite". Não pude deixar de pensar naqueles que tiveram os membros amputados; deviam estar pensando tristemente por que sua fé falhara.

Diferentemente de muitos "televangelistas", o apóstolo Paulo não parecia esperar saúde e prosperidade da vida cristã, mas uma boa dose de sofrimento. Ele disse a Timóteo: "De fato, todos os que desejam viver piedosamente em Cristo Jesus serão perseguidos" (2Tm 3.12). Uma pessoa doente não é desprovida de espiritualidade. E a fé cristã não nos dá milagrosamente uma roupa espacial estéril, hermeticamente fechada, para nos proteger dos males da terra. Isso nos isolaria de tal maneira que não mais teríamos identificação com o mundo — um Deus de luxo não concederia o próprio Filho.

Propor a idéia de que ser cristão é garantia de saúde e de prosperidade... ora, é exatamente esse o argumento apresentado por Satanás no livro de Jó que é completamente refutado.

Para devolver o bom senso à questão, seria bom se reaprendêssemos as lições sobre a fé ensinadas no melhor capítulo da Bíblia sobre o assunto: Hebreus 11. O autor apresenta uma lista de pessoas fiéis no decorrer dos séculos. A maioria dos santos citados na primeira parte do capítulo recebeu perdão milagroso: Isaque, José, Moisés, Raabe, Gideão, Davi. Mas a última parte do capítulo menciona outros que foram torturados, acorrentados, apedrejados e serrados ao meio.

Hebreus 11 apresenta ricos detalhes sobre o segundo grupo: andaram errantes, vestidos de pele de ovelha e de cabra, foram destituídos, vagaram pelos desertos e montes e viveram em covas da terra. O capítulo oferece uma clara avaliação: "Todos estes receberam bom testemunho por meio da fé; no entanto, nenhum deles recebeu o que havia sido prometido". Porém, acrescenta a avaliação de Deus sobre as pessoas que passaram pela terra e que colocaram suas esperanças numa pátria celestial, mais elevada: "Por essa razão, Deus não se envergonha de ser chamado o Deus deles, e lhes preparou uma cidade".

Lembrei dessa lista dos "preferidos de Deus" recentemente quando li o livro *Fear no evil* [*Não temerei mal algum*], a última obra escrita por David Watson, famoso pastor e escritor inglês. Atingido por um câncer no cólon no auge da carreira, Watson reuniu seus amigos cristãos à sua volta e começou uma jornada desesperada de fé. Ele, que ganhara proeminência no movimento carismático com boa parte de seus amigos, estava convencido de que Deus trataria o câncer com uma cura milagrosa.

Com o tempo, conforme foi ficando cada vez mais doente e fraco, Watson viu-se obrigado a buscar outras fontes de fé, do tipo cultivado pelos santos mencionados na última parte de Hebreus 11. Ele precisava da fé que sustentou Jó nos momentos mais difíceis, e seu livro conta como conseguiu alcançá-la.

David Watson escreveu as últimas palavras de seu livro em janeiro e morreu em fevereiro. Muitas pessoas receberam o livro com certo desapontamento, pois esperavam o relato de uma cura sobrenatural. Mas J. I. Packer, que escreveu o prefácio depois da morte de Watson, entendeu-o como o resgate de uma antiga tradição dos livros cristãos sobre a "arte de morrer". Até pouco tempo, uma boa morte era vista como o último feito de um homem santo, o clímax de sua vida justa.

Packer faz a seguinte análise:

> O fato de David, até a última página, esperar por uma cura sobrenatural que nunca acontece não é importante. Na providência de Deus, que nem sempre mostra a seus servos o verdadeiro objeto do livro que os incita a escrever, o tema da obra, não temer nenhum mal, é a conquista da morte, que não se alcança fugindo ou se protegendo dela, mas a encarando e reconhecendo que, para um cristão, ela é o prenúncio da glória.
>
> A teologia de David permitiu que acreditasse, até o fim, que Deus queria curar seu corpo. A minha leva-me a crer que, obviamente, Deus queria David a seu lado e curou-o por inteiro, levando-o à glória da mesma forma que, um dia, curará todos nós. Eu diria que a saúde e a vida, no sentido mais amplo e conclusivo dessas palavras, não são a *origem* de nossa morte, mas seu *destino*.[10]

Braços curtos demais para lutar com Deus

Alguns dizem que, para os deuses, somos como as moscas que os garotos preguiçosamente matam com uma palmada nas tardes de verão. Outros acreditam que nem uma única pena de um pardal cai sem que seja da vontade de nosso Pai celestial.

THORNTON WILDER
The bridge of San Luis Rey
[*A ponte de São Luis Rey*]

Digamos que você esteja deitado num leito de hospital; sua vida está sendo mantida por meio de tubos de plástico presos a seu braço e a seu nariz. Tudo o que possuía foi destruído numa grande catástrofe. Todo o fruto de seu trabalho — casa, carro, poupança — desapareceu para sempre. Sua família desapareceu, ninguém vem visitá-lo, a não ser alguns vizinhos rabugentos. Até sua vida está em perigo.

Você passa pelos estágios normais da dor da perda, faz orações e questionamentos com um toque de amargura. *Se ao menos Deus fizesse um contato direto comigo e me desse as respostas*, diz a si próprio. *Eu quero crer nele, mas como? Nada do que aconteceu combina com o que sei a respeito de um Deus amoroso. Se ao menos pudesse vê-lo uma vez e ouvi-lo declarar suas razões por me colocar nessa situação, seria mais fácil.*

Houve uma pessoa, em situação muito semelhante à descrita acima, que viu seu desejo satisfeito. Jó, o protótipo do sofrimento, recebeu uma visita pessoal de Deus, cuja voz lhe veio de um redemoinho de vento. A resposta a Jó é o discurso mais longo atribuído a Deus nas Escrituras. Por ser a obra mais completa sobre o sofrimento existente na Bíblia, merece ser atentamente estudado. Talvez Deus tenha colocado ali palavras que nos diria pessoalmente em horas de grande sofrimento.

Pense na situação. Que poderia Deus dizer a Jó? Poderia ter amorosamente colocado a mão sobre a cabeça dele, dizendo-lhe quanto sua personalidade cresceria naqueles dias de provação. Poderia ter mostrado que sentia um pouco de orgulho de Jó, que tinha acabado de conquistar em seu nome uma vitória decisiva: "Jó, sei que recebeu um tratamento injusto, mas teve bom êxito. Não faz idéia do que isso significa para mim e até para o Universo". Deus poderia ter feito um discurso sobre a necessidade de preservar a liberdade humana, ou sobre os trágicos resultados da Queda. Poderia ter feito uma preleção sobre o valor do sofrimento e da dor, alertando-o de quanto seria pior se ele sofresse do mal de Hansen!

Algumas palavras gentis, um sorriso de compaixão, uma breve explicação do que se passou, qualquer uma dessas coisas teria ajudado Jó. Deus não fez nada disso. Muito pelo contrário, virou a mesa com Jó, atacando-o agressivamente:

> Quem é esse que obscurece o meu conselho com palavras sem conhecimento? Prepare-se como simples homem; vou fazer-lhe perguntas, e você me responderá (38.2,3).

Depois disso, Deus deixou Jó perplexo bombardeando-o com uma série de questões, não de respostas, que praticamente ignoram o esforço de 35 capítulos de debates sobre o problema da dor.

UMA LIÇÃO DA NATUREZA

Muito já se disse sobre o magnífico discurso de Deus em Jó 38—41. Numa passagem que poderia ser dirigida a qualquer sociedade protetora dos animais ou do meio ambiente, Deus faz uma viagem com Jó pelas maravilhas da natureza. Também fico admirado com essas imagens esplêndidas, mas, além da admiração, elas me causam certa confusão. Por que fazer esse discurso naquele momento?

Essas palavras tremendamente profundas e majestosas são, muitas vezes, citadas pela poesia que encerram, mas os leitores freqüentemente esquecem o contexto em que Jó as ouviu: sem lar, sem amigos, nu, cheio de úlceras, em desespero. Bela hora para apreciar a natureza!

Perante uma audiência deprimida, Deus desencadeou inéditas salvas de regozijo divino. Fez com que fossem lembrados:

- *o nascer do sol*. "Você já deu ordens à manhã ou mostrou à alvorada o seu lugar [...]?"

- *a chuva e a neve*. "Acaso você entrou nos reservatórios de neve, já viu os depósitos de saraiva? [...] De que ventre materno vem o gelo? [...] Quem é capaz de despejar os cântaros de água dos céus, quando o pó se endurece e os torrões de terra aderem uns aos outros?"
- *o temporal com relâmpagos e trovões*. "Qual o caminho por onde se repartem os relâmpagos? [...] É você que envia os relâmpagos, e eles lhe dizem: 'Aqui estamos'?"
- *os leões*. "É você que caça a presa para a leoa e satisfaz a fome dos leões, quando se agacham em suas tocas ou ficam à espreita no matagal?"
- *as cabras monteses*. "Você sabe quando as cabras monteses dão à luz? Você está atento quando a corça tem o seu filhote?"
- *o jumento selvagem*. "Quem pôs em liberdade o jumento selvagem? Quem soltou suas cordas? Eu lhe dei o deserto como lar, o leito seco de lagos salgados como sua moradia. Ele se ri da agitação da cidade; não ouve os gritos do tropeiro."
- *a avestruz*. "A avestruz bate as asas alegremente. Que se dirá então das asas e da plumagem da cegonha? [...] Deus não lhe deu sabedoria nem parcela alguma de bom senso. Contudo, quando estende as penas para correr, ela ri do cavalo e daquele que o cavalga."
- *o cavalo*. "É você que dá força ao cavalo ou veste o seu pescoço com sua crina tremulante? Você o faz saltar como gafanhoto, espalhando terror com o seu orgulhoso resfolegar?"
- *aves de rapina*. "É graças à inteligência que você tem que o falcão alça vôo e estende as asas rumo ao sul? É por sua ordem, que a águia se eleva e no alto constrói o seu ninho?" (v. Jó 38, 39).

Leoas caçadoras, águias que voam nas alturas, coriscos e relâmpagos, crocodilos, boi selvagem... Deus referiu-se a cada um deles com a alegria de um artista satisfeito com seu trabalho. Depois de cada descrição, Deus perguntou ou sugeriu a Jó: "Tens poder para repetir tais proezas? Tens inteligência bastante para reger o mundo? [...] Tens um braço como o de Deus e és capaz de comandar o trovão como ele?". Deus até mesmo empregou a ironia no capítulo 38, versículo 21: "Talvez você conheça, pois já tinha nascido! Você já viveu tantos anos!".

As palavras de Deus derrubaram Jó com poder devastador, provocando rendição imediata e arrependimento: "Sei que podes fazer todas as coisas; nenhum dos teus planos pode ser frustrado. Tu perguntaste: 'Quem é esse que obscurece o meu conselho sem conhecimento?' Certo é que falei de coisas que eu não entendia, coisas tão maravilhosas que eu não poderia saber" (42.2,3).

Será que Deus responde à pergunta sobre o sofrimento no livro de Jó? Não diretamente. Ele evita uma explicação lógica e detalhada. É irônico ver tanta gente escrever livros tentando defender a reputação de Deus em relação a esse complicado problema da dor, quando o próprio Deus não viu necessidade de se defender. Por que, então, a tônica acusatória? O que Deus queria de Jó?

Simplesmente sua confiança. A mensagem oculta pela bela poesia se resume no seguinte: *Jó, enquanto você não souber mais sobre as leis físicas que governam o Universo, não venha me dizer como devo governar o universo moral.*

Se, como Jó, somos tão ignorantes acerca das maravilhas do mundo no qual vivemos, um mundo que podemos ver e tocar, quem somos nós para julgar o governo moral de Deus sobre o Universo? Enquanto não formos capazes de orquestrar um temporal ou de fabricar um único e perfeito floco de neve, não teremos condições de interpelar Deus. Antes de acusar Deus, será bom considerar a grandeza do Deus acusado.

Um Deus com sabedoria suficiente para reger o Universo também tem de ser sábio o bastante para velar por seu filho Jó, a despeito de sua desolação. Um Deus com sabedoria suficiente para criar a mim e ao mundo em que vivo é sábio o bastante para tomar conta de mim.

UM DESLIZE

"O discurso de Deus no fim do livro de Jó é um dos principais motivos pelos quais não posso concordar com as conclusões de um conhecido livro sobre o problema da dor, *Quando coisas ruins acontecem a pessoas boas*. O rabino Harold Kushner escreveu-o depois de assistir à batalha de seu filho contra uma cruel doença chamada progéria, que, estranhamente, acelera o processo de envelhecimento, deixando um garoto de pouca idade calvo, enrugado e fraco e, finalmente, levando-o à morte.

No livro, que, surpreendentemente, tornou-se um *best-seller*, Kushner explica que aprendeu a aceitar o amor de Deus, mas a questionar seu poder. Aprendeu que Deus é bom e odeia nos ver sofrendo, mas simplesmente não é tão poderoso para resolver os problemas deste mundo, tais como curar crianças com progéria. O sofrimento existe no planeta porque "mesmo para Deus é difícil colocar ordem no caos", já que é "um Deus de justiça, e não de poder".[1] Em outras palavras, Deus fica tão ultrajado com o sofrimento que existe no planeta quanto qualquer pessoa, mas suas mãos estão atadas.

O livro de Kushner tornou-se um *best-seller* porque as pessoas encontraram nele um consolo. O rabino colocou em palavras aquilo que todos queriam acreditar há muito tempo: Deus quer ajudar, mas não pode. Exortá-lo a resolver nossos problemas é simplesmente esperar demais dele. Gostaríamos que as idéias de Kushner fossem verdade. Mas será que são?

Se Kushner descobriu verdades ocultas sobre Deus, por que o Senhor não as revelou no discurso que fez a Jó? Esse livro bíblico poderia muito bem ter um subtítulo, como: "quando as piores coisas acontecem às melhores pessoas". A dramática cena final era perfeita para Deus falar de sua falta de poder, se esse realmente fosse o problema. Certamente, Jó teria apreciado muito se Deus lhe dissesse: "Jó, sinto muito sobre o que aconteceu. Espero que você entenda que não tive nada a ver com isso. Gostaria de ajudá-lo, mas infelizmente não posso".

Em vez disso, Jó 38—41 traz uma descrição tão impressionante do poder de Deus quanto qualquer outra parte da Bíblia. Deus nunca pediu desculpas a Jó por sua falta de poder; muito pelo contrário. Seu prelúdio discursivo sobre avestruzes, jumentos selvagens, tempestades e constelações serviu apenas para salientá-lo.

Se Deus não é assim tão poderoso, por que escolher a pior das situações possíveis, quando seu poder estava sendo questionado, para vangloriar-se dele? Elie Wiesel talvez tenha feito o comentário mais preciso sobre o retrato que o rabino Kushner pintou de Deus: Se Deus é assim, acho que seria melhor se ele renunciasse e entregasse seu cargo a alguém mais competente.

REAÇÃO, E NÃO CAUSA

O discurso de Deus pode ter esclarecido as dúvidas de Jó, mas não as nossas. Se pararmos para pensar, fica difícil entender por que Jó ficou tão satisfeito com uma resposta aparentemente evasiva, mas, pelo menos, Deus não falou por meio da tempestade. No fim, foi a presença do Senhor que preencheu o vazio. Mas que lições aplicam-se a nós, gente que não teve o privilégio de ouvir a voz de Deus em pessoa?

Em meu entender, o livro de Jó reforça a atitude de Jesus em Lucas 13 e João 9. O sofrimento envolve duas grandes questões: 1) *causa* — por que estou sofrendo e quem é responsável por isso? — e 2) *reação*. A grande maioria de nós gasta sua energia tentando descobrir a causa do sofrimento, em vez de decidir como reagir. Mas Deus não oferece a Jó essa opção. Desvia a atenção da questão da causa para o problema da reação de Jó.

É como se Deus definisse duas áreas de responsabilidade. Ele aceita totalmente a responsabilidade de governar o Universo, com todos os seus problemas. Para alguém como Jó, que se concentra nesses problemas, Deus tem apenas um conselho a dar: "Pare de reclamar. Você não faz a menor idéia do que está falando". Ou, como disse Frederick Buechner: "Deus não explica. Ele explode. Pergunta a Jó com quem ele pensa que está falando. Diz que tentar explicar o tipo de coisas que Jó quer saber seria como tentar explicar Einstein a um molusco. [...] Deus não revela seu grande desígnio. Revela a si mesmo".[2]

Quanto a Jó, só tinha uma coisa com que se preocupar: sua reação. Deus nunca explicou a origem do sofrimento dele; em vez disso, desviou o foco para o futuro. Mas a tragédia aconteceu. *E agora*, o que fazer? Jogar a culpa em outro não ajuda; na verdade, sua resposta foi exercitar sua responsabilidade, a única área sobre a qual ele, e não Deus, tinha controle.

Esse padrão bíblico é tão consistente que devo concluir que a questão mais importante diante dos cristãos que sofrem não é: "Deus é responsável por isso?", mas sim: "Como devo reagir agora que essa fatalidade aconteceu?". Por esse motivo, desviarei o foco principal deste livro das questões teóricas sobre o sofrimento para chamar a atenção para exemplos reais de pessoas que reagiram à dor.

Na Bíblia, pelo menos, o problema da dor é mais um teste da reação e fidelidade humanas do que um enigma filosófico. Como disse o pastor Stephen Brown, da Flórida, em uma declaração que não se deve entender literalmente, sempre que um não-cristão fica com câncer, Deus permite que um cristão também fique, para que o mundo note a diferença.

Que diferença? Qual é a melhor resposta? A Bíblia, com freqüência, oferece uma resposta consistente, embora perturbadora:

> Meus irmãos, considerem motivo de grande *alegria* o fato de passarem por diversas provações, pois vocês sabem que a prova da sua fé produz perseverança. E a perseverança deve ter ação completa, a fim de que vocês sejam maduros e íntegros, sem lhes faltar coisa alguma" (Tg 1.2-4; grifo do autor).

> Amados, não se surpreendam com o fogo que surge entre vocês para os provar, como se algo estranho lhes estivesse acontecendo. Mas *alegrem-se* à medida que participam dos sofrimentos de Cristo, para que também quando a sua glória for revelada, vocês exultem com grande alegria (1Pe 4.12,13; grifo do autor).

> Nisso vocês *exultam*, ainda que agora, por um pouco de tempo, devam ser entristecidos por todo tipo de provação. Assim acontece para que fique comprovado que a fé que vocês têm, muito mais valiosa do que o ouro que perece, mesmo que refinado pelo fogo, é genuína e resultará em louvor, glória e honra, quando Jesus Cristo for revelado (1Pe 1.6,7; grifo do autor).

Um dos melhores exemplos da atitude ideal da Bíblia para com o sofrimento surge de uma desavença entre Paulo e os cristãos de Corinto. Num acesso de raiva, Paulo enviou uma carta muito dura. Refletindo sobre isso depois, escreveu: "Já não estou triste por ter-lhes enviado aquela carta, ainda que estive muito triste durante algum tempo, percebendo como seria ela dolorosa para vocês. Entretanto, ela só os contristou por um curto momento. Agora, alegro-me por tê-la remetido, não porque ela os contristou, mas porque a dor fez com que vocês se voltassem para Deus. Foi uma boa espécie de tristeza, essa que vocês sentiram, a espécie de tristeza que Deus quer que o seu povo tenha..." (2Co 7.8,9; BV).

A sucinta frase de Paulo: "A dor fez com que vocês se voltassem para Deus" é um resumo preciso do papel do sofrimento. Ele reforça a ênfase bíblica na reação, não na causa do sofrimento. Encaixa-se também na lição que Jesus ensinou com as duas tragédias em seu tempo (Lc 13; BV, grifo do autor): "E vocês percebem que também perecerão se não deixarem seus maus caminhos e se *voltarem para Deus?*".

ALGO PRODUZIDO

"Regozije-se!", "Alegre-se!". Como essas sugestões da Bíblia diferem do visitante insensível de hospital que aparece com um sorriso no rosto e diz ao doente que considere o lado positivo de sua experiência? Se examinar essas passagens bíblicas mais detalhadamente, verá que cada admoestação levanta uma discussão e aponta um resultado positivo. O sofrimento *produz* alguma coisa. É de grande valia; transforma-nos.

Usando palavras como "regozije-se" e "alegre-se", os apóstolos não estavam defendendo a idéia de sorrir e de agüentar firme ou de agir como se nada tivesse acontecido. Não se acha essa interpretação nas reações de Cristo ao sofrimento, tampouco nas reações de Paulo. Se essas atitudes fossem desejáveis, o objetivo seria a auto-suficiência, não a confiança absoluta em Deus.

Tampouco sugere a Bíblia uma atitude masoquista de deleitar-se com a dor. "Alegrar-se no sofrimento" não quer dizer que os cristãos devam parecer felizes quando há tragédia e dor, quando na realidade têm vontade de chorar. A Bíblia focaliza o resultado final, o que Deus pode fazer de nossa vida por intermédio do sofrimento. Antes que ele possa agir, entretanto, precisa de nossa declaração de confiança nele, e essa declaração de confiança pode ser descrita como regozijo.

Romanos 5.3-5 divide esse processo em estágios: "Não só isso, mas também nos gloriamos nas tribulações, porque sabemos que a tribulação produz perseverança; a perseverança, um caráter aprovado; e o caráter aprovado, esperança. E a esperança não nos decepciona, porque Deus derramou seu amor em nossos corações, por meio do Espírito Santo que ele nos concedeu". De forma bastante simples, uma qualidade como a perseverança se desenvolve *somente* em meio às provações. Pense no seguinte: uma pessoa que sempre consegue o que quer não tem chance alguma de aprender a ser perseverante ou paciente. O sofrimento pode ser uma das ferramentas para ajudá-la a desenvolver essas qualidades.

Tendo isso em mente, a exortação "regozije-se" dos apóstolos faz sentido. Tiago não diz: "Regozije-se *nas provações* que está enfrentando", mas sim: "Considere uma grande felicidade o fato de encarar provações". A diferença no sentido das palavras é grande. A primeira frase celebra o fato da dor, e a segunda, a oportunidade de crescer por meio da dor. Não nos regozijamos no fato de sofrer, mas em nossa certeza de que a dor pode ser transformada. O valor não está na dor em si, mas no que podemos tirar dela. A dor não precisa ser incoerente, portanto regozijamo-nos no objetivo de nossa fé: um Deus que pode realizar essa transformação.

Alguns capítulos depois da análise gradual em Romanos 5, Paulo faz uma declaração importante e arrebatadora: "Sabemos que Deus age em todas as coisas para o bem daqueles que o amam...". Essa declaração, às vezes, é distorcida para insinuar que "somente coisas boas acontecerão àqueles que amam a Deus". Paulo queria dizer exatamente o oposto. O restante do capítulo 8 define o tipo de "coisas" que ele tinha em mente: tribulação, angústia, perseguição, fome, nudez, perigo, espada, tudo que consta nas páginas da autobiografia de Paulo. No entanto, como a vida do apóstolo ilustra muito bem, Deus também usou essas coisas para promover sua vontade para Paulo e por meio dele. Seria melhor dizer que Deus operou *em Paulo* por meio de duras circunstâncias do que dizer que operou nas circunstâncias em si.

Será que Deus introduz o sofrimento em nossas vidas para que esses bons resultados aconteçam? Lembre-se do padrão estabelecido no fim da história de Jó. As respostas sobre a causa cabem a Deus; não devemos querer perscrutá-las. Não temos direito algum de especular. Entretanto, a *reação* cabe a nós. Paulo e outros autores do Novo Testamento insistem em que, se reagirmos com fé, sem dúvida, Deus operará em nós para o bem. Como o próprio Jó disse com muita propriedade: "... Mas aos que sofrem ele os livra em meio ao sofrimento; em sua aflição ele lhes fala" (36.15).

A idéia do sofrimento positivo atribui nova dimensão à experiência da dor. Os seres humanos aceitam bem os sofrimentos com objetivo, como os atletas e as mulheres grávidas podem bem confirmar. De acordo com a Bíblia, uma reação cristã apropriada ao sofrimento dá esperança semelhante à pessoa que está na cama do hospital. Ao confiar em Deus e no seu Espírito para nos moldar à sua imagem, a verdadeira esperança nasce dentro de nós, "e a esperança não nos decepciona". Podemos realmente nos tornar pessoas melhores por causa do sofrimento. A dor, por mais despropositada que possa parecer naquele momento, pode ser transformada.

Onde Deus está quando chega a dor? Ele está *dentro de nós*, não nas coisas que nos causam sofrimento, ajudando a transformar o mal em bem. Podemos dizer com segurança que Deus pode tirar o bem do mal, mas não que ele traz o mal na esperança de produzir o bem.

A LUTA DE MARIA

Um dia, o dr. Paul Brand e eu estávamos conversando sobre alguns cristãos que passaram por grandes sofrimentos. Depois de me contar várias histórias a esse respeito, perguntei-lhe se a dor os havia levado a Deus ou se os tinha afastado dele. O dr. Brand pensou longamente e concluiu que não tinha havido a mesma reação em todos. Alguns se chegaram mais a Deus, outros dele se afastaram amargamente. A diferença estava na atitude deles quanto à causa do sofrimento. Aqueles presos a perguntas como: "Que fiz para merecer isso?", "O que está Deus tentando me dizer?", geralmente se voltavam contra Deus. Os sofredores mais triunfantes foram os que confiaram plenamente em Deus, apesar de sua condição dolorosa.

Depois, o dr. Brand contou-me sobre uma de suas pacientes mais famosas, Maria Verghese.[3]

Maria não era leprosa. Era médica residente no hospital de lepra na Índia, onde o dr. Brand trabalhava. Certo dia, ela e outros jovens médicos foram a um piquenique de camioneta. O motorista, novato no volante, resolveu demonstrar sua perícia. Após irritantes momentos atrás de um vagaroso ônibus escolar, o jovem motorista resolveu ultrapassá-lo. Repentinamente, veio um carro em sentido contrário. Afobadamente, quis pisar no freio, mas pisou no acelerador. A camioneta passou por cima de um aqueduto e foi dando cambalhotas ladeira abaixo.

Maria Verghese, uma jovem médica de carreira promissora, lá ficou deitada no fundo do despenhadeiro, imóvel, com um profundo talho, da maçã do rosto até o queixo. Suas pernas balançavam, inúteis como dois troncos mortos de árvore.

Nos meses seguintes, a vida de Maria foi insuportável. Lá fora, a temperatura era de 40° C. Dentro do quarto de hospital, Maria estava enrolada numa jaqueta de plástico grosso e num suporte forte também de plástico. Enfrentava horas agonizantes de terapia. Semana após semana, passava pelos testes de tato, jamais sentindo as alfinetadas em suas pernas.

Observando seu permanente estado de desespero e de amargura, o dr. Brand decidiu conversar com ela.

— Maria, acho que é tempo de pensarmos em seu futuro profissional, no futuro de sua carreira médica — disse ele.

A princípio, ela julgou que o dr. Brand estivesse brincando, mas ele continuou, explicando que ela poderia proporcionar a outros pacientes as estimulantes qualidades da simpatia e da compreensão. Ela pensou nessa sugestão por muito tempo. Não sabia se lhe seria possível, um dia, usar as pernas de novo de modo a poder trabalhar como médica.

Aos poucos, Maria começou a trabalhar com os pacientes leprosos. A equipe médica notou que o mau humor, o senso de inutilidade e a autopiedade pareciam se desvanecer quando Maria Verghese estava por perto. Os leprosos cochichavam entre si que a doutora da cadeira de rodas (a primeira na Índia) era mais inválida do que eles e que seu rosto, como o deles, tinha cicatrizes. Em pouco tempo, Maria Verghese começou a participar de cirurgias, embora fosse tedioso e exaustivo trabalhar sentada.

Um dia, o dr. Brand viu Maria rodando sua cadeira por entre os edifícios do hospital e perguntou como estava se sentindo.

— No começo, tudo me parecia confuso — replicou ela —, mas agora parece que a vida afinal tem um sentido.

A recuperação de Maria dependia de muitas horas difíceis de terapia, bem como de uma importante cirurgia na coluna. Permaneceu com suas limitações pelo resto da vida e sempre lutava contra as feridas por ficar muito tempo sentada. Mas, agora, tinha um lampejo de esperança. Começou a entender que sua incapacidade física não era um castigo de Deus para levá-la a uma vida miserável. Ao contrário, descobriu que poderia lhe ser de grande vantagem como médica. Os doentes inválidos aceitavam-na imediatamente e sentiam grande afinidade por aquela médica de cadeira de rodas, com um sorriso torto.

Mais tarde, Maria aprendeu a andar com um aparelho. Ganhou uma bolsa de estudos para o Instituto de Fisioterapia e Reabilitação de Nova York e, finalmente, passou a dirigir um novo departamento na Escola de Fisioterapia de Vellore, na Índia.

Maria é um exemplo excepcional de alguém que não foi a lugar algum ao perguntar *por que* aquela tragédia havia acontecido. Mas, ao voltar-se para

Deus e perguntar "*para quê?*", aprendeu a confiar que o Senhor poderia tecer um novo plano para sua vida. Assim, talvez tenha conseguido muito mais do que se o acidente jamais houvesse ocorrido.

Maria Verghese fez exatamente o oposto do que as pessoas que conheço que se viraram contra Deus por causa do sofrimento. Falam de sua doença morbidamente, como se fosse a única coisa de sua vida. Desencadeiam a autocomiseração escondida em cada um de nós.

A pessoa que sofre tem duas escolhas: pode retrair-se de raiva e de desespero contra Deus ou pode aceitar a provação como uma oportunidade de alcançar a felicidade. Não quero insinuar que Deus ame um tipo de sofredor e rejeite o outro, ou que um sofredor seja mais "espiritual" que outro. Acredito que Deus compreende os que escoiceam, lutam e esbravejam tão bem quanto os que aprendem que o sofrimento pode ser um meio de graça e de transformação. Lembre-se: Deus sentiu mais compaixão pela revolta sincera de Jó que pela religiosidade de seus amigos.

Deus não precisa de nossas reações corretas para satisfazer suas necessidades. Ele desvia a atenção da causa para a reação visando ao nosso bem, não o dele. Na verdade, o caminho para uma boa aceitação é a cura interior: uma atitude de contentamento e de gratidão é capaz de reduzir o estresse, de acalmar os nervos, de diminuir o medo e de ajudar a mobilizar as defesas orgânicas.

Saber exatamente por que Deus permite nosso sofrimento ajudaria em algo? Tal conhecimento poderia até engendrar maior amargura. Mas nossa condição melhora muito quando nos voltamos para ele. Perdemos nossa auto-suficiência, e nossa fé em Deus renova-se, tornando-se mais profunda. Isso pode transformar nosso sofrimento em qualidades de valor inestimável, até eterno.

> Não rogo por saúde nem por doença, vida ou morte, mas que possa usar minha saúde e minha doença, minha vida e minha morte em tua glória. [...] Somente tu sabes o que me é conveniente. És meu Mestre soberano. Opera em mim conforme a tua vontade. Concede-me ou toma de mim, de acordo com teu intento, não o meu. Sei apenas, Senhor, que devo seguir-te e não te ofender. Ademais, não sei o que é bom ou ruim. Não sei o que me é propício, saúde ou doença, riqueza ou pobreza, nem qualquer outra coisa deste mundo. Esse entendimento está além da capacidade dos homens, ou dos anjos, e permanece oculto entre os segredos de tua Providência, que venero, mas não me atrevo a sondar.
>
> — Uma prece de Blaise Pascal[4]

TERCEIRA PARTE

Como as pessoas reagem ao sofrimento?

Depois da Queda

Uma dor que não se pode esquecer
Verte em gotas em nosso coração
Até, em desespero, a sabedoria sobrevir
Pela imensa graça de Deus.

Ésquilo

As idéias sobre o lado positivo do sofrimento e o papel crucial da reação das pessoas podem soar bem na teoria, mas poucos se preocupam com o sofrimento teórico. Importante é saber: esses princípios funcionam nas situações da vida real?

Para melhor aquilatar o sofrimento, visitei dois cristãos que vivem diariamente sua solitária batalha contra a dor — física e psicológica — que, por vezes, é tão violenta que chega a ser incontrolável. Ambos são jovens e foram atingidos na plenitude da mocidade. Sob muitos aspectos, o infortúnio de ambos é semelhante. Entretanto, Brian Sternberg e Joni Eareckson tiveram reações inteiramente opostas. Suas experiências com o sofrimento foram tão desgastantes que cada um merece um capítulo.

No dia 2 de julho de 1963, Brian Sternberg caiu de uma altura de 3 metros, e essa queda que durou um segundo mudou completamente sua vida e a de sua família. No curso médio, Brian tinha se devotado ao esporte incomum de salto de vara. Apreciava a experiência de criar um único evento gracioso de vários aspectos: a rápida corrida pela pista empunhando a vara, o baque surdo da vara ao ser fincada no solo, o salto súbito de um felino, a propulsão dos pés, a rápida manobra com o corpo acima da barra, a queda rápida e assustadora no mergulho para os colchões de ar.

Para Brian, não era suficiente ser exímio na técnica do salto. Consciente da pequena vantagem que um novo aperfeiçoamento poderia dar a seu corpo, tomou aulas de ginástica também. Ginástica, um balé de resistência, é talvez o que mais se aproxima da arte no campo dos esportes. Depois das aulas, ele, invariavelmente, ia para a academia e treinava saltos ou aperfeiçoava pulos e quedas do trampolim. Conseguiu aprender um grande número de *loops*, torções e impulsos, regozijando-se no mero prazer de comandar o corpo. O salto com vara exigia controle rigoroso e muita disciplina, e a ginástica foi uma libertação.

Como calouro da Universidade de Washington, Brian estabeleceu a marca de 4,775 m para o encontro nacional de calouros universitários. No ano seguinte, foi classificado como o saltador nº 1 do mundo pelas revistas especializadas. Corria o ano de 1963. John Kennedy era presidente dos Estados Unidos. Vencer os russos tornara-se a obsessão do povo norte-americano. Tudo indicava que os Estados Unidos, em Brian Sternberg, possuíam um vencedor, e os olhos do mundo achavam-se voltados para esse rapaz de 19 anos.

Em 1963, todas as semanas, Brian era manchete nas seções de esporte. Invicto em competições ao ar livre, estabeleceu o recorde norte-americano nas competições de salão. Nessa primavera, conseguiu sua primeira marca mundial com um salto de 5,004 m. Em rápida sucessão, Brian conseguiu novos recordes de 5,055 m e de 5,08 m e conquistou os títulos da Associação Atlética Colegial Nacional e da União Atlética Amadora. Outros saltadores de elite chegavam até atingir determindo patamar, mas Brian não parava de subir.

Foram dias maravilhosos para os Sternberg. Eles sabiam que a glória seria de curta duração, pois os astros de tal esporte não têm uma longa trajetória de sucessos. Mas a família inteira achava divertido entrar no carro e acompanhar Brian que, sozinho, enchia um estádio e levava a multidão ao delírio.

Tudo mudou no dia 2 de julho, três semanas depois de Brian ter marcado o último recorde mundial. Agora, mais de uma década depois, Brian Sternberg continua a competir, mas numa prova muito mais solitária e desesperadora. Acabaram-se os saltos de vara.

O ACIDENTE

Tudo começou quando ele apanhou um agasalho e gritou:

— Mãe, vou treinar no ginásio!

Pegou o carro, atravessou o rio em direção à Universidade de Washington, e lá começou um exercício de aquecimento. A equipe norte-americana de salto preparava-se para uma excursão à Rússia, e era indispensável que Brian treinasse o máximo. Brian descreve o que aconteceu:

Se há um momento assustador em saltos de cama elástica é justamente a hora em que se deixa a superfície do trampolim pulando para cima. Naquele momento, mesmo os mais experimentados ginastas têm uma sensação de pânico, sem nenhuma causa aparente, que só desaparece ao voltar à cama elástica. Foi isso o que senti quando saltei. Fiquei desnorteado no alto e achei que cairia sobre minhas mãos e pés como já havia feito tantas vezes, quando o pânico tomava conta de mim. Porém, caí de cabeça.

Ouvi um estalo no pescoço; então tudo acabou. Meus braços e pernas ricocheteavam à minha frente, mas eu não sentia os movimentos. Mesmo antes de pararem, gritei tão alto quanto pude:

— Estou paralítico —, mas foi um grito fraco, pois meus pulmões estavam sem forças.

A paralisia tinha afetado minha respiração.

Nada havia que eu pudesse fazer. Não conseguia me mexer. Assustei-me a princípio, mas depois, por alguma razão, o pânico desapareceu. Disse às pessoas que me rodeavam:

— Não me movam, especialmente meu pescoço.

Naquele momento, quando vi que não conseguia respirar e senti que ia desmaiar, pedi a um colega que fizesse a respiração artificial boca-a-boca:

— Faça qualquer coisa, mas não incline minha cabeça para trás.

Uma verdadeira angústia tomou conta de mim enquanto esperávamos pelo médico. Não era dor física, só não conseguia acreditar no que me havia acontecido. Entretanto, naquela hora, eu pensava apenas no futuro próximo. Ainda não me ocorrera a possibilidade de jamais andar novamente.[1]

Os médicos pouco sabem sobre o sistema nervoso da coluna, porque é difícil estudá-lo sem causar algum dano no paciente. Nas primeiras 48 horas, não sabiam se Brian viveria. Quando ele sobreviveu, não tinham idéia de que movimentos poderia recuperar.

Nas oito semanas seguintes, Brian ficou deitado, preso a uma armação Foster, um dispositivo de lona e aço, ao qual apelidaram de "sanduíche de lona". Havia uns ganchos em ambas as extremidades, e, de vez em quando, um enfermeiro dava uma volta na armação para que Brian ficasse ora de costas, ora de frente, para evitar escaras e outras complicações.

Depois de retirada a armação Foster, ele já podia mover a cabeça, embora não o fizesse por longo tempo, receoso de tal movimento, pois se lembrava bem do estalo que seu pescoço dera. Também conseguiu crispar alguns poucos músculos dos ombros, aqueles bojos, outrora tão pujantes, que tinham feito dele um bom saltador de vara. Técnicos prendiam eletrodos a outros músculos de seu corpo e, por meio de choques elétricos, faziam com que se movessem abruptamente. Do contrário, os músculos deteriorariam. Brian podia perceber as contrações, mas nada sentia.

Durante certo tempo, não sentiu dor. Nem parecia que tinha pernas, braços e um tronco. Sentia como se estivesse suspenso, flutuando no quarto. Não sentia nem o colchão onde estava deitado.

Deitado na cama o dia todo, como se fosse uma "cabeça" e nada mais, Brian começou a sofrer alucinações de tato. Começou a imaginar que tinha pernas e braços que obedeciam a seu comando. Ele se concentrava e imaginava, digamos, um jogo de basquete. Algo em seu subconsciente trazia ao nervo central e exata lembrança de uma bola de basquete, e ele se sentia segurando a bola. A princípio, isso lhe era muito interessante, pois ele sonhava com o dia em que isso se tornasse realidade.

Depois, os jogos mentais voltaram-se contra ele. Em sua alucinação, os objetos prendiam-se a seus dedos imaginários, e ele não conseguia soltá-los. Ou, às vezes, sentia a sensação de ter nas mãos objetos cortantes, como lâminas, por exemplo. Esses objetos pareciam rasgar-lhe as mãos, trazendo-o às lágrimas, pelas dores excruciantes. Tudo imaginário, é claro, mas, para os receptores nervosos da mente de Brian, parecia muito real. Por longo tempo, não pôde livrar-se da ilusão de que havia uma porca aparafusada fortemente na ponta de cada dedo.

À noite, vinham pesadelos cheios de terror e de maldade, nos quais ele se via, tal qual uma mosca, andando pelo teto e pelas paredes de seu quarto. Alguns pesadelos não tinham forma nem enredo. Eram sentimentos amorfos de terror. De manhã, porém, era muitíssimo pior, pois ele não poderia mais acordar do pesadelo da triste realidade.

Os ataques de depressão, ainda mais intensos que as alucinações, vinham sem aviso prévio. Ele via seu corpo de atleta atrofiar dia a dia por causa da inatividade. Durante horas, Brian ficava olhando para as mesmas paredes e com tremendo esforço mental tentava fazer com que os músculos trabalhassem. E toda vez que tentava, sempre sem sucesso, mergulhava numa depressão mais profunda. Reclamava aos médicos:

— Não agüento mais. Não sei o que fazer. Nada acontece. Não consigo mais continuar imóvel assim. Estou exausto. Já tentei fazer os músculos me obedecerem, tentei demais, não agüento mais...".[2] Lágrimas abafavam sua voz.

Quando vinham as abomináveis ondas de depressão, Brian tinha algumas poucas fontes de conforto às quais se agarrar. Uma delas era o apoio de sua namorada e de sua família. Havia também milhares de simpatizantes que escreviam de lugares muito distantes, como Japão, França e Finlândia. Diariamente, durante uma hora mais ou menos, seus pais liam para ele a correspondência até as emoções ficarem fortes demais e terem de interromper. Um homem de 79 anos escreveu: "Meu corpo não é mais 100%, mas a minha coluna está ótima. De bom grado, eu a daria a você".

Veio também apoio da comunidade atlética de todo o mundo. Os russos cunharam uma medalha especial para homenageá-lo, fato sem precedentes. Os líderes de futebol da cidade de Kansas promoveram um jogo em benefício dele.

Depois de algumas semanas, veio uma notícia que o deprimiu mais ainda. Os médicos não poderiam ajudá-lo; informaram que, até aquela data, nenhuma pessoa em sua situação tinha voltado a andar. O que o tirou do fundo do abismo foi uma conversa telefônica com membros de uma conferência da Associação dos Atletas de Cristo em Ashland, no estado de Oregon. Por mais de uma hora, Brian conversou com atletas, treinadores e pessoal ligado ao esporte. Esses cristãos expressaram sua fé na recuperação de Brian e plantaram a sementinha da fé em seu coração.

Seu despertar para a vida cristã deu-se três meses depois do acidente. Compreendeu que somente um milagre poderia fazê-lo voltar a andar. Não era seu próprio esforço que faria suas pernas se moverem. Se havia uma fibra nervosa morta em sua medula espinhal, teria de ser refeita, o que não era trabalho para a medicina. Sabia, também, que sua fé em Deus não poderia ser uma barganha: "Se me curares, crerei em ti". Ele queria crer porque Deus era digno de sua fé. Assumiu o risco e entregou a vida a Jesus Cristo.

Brian começou uma oração que ainda não terminou. Centenas e milhares de vezes, pede a Deus a mesma coisa. Cada pequena parcela de sua vida lembra-o de que a oração ainda não foi respondida. Já orou com amargura, com súplica, com desespero, com muita ânsia. Muitos também têm orado por ele: pequenos grupos de atletas, igrejas, estudantes universitários. Sempre a mesma oração, e nunca a resposta que Brian tanto deseja e acredita.

Menos de um ano depois do acidente, Brian contou a um repórter da revista *Look*: "Ter fé é a atitude necessária para uma de duas coisas. Ser curado é uma delas. Se não vier a cura, paz de espírito é a outra. Qualquer delas satisfaz". Atualmente, Brian não mais pensa assim. Para ele, só há uma opção: cura completa.

O MUNDO DE BRIAN

Para conhecer Brian, tive de pegar um avião para Seattle, deixar uma mensagem e esperar até que ele se sentisse bem o bastante para receber visitas. A dor, segundo ele, "oscila entre ridiculamente forte e insuportável".

Qual é o alimento dessa fé tão firme que já sobrevive a uma década de sofrimento? Com o passar dos anos, muitos dos que reivindicavam a cura de Brian já mudaram suas orações. Mas não os Sternberg. Serão eles teimosos ou sobre-humanos? Pensava nisso, enquanto dirigia meu carro a caminho de sua casa em Seattle pela primeira vez. Tinham me avisado: "É estranho. Eles não aceitam a condição física de Brian".

A casa dos Sternberg fica no alto de um penhasco escarpado perto da Universidade de Seattle. Dá vista para uma ladeira íngreme onde os carros fatalmente derrapam com chuvas fortes ou tempestades de neve. A rua estava seca, e consegui subir com êxito. A sra. Helen Sternberg, mãe de Brian, uma senhora loira e elegantemente vestida, recebeu-me à porta. No telhado, estava um amigo de Brian arranjando um sistema rotativo de antena. De dentro da casa, a vista de Seattle era espetacular, através de janelas amplas e envidraçadas. Durante uns vinte minutos, enquanto um enfermeiro preparava Brian, observei o tráfego.

O que mais impressiona o visitante é o fato de Brian depender totalmente de outras pessoas para poder viver. Morreria se fosse deixado sozinho por 48 horas. Rapazes da escola de ensino fundamental e da universidade dão-lhe banho, remédios, alimentam-no, seguram copos de água para ele. Brian tem lutado contra essa dependência aos outros, mas não há outro jeito. Seu corpo será sempre encontrado como foi deixado por alguém.

A cabeça de Brian é de tamanho normal, mas o resto do corpo encolheu devido à atrofia muscular. Ele aprendeu a controlar o músculo dos ombros para poder fazer alguns movimentos com os braços. Agora, já é capaz de apertar interruptores elétricos, de virar maçanetas, embora com certa dificuldade, e até mesmo de escrever à máquina com um dispositivo especial que prende os outros dedos e deixa um livre.

O quarto de Brian, não maior do que um quarto comum, limita a sua vida. Não há bicicleta, nem esquis, nem patins de gelo em sua garagem. Com os olhos, ele mostrou os objetos ao derredor. Um cobertor Adidas sobre a cama, lembrança dos Jogos Olímpicos de Tóquio, em 1964, dos quais Brian não participou. Numa parede, uma carta de John F. Kennedy, datada de 15 de agosto de 1963. Foi lida no jogo de futebol, ocasião em que os times jogaram em benefício de Brian. Kennedy escreveu: "Quero que saiba que temos pensado muito em você nas últimas semanas. Desejamos suas melhoras". Brian chorou quando ouviu essas palavras.

Mas mostrou-se felicíssimo ao explicar o complexo equipamento de radioamador que rodeava sua cama. Ele desenvolveu um grande interesse por radioamadorismo, a fim de estabelecer uma ligação com o mundo exterior.

Falou devagar e cuidadosamente sobre uma grande variedade de assuntos. Gosta de falar sobre eletrônica. Gosta, também, de contar histórias sobre seu papel como representante da Associação dos Atletas de Cristo. Sentado em sua cadeira de rodas, já fez palestras para atletas em ginásios, salas de aula e vestiários.

Foi difícil deixá-lo. Embora boa parte do que ele me contou tenha me fascinado, parecia que não tinha noção do equilíbrio e da proporção que regem uma conversa. Depois de algumas horas, quando me dirigi à porta, ele começou a falar mais alto, com urgência. Pediu-me que lhe fizesse alguns favores. Mesmo depois de dizer-lhe que precisava ir embora, ele não parava de apresentar novos assuntos para conversa.

Quando finalmente saí, um ajudante explicou que Brian costuma agir dessa maneira com os visitantes. Segundo ele, talvez isso tenha alguma coisa a ver com a paralisia. Incapaz de controlar seu corpo, inconscientemente, procura controlar as pessoas.

O MILAGRE QUE NÃO VEM

Um fato que ficou bem claro em minha visita a Brian é que agora, mais do que nunca, ele não aceita sua situação. Só tem uma esperança e uma oração: cura absoluta. Conta isso a todos que o visitam. Clinicamente, necessita de um milagre. O tempo pouco fez por ele, e suas chances de recuperação vêm diminuindo dia a dia.

A parte pior é a dor. É como se o corpo de Brian estivesse em revolta. A dor vem de dentro e espalha-se por todo o corpo. Parece até a máquina da dor, que controlava diretamente o sistema nervoso central, descrita por George Orwell, em seu livro *1984*. Vinda repentinamente, conseguiria derrubar um homem, fazendo-o uivar de dor. Para Brian, é uma horrível rotina.

Mais do que qualquer outra pessoa, os pais de Brian têm compartilhado de sua persistente dor e frustração. Na sala, contaram-me da longa luta que todos vêm enfrentando diariamente. Lá fora, as luzes da cidade piscavam à medida que milhares de carros serpenteavam pelas ruas e pontes. A vista combinava com o fogo chamejante da lareira, fazendo o lugar parecer idílico. A sra. Sternberg inclinou-se para falar sobre o dilema do filho.

Nos primeiros seis meses depois do acidente, os Sternberg foram inundados por autênticas expressões de esperança e de apoio. Muitos acreditavam que Brian se recuperaria. Tinha de ser a vontade de Deus, afirmavam, que um rapaz tão jovem e talentoso viesse a andar novamente. Brian já se encontrou com alguns cristãos famosos, conhecidos por seus poderes de cura. Em certa ocasião, líderes cristãos de sete denominações encontraram-se em seu quarto, orando e ungindo-o com óleo. Todos estavam comovidos, todos criam no poder de Deus, mas nada aconteceu.

Os Sternberg voltaram-se para a Bíblia em busca de conforto e de orientação, conversaram com pastores e teólogos de todo tipo, leram todos os livros existentes sobre a razão de Deus permitir o sofrimento. Quanto mais liam, mais ficavam convencidos de que Brian seria curado. A sra. Sternberg conta:

> Descobrimos que Deus ama. Mais do que isso. Deus *é* amor. Muitos nos disseram que deveríamos aceitar essa tragédia como parte da vontade de Deus para nós. Mas o Jesus que vemos na Bíblia veio para trazer-nos a cura. Onde quer que houvesse dor, Jesus tocava, e a saúde era restaurada. Ele jamais amaldiçoou ou afligiu alguém. Jesus foi a linguagem de Deus para o homem. Jesus viveu o que Deus é. Poderia Deus ter mudado sua linguagem? Poderia a condição de nosso filho contradizer o que Deus revelou como sendo ele mesmo? Jesus nunca disse a um cego: "Sinto muito, amigo, gostaria de poder ajudar, mas Deus está tentando ensinar-lhe uma lição; portanto, é melhor se acostumar com isso". Quando Jesus encontrou um cego, curou-o e ensinou-nos a orar para que a vontade de Deus "seja feita na terra assim como no céu".
>
> Falando claramente, acho que Deus também não está feliz com a condição de Brian. A julgar pela Bíblia, Deus deseja-nos uma vida plena e abundante. É a integridade física e moral, é saúde, não o corpo no qual Brian está preso. Não devemos usar a "vontade Deus" como uma resposta piedosa para toda e qualquer pergunta. Não podemos parar nossa busca, nos tornar fatalistas e dizer que foi feita a vontade de Deus.

Ela fez uma pausa. As palavras eram fortes, e vieram com uma experiência de dor que poucas pessoas possuem. Outros cristãos, como Maria Verghese, encontraram conforto logo ao aceitar sua condição. Os Sternberg não se contentaram com a aceitação.

Com as mãos entrelaçadas, continuou a falar.

> Não encontraremos todas as respostas nesta vida. Vivemos pela fé. Brian, meu marido e eu estamos fortemente apoiados no amor de Deus. Se algo, como o acidente, não combina com seu amor, não achamos que venha dele. Todo desgosto que eu tiver com Deus, comigo mesma ou com outra pessoa é uma doença e precisa ser curada.
>
> Não sei por que Brian ainda não anda. Creio que Deus seja todo-poderoso, mas também creio que é limitado por si mesmo. O mal tem poder. Acho que é do interesse de Satanás que sejamos incapacitados. Ele faz de tudo para que

> não consigamos nos sentir completos. Satanás explora nossa fraqueza, como um boxeador esmurrando um maxilar machucado ou um olho ensangüentado. Ele não desiste.

Enquanto ela falava da batalha travada entre o bem e o mal, pensei na vida de Jesus aqui na terra e nos ataques que sofreu: a matança dos menores de 2 anos, tentações, traição e, finalmente, morte. Mas Deus transformou a aterradora e horrível morte de seu próprio Filho em sua mais completa vitória.

De maneira muito mais sutil, e em menor escala, Deus também usou a tragédia de Brian. Será que ele ainda agirá maravilhosamente eliminando a tragédia com uma cura espetacular, subjugando a tragédia da família com a cura física, da mesma maneira que subjugou a morte com a ressurreição? É nessa esperança que os Sternberg se apóiam.

A sra. Sternberg continuou:

> Na condição de Brian, ninguém jamais conseguiu andar. Ninguém. Mesmo assim, continuamos a acreditar. Não tenho a mínima idéia de quando Deus vai curar Brian. É bem possível que esta batalha não seja vencida aqui na terra. Algumas pessoas são curadas pela oração. Alguns não são curados neste mundo. Mas isso não modifica o desejo de Deus para nossa integridade: corpo, mente e espírito. Não desistiremos. Somos como os médicos que fazem pesquisas sobre a cura; não iremos parar nossas investigações. Achamos que Deus se compraz com a perseverança.

Era tarde, e tivemos de encerrar nossa conversa. Antes, porém, de partir, pedi que me mostrassem os troféus esportivos de Brian. Fomos a um quarto atulhado de troféus, placas e certificados. Um deles afirmava que Brian fora o mais notável atleta do continente em 1963.

Uma fotografia na parede chamou-me a atenção. Mostrava-o quebrando o último recorde mundial em Compton, Califórnia. Flutuava horizontalmente acima da barra, com os braços para a frente, cada músculo do corpo encrespado e tenso. A ação foi congelada por um instante e, de certo modo, congelada para sempre. Meu coração comoveu-se de dor e de tristeza. Acabara de ver e de conversar com a mesma pessoa, agora apenas uma sombra daquele corpo magnífico. Era verdade que Brian crescera emocional e espiritualmente. Mas, de certa maneira, havia encolhido. As duas imagens permaneciam vívidas em minha mente quando saí do calor da casa para o vento frio de Seattle: o Brian da foto e o Brian real do momento presente, com o corpo inútil, contorcido sobre a cama onde ele continuará amanhã, depois de amanhã e depois... até quando, ninguém sabe.

E se fosse comigo? Como eu me sentiria? Iria racionalizar, aceitar ou revoltar-me? E se cresse na cura, iria minha fé sobreviver por anos ou décadas? Estavam os Sternberg certos ao apostarem tudo num milagre que ainda não veio, apesar de milhares de orações? Estariam eles errados, ditando condições a Deus? Deveriam aceitar e "louvar ao Senhor mesmo assim", como alguns sugerem?

Não sei. O que mais sobressaía era a qualidade de sua fé, ardente e lutadora. Mas, ao me afastar dirigindo o carro, não era pena o que eu sentia pelos Sternberg. Pena implica fraqueza, e jamais encontrei tamanha força. Uma força persistente, ainda que os objetivos jamais fossem alcançados. "A cada meia hora, alguém sofre uma lesão na medula espinhal neste país", contou-me a sra. Sternberg. "Quinhentos milhões de pessoas estão em cadeiras de rodas. Muitas desistem, mas não nós. Continuamos esperançosos".

UMA SEGUNDA VISITA

Visitei os Sternberg pela primeira vez em 1972, na primeira década depois do acidente de Brian. A persistência e a fé dessa família me impressionaram na época, e imaginei o que encontraria quando os visitei novamente em 1987, quinze anos depois. Brian agora era um homem de meia-idade. A cura física que esperava, e ainda espera, não veio. Os anos que ele passou na cama, agora, ultrapassaram os que viveu enquanto podia se movimentar.

Seattle estava em pleno verão, e, depois de subir a colina, encontrei a família inteira sentada nas cadeiras de jardim fora da casa. Os pais de Brian haviam envelhecido suavemente e pareciam um pouco diferentes. Brian, porém, ganhara uma barriga de meia-idade, e seu cabelo ficara bastante grisalho.

Tomando um café, os Sternberg colocaram-me em dia com os acontecimentos. A condição física de Brian fizera um pequeno avanço com os anos: a dor era bem mais controlável, e a sensibilidade em todo o corpo fora recuperada. Embora não pudesse mexer as pernas, pelo menos agora tinha consciência delas. Em conseqüência disso, quase todas as alucinações táteis desapareceram.

Os Sternberg esforçaram-se para ressaltar as coisas positivas que haviam acontecido. "O verdadeiro milagre", disse o sr. Sternberg, "é que nem Helen nem eu ficamos doentes. Nos quase vinte anos que tratamos de Brian, conseguimos nos manter saudáveis".

Por vários anos, os Sternberg oraram por um ministério da cura que abrangesse sua ampla definição de doença. Finalmente, isso se tornou realidade. Um culto noturno dominical era realizado todo mês numa igreja de Seattle. As pessoas com problemas ou necessidades eram convidadas a se adiantar e a passar alguns minutos em silêncio com o pastor, enquanto o resto da igreja dirigia as orações em favor delas. A experiência compartilhada conseguiu mobilizar toda a igreja, e a prática espalhou-se para muito além dos limites da cidade.

Em 1976, Brian quase morreu. Uma pneumonia atacou seus pulmões e, no hospital, adquiriu uma infecção por estafilococos. Entrou em coma, assim permanecendo por duas semanas, e sofreu duas paradas cardíacas. Os médicos instalaram um marca-passo, mas ele ficou à beira da morte por mais de dois meses. Ficou sem poder falar por longo tempo e perdeu um pouco da memória de fatos recentes.

Dessa vez, as orações pela cura foram atendidas. Brian acabou recuperando todas as faculdades, exceto as que perdera em conseqüência da lesão na coluna. Outra coisa também ficou muito clara para mim quando nos sentamos para conversar: a personalidade de Brian também mudara. Ele estava mais maduro, sereno, e não mostrava mais nenhum sintoma de desequilíbrio emocional que antes manifestara.

Gentilmente, perguntei aos Sternberg se sua crença em relação à cura mudara ao longo dos anos. Eles disseram que não.

> As pessoas gostam de ressaltar as coisas boas que aconteceram e achar que elas explicam o acidente de Brian. Não pensamos assim. Cremos num Deus amoroso e ainda acreditamos que ele quer que Brian se recupere totalmente. Podemos até estar errados. Cada vez mais, parece que Brian não terá um corpo perfeito nesta vida. Como você sabe, no livro de Daniel há uma história sobre um anjo enviado para atender às orações de Daniel. Ele leva três semanas para encontrá-lo, mas, quando isso acontece, garante a Daniel que Deus ouviu sua oração no exato momento em que ele a proferiu.

Enquanto conversávamos, observando o Sol esconder-se atrás das colinas, não pude deixar de comparar minhas duas visitas. Ao ouvir sua história, ocorreu-me que um milagre lento e gradual acontecera, sem que talvez eles tivessem notado. Um acidente traumático o bastante para destruir a maioria das famílias tornara a deles mais unida. Eles não sucumbiram ao caminho mais fácil de colocar Brian em uma casa de repouso ou clínica de reabilitação. Por mais de vinte anos, demonstraram abnegadamente o amor pelo filho, e, vendo Brian agora, para mim estava claro que esse amor dera frutos. Forçosamente, todos eles tiveram de fazer as pazes com o sofrimento.

Lembrei-me de uma analogia usada por Paul Tournier quando comecei a descer vagarosamente a ladeira. Ele disse que a vida cristã é como uma apresentação no trapézio. Alguém pode balançar na barra, exercitar e fortalecer os músculos tanto quanto quiser, mas, se desejar se aperfeiçoar e alcançar a excelência, terá de se arriscar. É preciso jogar-se, sabendo que não há nada para ampará-lo, e agarrar a outra barra do trapézio.

Acho que Brian teria gostado dessa analogia. Muito tempo atrás, os Sternberg, juntos, soltaram a barra e anunciaram ao mundo que acreditariam em Deus, apesar... de tudo. Brian acha que esse é seu grande chamado. Não há muitos espectadores assistindo ao redor deles agora, mas os Sternberg continuam crendo. Fui embora mais uma vez inspirado por sua fé obstinada.

Usando os pés para dançar

Ele só pode se revelar com perfeição à criança, somente à criança pura. Toda a disciplina do mundo serve para transformar o adulto em criança, para que Deus possa ser revelado por meio dela.

GEORGE MACDONALD
Life essential

Pouco depois da visita a Brian Sternberg, fui a Baltimore, Maryland, para entrevistar uma adolescente extraordinária chamada Joni Eareckson.[1] Joni hoje é conhecia por causa de seu trabalho como pintora, escritora e palestrante cristã. Mas, quando a conheci, não havia publicado nada, e eu conhecia apenas parte de sua história.

A história de Joni tinha algumas semelhanças com a de Brian: ambos eram atletas adolescentes que sofreram acidentes no auge da carreira e tiveram de se adaptar à nova vida de tetraplégico. A caminho da entrevista, esperava encontrar o mesmo ambiente da casa dos Sternberg, isto é, uma luta constrangedora e sem fim misturada a uma fé firme e imorredoura. Mas o ambiente na casa de Joni, que por acaso ficava no outro extremo dos Estados Unidos, era completamente diferente.

Fui até a casa de Joni Eareckson ladeando um riacho tranqüilo a oeste de Baltimore. A estrada, repleta de curvas sinuosas e fechadas, serpenteia por entre colinas altas e escarpadas. Uma floresta de madeira de lei ladeia a estrada até o topo da colina mais alta, de onde se descortina subitamente um panorama arrebatador. Lá no alto, fica a casa de Joni. É uma casa de campo, feita de grandes pedras arredondadas e de madeira talhada à mão, construída com esmero pelo pai.

As paredes de vidro inteiriço do estúdio de Joni projetam-se sobre a montanha. Um lindo garanhão castanho pastava no vale, com a cauda sempre em movimento. Um cão dinamarquês apareceu e atravessou o jardim. Muitos artistas vivem escondidos em cenários rústicos como esse, mas a vida de Joni é diferente. Jamais deixa seu estúdio, a não ser que alguém a empurre. E ela pinta com uma caneta presa entre os dentes.

Quando adolescente, Joni costumava cavalgar pelas trilhas da floresta a uma velocidade incrível, brincar no riacho com o cão dinamarquês e jogar bolas de basquete em uma cesta ao lado do chalé. Algumas vezes, chegou mesmo a participar de caças à raposa dentro de sua propriedade.

Atualmente, porém, o exercício diário de Joni consiste em movimentos mais sutis. Ela consegue mexer o braço com a ajuda de um aparelho de bíceps e ombro conjugados para virar as páginas de um livro. E o ato de pintar requer uma longa sucessão de movimentos meticulosos e elaborados com a cabeça. Vagarosamente, seu desenho vai tomando forma.

Um erro de dois segundos mudou completamente a vida de Joni, mas seu otimismo contagiante permaneceu o mesmo. Quando nos conhecemos, fiquei impressionado com a vivacidade em seu rosto e em seu olhar. Ela era tão animada que nem se podia pensar naqueles conselhos de antigos cursos de auto-ajuda: "Pense positivo, aprenda a gostar de si mesma!". Entretanto, em grande parte, o estado de espírito de Joni era resultado de uma tragédia.

MERGULHO FATAL

> O verão de 1967 foi surpreendentemente quente e úmido. O mês de julho foi sufocante. Andei a cavalo de manhã, e estava com tanto calor que só um mergulho na baía era capaz de refrescar-me. Minha irmã Kathy e eu fomos até a praia da baía de Chesapeake e mergulhamos nas águas turvas.
>
> Eu não me satisfazia em apenas dar algumas braçadas ou banhar-me em águas rasas. Queria nadar livremente no rio. Uma balsa a uns 50 metros era um perfeito ponto de chegada, e Kathy e eu nadamos rapidamente até lá. Éramos ambas esportivas e um tanto imprudentes.
>
> Quando alcancei a balsa, subi nela e rapidamente mergulhei, quase sem pensar. Senti o choque familiar da água e depois um baque atordoante. Minha cabeça bateu de encontro a uma pedra no fundo. Braços e pernas dançaram. Senti um forte zumbido, semelhante a um choque elétrico acompanhado de intensa vibração. Porém, não senti dor.
>
> Não consegui me mexer. Meu rosto ficou enterrado na areia áspera, mas não conseguia me levantar. Meu cérebro dava ordens aos músculos para nada-

rem, mas não havia reação. Prendi a respiração, orei e esperei dentro da água, de cabeça para baixo.

Depois do que pareceu ser um minuto, ouvi Kathy chamando-me, com voz fraca, abafada, que vinha da superfície. Sua voz tornou-se mais clara e próxima, e então vi a sua sombra bem acima de mim. Ouvi-a dizer:

— Você mergulhou aqui? É tão raso!

Kathy inclinou-se e tentou me levantar, mas caiu. *Ó Deus, quanto tempo terei de esperar ainda*, pensei. Então, tudo foi ficando escuro.

Quando estava a ponto de desmaiar, minha cabeça chegou à superfície, e eu me engasguei com uma grande golfada de ar. Tentei segurar-me em Kathy, mas meus músculos não reagiram. Ela colocou-me sobre os ombros e começou a andar em direção à praia. Certa de que minhas mãos e pernas estavam amarrados em volta de meu peito, foi com horror que vi que estavam, sem movimento, pendurados sobre seu ombro.

Tinha perdido o comando do meu corpo.

Uma ambulância levou Joni apressadamente da tranqüilidade da baía para a atividade frenética do Hospital Municipal de Baltimore. Ela foi colocada numa pequena sala protegida por cortinas. Uma enfermeira anotou seus antecedentes médicos. Outra cortou sua roupa de banho, novinha em folha, deixando-a exposta e se sentindo ainda mais indefesa. Veio um médico com um enorme alfinete de metal e começou a perguntar: "Sente isso?", à medida que lhe espetava os pés, a barriga da perna, os dedos e os braços.

Procurando concentrar-se ao máximo, Joni só reagiu quando ele testou os ombros.

Depois de uma consulta rápida com outros médicos, um deles, o dr. Sherrill, cortou o gracioso cabelo loiro de Joni com uma máquina elétrica, e uma enfermeira raspou-lhe a cabeça com uma lâmina. Quando estava quase perdendo a consciência, pensou ouvir o forte barulho de uma broca elétrica. A última coisa de que se lembra é alguém segurando sua cabeça, para o médico fazer dois buracos perfeitos, um de cada lado do crânio.

O ESPELHO

Ao acordar, encontrou-se presa a uma armação semelhante à de Sternberg. Anéis de metal, inseridos nos buracos feitos em seu crânio, foram ligados a um dispositivo semelhante a uma mola, que puxava sua cabeça para longe do corpo. Seu rosto aparecia através de um buraco feito na lona à qual ela estava presa. De duas em duas horas, a enfermeira virava a armação. Ela passava o dia olhando para duas paisagens: o assoalho e o teto.

Apesar da falta de mobilidade e do ambiente depressivo da Unidade de Terapia Intensiva, Joni sobreviveu às primeiras semanas em bom estado de espírito. A dor era pouca, e os médicos tinham esperança de que alguns nervos se recuperassem. Naqueles primeiros dias, seu quarto esteve apinhado de visitantes, flores e presentes. Suas duas irmãs espalhavam revistas no chão para que ela pudesse ler.

Depois de quatro semanas, quando Joni já tinha passado o período crítico, o dr. Sherrill executou uma operação de fusão na medula espinhal. A princípio, Joni estava exultante, absolutamente convencida de que a cirurgia resolveria seus problemas e ela poderia andar novamente. A cirurgia foi bem-sucedida, mas naquele mesmo dia o dr. Sherrill foi franco com ela.

— Joni — disse ele —, sinto muito, mas o dano é permanente. A cirurgia não modificou o quadro clínico. Você jamais poderá andar. Seus braços terão movimentos limitados.

Pela primeira vez desde o acidente, essa verdade penetrou-lhe o espírito. Até então, ela esperava alguns meses mais de tratamento e a cura completa depois de um período de recuperação. Repentinamente, compreendeu que todo o seu estilo de vida iria mudar. Não haveria mais carros esportivos, leilões de cavalo nem equitação. Provavelmente, nem namorados. Nunca mais.

"Fiquei arrasada", recorda ela. "Minha vida era muito agitada. Tinha o maior número de atividades escolares possível. De repente, encontrei-me sozinha, com um corpo imóvel entre dois lençóis. Passatempos e tudo o que possuía não significavam nada para mim. Jamais poderia cavalgar aqueles bonitos cavalos, ficar em pé sobre eles, como costumava fazer. Não poderia nem me alimentar sozinha. Só dormir e respirar; tudo o mais os outros fariam por mim."

Amarrada à lona com o rosto para baixo, Joni viu lágrimas quentes e salgadas rolarem pelo rosto e caírem no chão. O nariz começou a escorrer, e ela teve de chamar uma enfermeira. Até para chorar precisava de auxílio.

Alguns dias mais tarde, Joni ainda ficou muito mais deprimida, quando duas colegas vieram visitá-la pela primeira vez. Tinham ainda em mente a imagem de Joni como havia sido: vivaz, desportista. Por esse motivo, estavam completamente despreparadas para aquela transformação. Quando se aproximaram de sua cama, ficaram de queixo caído.

— Meu Deus! — sussurrou uma delas.

Chocadas, permaneceram num silêncio embaraçoso e, em seguida, saíram correndo. Joni ainda pôde ouvir uma das garotas vomitando e a outra soluçando do lado de fora. Começou então a imaginar o que teria acontecido de tão horrível para causar tal reação.

Em poucos dias, descobriu. Joni pediu um espelho a uma visitante, Jackie, que lhe deu uma desculpa qualquer. Joni insistiu. Nervosamente, Jackie colocou o espelho à sua frente. Joni olhou o seu reflexo e exclamou:

— Meu Deus, como pode fazer isso comigo?!

Ela viu no espelho uma pessoa com olhos injetados e olheiras profundas. A pele era de um tom amarelado; os dentes, enegrecidos pelos remédios. Sua cabeça, ainda raspada, tinha um grampo de metal de cada lado. Seu peso tinha diminuído de 57 para 36 quilos.

Joni soluçou gemendo:

> — Ó Jackie, preciso que me ajude. Faça uma coisa por mim. Não agüento mais.
>
> — O que é, Joni? Faço o que você quiser.
>
> — Ajude-me a morrer, Jackie. Traga-me umas pílulas ou mesmo uma lâmina. Não posso viver num corpo grotesco como este. Ajude-me a morrer, Jackie.

A garota não pôde fazer tal coisa, apesar da triste condição de Joni. Assim, Joni chegou a outra conclusão cruel: ela era incapaz até de morrer por sua própria vontade.

PLENITUDE

Depois daquele terrível dia no hospital, milhares de pessoas já se encontraram com Joni. Ela faz palestras no mundo inteiro, aparece em programas de TV nacionais, grava um programa de rádio diariamente, atuou como ela mesma num filme da Worldwide Pictures sobre sua vida e já apareceu em artigos de diversas revistas, como *People* e *Saturday Evening Post*. Além de sua biografia, *Joni*, escreveu vários livros e gravou algumas canções que tiveram boa venda. Sua arte enfeita uma linha de cartões, cartazes e papéis de carta.

Quase todos que conhecem Joni Eareckson Tada hoje (ela também acabou se casando) ficam mais felizes e mais esperançosos. Não é mais aquela pobre garota paralisada que viu refletida no espelho. Como conseguiu tudo isso?

> Certa vez, durante aqueles dias depressivos no hospital, quando a vida consistia em ser virada de cima para baixo e de baixo para cima, para aliviar as escaras, um visitante tentou animar-me. Ele recitou um versículo bíblico, uma promessa que Jesus fez aos seus seguidores: "Eu vim para dar vida, e vida em abundância".
>
> Eu estava tão amargurada e tão descrente que o simples pensamento de tal coisa era uma zombaria. Vida em abundância? Por mais que me esforçasse, o máximo que podia prever era uma vida pela metade, ou uma forma de vida

inferior, deplorável. Sem esporte, sem amor, sem casamento nem qualquer contribuição verdadeira para o mundo.

Nos últimos anos, minha perspectiva transformou-se. Acordo diariamente dando graças a Deus pelo que me dá. De algum modo, e só depois de três anos, compreendi isso. Deus mostrou-me que eu também posso ter uma vida plena.

A primeira lição de Joni foi superar uma barreira que se coloca diante de toda pessoa com alguma incapacidade física: aceitar seu estado e suas limitações. Fechar os olhos e lamentar sua horrível condição física não levava a nada. O fato de assim o desejar não mudava a imagem que vira no espelho. Teve de se aceitar como tetraplégica e de descobrir novas maneiras de lutar e de vencer.

O processo foi doloroso. Quando o namorado de Joni colocava os braços a seu redor para abraçá-la, ela não sentia nada. Nessas e em outras ocasiões, tinha de lutar contra a tentação de fechar os olhos e fantasiar, imaginando como seria se ficasse boa novamente. Teria um noivo, dirigiria um carro esporte, faria longas caminhadas pelo bosque, participaria dos jogos da faculdade... As possibilidades eram infinitas. Mas não tinham valor algum, pois Joni logo aprendeu que esse tipo de fantasia não amenizava seu sofrimento. Apenas retardava a auto-aceitação.

Joni também descobriu que as pessoas "normais" ficavam constrangidas perto de pessoas portadoras de deficiências. Ao falarem com ela, algumas se inclinavam para perto dela e falavam alto, usando palavras simples, como se ela tivesse uma deficiência mental. Na calçada, ao ser empurrada na cadeira de rodas, os pedestres afastavam-se a um metro e meio de distância, indo para o meio-fio a fim de deixá-la passar, apesar de a calçada ser suficientemente larga para ambos. Ela compreendeu por que algumas pessoas em estado semelhante não tinham vontade de sair do hospital para enfrentar o mundo. Lá dentro, *eram* pessoas normais e conviviam com profissionais treinados para compreendê-las.

Os amigos ajudavam. Uma de suas lembranças mais emocionantes daquele tempo é a de um momento de loucura, aproximadamente um ano depois da tragédia, quando um amigo empurrou a cadeira de rodas correndo em uma praia e entrou com tudo na rebentação espumante do oceano Atlântico. Joni deu gritos de alegria. Ela jamais seria capaz de nadar no mar novamente, mas ao menos poderia deixar as ondas rebentarem sobre suas pernas e o respingo de água salgada molhar seu rosto. Adorava quando as pessoas tratavam-na normalmente, em vez de serem sempre tão cuidadosas e gentis.

Mas até a habilidade de sentar em uma cadeira de rodas foi precedida por meses de terapia angustiante. Depois de ficar deitada horizontalmente durante meses, Joni foi sendo gradualmente levantada à posição vertical até poder sentar. A primeira vez que uma enfermeira levantou-a num ângulo de 45 graus, ela quase sofreu um colapso por causa das náuseas e da tonteira, enquanto seu coração tentava ajustar-se às novas demandas.

Escaras horríveis não paravam de se formar. Perto do cóccix e dos quadris, projetavam-se ossos em pontas salientes. Para aliviar as pressões, os médicos operaram-na (com Joni perfeitamente consciente, pois não precisava de anestesia por ela não sentir dor) para desgastar os ossos protuberantes nos quadris e no cóccix. Depois de mais algumas semanas deitada na cama e dos extenuantes exercícios, ela pôde voltar a sentar-se novamente.

Nesses tempos difíceis, Joni muito dependeu do apoio emocional dos amigos. Um grupo de estudantes cristãos esteve em contato constante com ela. Certa vez, eles a surpreenderam agradavelmente, introduzindo sorrateiramente um cãozinho em seu quarto de hospital. Ela riu satisfeita quando o pequeno animal lambeu-lhe o rosto.

UMA DEMORA DE QUARENTA ANOS

A princípio, foi-lhe difícil reconciliar a fé com a idéia de um Deus amoroso. Parecia que todas as dádivas recebidas de Deus, todas as boas coisas que uma adolescência ativa lhe proporcionou, tinham-lhe sido roubadas. O que lhe restava?

O retorno aos braços de Deus foi lento. A substituição da amargura pela confiança no Senhor arrastou-se por três anos de lágrimas e de indagações violentas.

Houve uma noite em que Joni convenceu-se de que Deus compreendia sua dor. A dor atingia-lhe as costas de tal maneira que só os paralíticos sabem o tormento que é. Geralmente, as pessoas podem coçar-se, movimentar um músculo doído ou dobrar um pé com cãibra. O paralítico é obrigado a ficar quieto, indefeso, e sentir a dor.

Cindy, uma das melhores amigas de Joni, estava ao lado da cama, tentando desesperadamente encorajá-la. Finalmente, num impulso, falou sem pensar:

> — Joni, Jesus sabe como você se sente. Você não é a única. Ele também esteve paralisado.
>
> Joni dardejou-lhe com o olhar.
>
> — O quê? Do que você está falando?
>
> Cindy continuou:
>
> — É verdade. Lembre-se de que ele foi pregado numa cruz. As costas dele ficaram esfoladas com os açoites que recebera, e ele deve ter desejado um jeito

de mudar de posição ou de distribuir melhor o peso. Mas não podia. Estava paralisado pelos pregos.

Essa idéia deixou Joni intrigada, e, por um momento, parou de pensar na própria dor. Jamais lhe havia ocorrido que Deus tivesse sentido as mesmas agudas sensações que lhe torturavam o corpo. A idéia foi-lhe profundamente confortadora.

Senti Deus incrivelmente perto de mim. Já tinha compreendido quanto me era importante o amor de meus amigos e de minha família. Naquele momento, passei a compreender que Deus também me amava.

Poucos de nós podem se dar ao luxo de chegar à estaca zero com Deus. Custei muito para entender isso. Antes do acidente, minhas perguntas eram: "Qual será a participação de Deus nesta situação? Qual será a influência dele sobre minha vida amorosa? Sobre meus planos futuros? Sobre as coisas de que gosto?". Não havia mais essas opções depois do acidente. Só restara um corpo inútil e Deus. Talvez seja esse o estado que os místicos procuram alcançar; só que eu não cheguei lá por vontade própria.

Não me restara identidade alguma, a não ser Deus. E, aos poucos, ele se tornou suficiente para mim. Senti-me arrebatada com a incrível possibilidade de um Deus pessoal, que criou o Universo, habitar minha vida. Talvez ele pudesse tornar-me atraente e útil. Sabia apenas que não poderia viver sem ele.

Nos primeiros meses, ou mesmo nos primeiros anos, fiquei absorta com as perguntas não respondidas sobre o que estava Deus tentando me ensinar. No âmago do coração, eu provavelmente esperava que, ao entender as idéias de Deus, aprenderia uma lição e ele me curaria.

Calculo que todos os cristãos com experiências semelhantes à minha voltam-se para o livro de Jó em busca de respostas. Jó foi um homem reto que sofreu muito mais do que se possa imaginar. Estranhei, porém, ao notar que o livro de Jó não diz por que Deus permite que as tragédias aconteçam. Diz apenas que Jó se apegou a Deus, e que ele o recompensou.

Perguntei a mim mesma se era isso o que Deus queria de mim. Deixei de exigir uma explicação de Deus e passei a depender humildemente dele.

Bem, estou paralítica. É horrível. Detesto esta situação. Mas poderá Deus ainda usar-me, mesmo paralítica? Mesmo paralítica, poderei ainda adorar a Deus e amá-lo? Então ele me ensinou que eu poderia.

Pode ser que a dádiva de Deus para mim tenha sido minha completa sujeição a ele. Jamais serei auto-suficiente a ponto de expulsar Deus de minha vida. Estou consciente de sua graça para comigo a cada momento. Quando acordo de manhã, deitada de costas, esperando que alguém venha até minha cama para vestir-me, é que vejo quanto necessito dos outros. Não posso nem mesmo pentear o cabelo ou assoar o nariz sozinha!

Tenho, porém, amigos que cuidam de mim. Tenho a beleza do panorama que eu pinto. Posso até mesmo me sustentar financeiramente, o sonho de toda pessoa com alguma deficiência física. A verdadeira paz é a interior, e essa dádiva recebo de Deus em abundância.

Tem mais uma coisa: tenho esperança no futuro agora. A Bíblia diz que nossos corpos serão "glorificados" no céu. Quando estava no colégio, esse conceito parecia vago e estranho. Agora compreendo que serei perfeitamente curada. Não fui enganada quanto a me tornar um ser completo. Terei apenas de esperar uns quarenta ou cinqüenta anos, e até lá Deus estará sempre comigo.

Ser "glorificada". Agora sei o que isso quer dizer. É a ocasião, depois de minha morte, em que estarei "usando os meus pés para dançar".

Levará algum tempo ainda até Joni poder dançar novamente, mas, depois de dois anos de reabilitação, ela aprendeu a manobrar suficientemente bem uma cadeira de rodas motorizada para até apostar corrida nos largos corredores do hospital. Anos depois, aprendeu a dirigir e agora tem seu próprio furgão com controles personalizados.

Finalmente, se tornou uma conferencista muito requisitada, e por uma boa razão. Joni cativa a audiência. Está sempre impecavelmente vestida, com o cabelo lindamente penteado. Quando se dirige ao público, conta as particularidades do acidente e de sua longa recuperação. Suas palavras fluem clara e naturalmente. O que a audiência mais aprecia é seu amor e entusiasmo pela vida. Seus membros permanecem imóveis, mas seus olhos e seu rosto se iluminam.

Joni mudou-se para a Califórnia há alguns anos e acrescentou um cenário espetacular do oeste norte-americano a seu repertório de pinturas. "Apesar de não poder mais chapinhar no regato, nem cavalgar", diz ela, "posso sentar-me ao lado dessa paisagem, e todo meu ser é inundado por aromas, texturas e panoramas maravilhosos". Ela reproduz essas cenas, às vezes, perante a audiência, usando o incrível processo da pintura com a boca.

Nas palestras, Joni refere-se continuamente à sólida cocheira que ficava perto de seu estúdio em Maryland. Era o lugar preferido de Joni em toda a fazenda, pois abrigava suas memórias mais caras: o cheiro doce do feno, o barulho do roçar dos cavalos inquietos e os lugares secretos que explorava quando criança.

Joni descreve o encanto e a beleza do lugar e o orgulho do pai de ter construído ele mesmo a cocheira. Mas, depois, descreve uma lembrança horrível: o fogo ateado por vândalos que praticamente destruiu a cocheira. A cena terrível está indelevelmente gravada em sua mente: os relinchos selvagens de seus queridos cavalos, o cheiro de carne queimada, os esforços desvairados da família e dos vizinhos a fim de conter o fogo.

A história, entretanto, não acaba assim. O pai, curvo e deformado pela artrite, começou a árdua tarefa de reconstruir a cocheira. Os alicerces eram os mesmos, mas em cima colocou pedras roladas, vigas e tábuas novas. A segunda cocheira, a reconstruída, era ainda mais magnífica que a primeira.

— Sou como aquela cocheira — diz Joni. — Pensei que minha vida estava acabada e não tinha conserto. Mas, com o auxílio de Deus e de meus amigos, ela foi reconstruída. Podem agora entender por que sou tão feliz? Recuperei aquilo que pensava ter perdido para sempre: a vida em toda a sua plenitude.

DOIS SERES QUE SOFREM

Joni Eareckson e Brian Sternberg representam todas as pessoas infortunadas para quem a dor parece nunca sossegar. Tetraplégicos, vítimas de câncer, pais de crianças com defeitos de nascença. Pessoas que passam por um sofrimento incomum podem recuar diante de um conceito como "a dádiva da dor". Para elas, essa expressão deve parecer vazia e sádica; a dor deixa de ser algo natural para transformar-se em um monstro.

Um ganhou fama por causa do sofrimento; outro, pelo mesmo motivo, a perdeu. Depois de várias décadas, os dois ainda possuem um corpo incapacitado. Porém, ambos encontraram forças, cada um à sua maneira, para continuar e até mesmo para crescer. E sua fé em Deus é parte desse processo de curar almas feridas.

Brian defronta-se honestamente com a questão da causa. Será Deus responsável? Ele e seus pais estão convencidos de que a situação é tão abominável para Deus quanto para eles. Suas conclusões são contrárias a algumas idéias deste livro, porque Brian não reconhece que essas idéias tenham o valor da transformação pelo sofrimento. Apesar de reconhecer que Deus providencialmente usou seu sofrimento para o bem, ele não aceita o conceito de que Deus possa permitir tal condição até o fim de sua vida. Ele apostou sua fé e praticamente sua teologia na esperança de cura.

Mas mesmo essa postura, que se tornou cada vez mais intolerável para os amigos dos Sternberg, é um retorno para Deus. Brian aprendeu a confiar e a crer num Deus amoroso e justo, apesar de seus tormentos, pelos quais poucos hão de passar. É claro que no céu Brian andará com um passo tão firme quanto o de Jó, Habacuque ou Jeremias, que viram o mundo naquilo que ele tem de pior e assim mesmo creram.

A dor de Joni Eareckson, exceto por breves momentos, tem sido mais psicológica: a dor da perda. Entretanto, sua vida é marcada com a tônica do triunfo e da alegria. Depois de uma longa controvérsia com Deus, voltou-se para ele. Emergiu com força e maturidade espiritual capazes de inspirar milhões de pessoas. Não estou insinuando com isso, porém, que qualquer pessoa aflita poderá repetir a história de sucesso de Joni Eareckson Tada, pois não seria verdade. Joni possui vários dons e talentos únicos. Mas, pela forma como os empregou, fez uma nova conquista: ela "engrandeceu" o sofrimento.

A princípio, Joni recebeu um rio de cartas que a incitavam a orar pela cura ou a repreendiam pela falta de fé. Sem dúvida, ela orou pela cura. No verão de 1972, depois de um culto particular de cura com aproximadamente quinze pessoas, ela acreditou que, nas semanas seguintes, sua medula espinhal milagrosamente iria se regenerar. Chegou até a ligar para os amigos e dizer:

— Pode me aguardar que, logo, você me verá em pé diante da porta de sua casa. Vou ficar curada.

Não foi isso o que aconteceu. Em seus livros, Joni explica por que foi forçada a chegar à difícil conclusão de que não receberia a cura física. Agora, chama seu acidente de "intruso glorioso" e alega que foi a melhor coisa que lhe aconteceu. Deus usou-o para chamar sua atenção e direcionar seus pensamentos a ele. Não fosse o acidente, acredita, provavelmente teria tido uma vida típica de classe média: sem objetivo, confortável e com uns dois divórcios a essa altura do campeonato.

A lesão mudou tudo. Com o tempo, a graça de Deus na vida de Joni ficou tão evidente que agora ela carrega um emblema forte o bastante para silenciar argumentações pueris sobre a fé: *o fato de não encontrar a cura significa falta de fé? Mas como se explica o caso de Joni Eareckson Tada?* Além disso, Joni tornou-se uma clara demonstração do sofrimento transformado ou "redimido". Depois de obter sucesso admirável como escritora, atriz, cantora e pintora, decidiu dedicar-se à área na qual possui mais experiência: a incapacidade física. Hoje, Joni possui um ministério chamado "Joni e amigos" que promove palestras e seminários e patrocina projetos importantes para os portadores de deficiências.

O sonho de Joni é despertar a igreja para as necessidades dos portadores de deficiências e preparar os cristãos para servir como agentes de cura em toda a sociedade. O público é menor agora. Muito menos pessoas estão dispostas a assistir a um seminário sobre ajuda a deficientes; preferem ouvir um testemunho pessoal. Mas, aos poucos, Joni está levando esperança aos portadores de deficiências e esclarecimento ao público em geral.

Graças a Deus, poucos de nós precisarão enfrentar as duras experiências de Joni ou Brian. Mas cada um, à sua maneira, viveu a verdade expressa em João 9: “Nem ele nem seus pais pecaram, mas isto aconteceu para que a obra de Deus se manifestasse na vida dele”. Seguindo o padrão do cego nos tempos de Jesus, dois tetraplégicos do mundo moderno, um de Seattle e outro de Baltimore, manifestaram brilhantemente a obra de Deus.

Outros testemunhos

O mundo avança graças àqueles que já sofreram.

LEON TOLSTOI

No livro *Creative suffering* [*Sofrimento criativo*], o médico e conselheiro suíço Paul Tournier lembra de sua surpresa quando leu um artigo intitulado "Orphans lead the world" ["Os órfãos governam o mundo"]. O artigo, publicado em uma respeitável revista médica, realizou um estudo baseado em 300 líderes que causaram grande impacto na história do mundo. Depois de pesquisar algumas características em comum, o autor descobriu que todos os líderes tinham crescido como órfãos, seja pela separação dos pais, pelo aspecto emocional ou por uma grande perda na infância. A lista incluía nomes como Alexandre, o Grande, Júlio César, Robespierre, George Washington, Napoleão, rainha Vitória, Golda Meir, Hitler, Lenin, Stalin e Fidel Castro.

"Bem, cá estamos nós", escreve Tournier, "fazendo palestras sobre a importância para o desenvolvimento infantil de se ter um pai e uma mãe que desempenhem harmoniosamente seus respectivos papéis em relação à criança. E, de repente, descobrimos que as pessoas mais influentes da história do mundo nunca tiveram isso!".[1]

O próprio Tournier foi órfão e ponderou sobre a questão de ser órfão logo após a morte da esposa, quando se sentiu nessa condição de novo, mas agora na vida adulta. Anteriormente, analisava cada acontecimento importante de sua vida, vitórias e tragédias, sob o aspecto do bem e do mal. Agora, porém, começava a entender que as circunstâncias, quer favoráveis quer desastrosas, são moralmente neutras. Simplesmente são o que são; o que importa é a forma como reagimos a elas. O bem e o mal, no sentido moral, não residem nas coisas, mas nas pessoas.

Essa revelação mudou a forma de Tournier tratar a medicina e deu origem à sua teoria do ser completo. Diz ele:

> Raramente, temos controle sobre os acontecimentos, mas (com aqueles que nos ajudam) somos responsáveis por nossas reações. [...] O sofrimento nunca é benéfico em si e deve sempre ser combatido. O que importa é a forma como a pessoa reage diante dele. Esse é o verdadeiro teste: qual é sua atitude diante da vida e das mudanças e oportunidades que ela apresenta? Lá está aquele homem doente ou no meio de uma tragédia, que confia em mim: o que ele fará a respeito desse grande golpe que se abateu sobre ele? Qual será sua reação? Uma reação positiva, ativa, criativa, que desenvolverá seu caráter, ou negativa, que impedirá seu crescimento? [...] Uma boa assistência no momento certo poderá determinar o curso de sua vida.[2]

Em sua clínica prática, Tournier deparou-se com pessoas feridas diariamente e foi rápido em admitir que o sofrimento pode levar uma pessoa à destruição, não ao crescimento pessoal. De fato, foi por isso que abandonou o padrão de diagnóstico e o tratamento tradicional e começou a tratar também das necessidades emocionais e espirituais de seus pacientes. Sentiu-se na obrigação de ajudá-los a usar o sofrimento como agente transformador.

Tournier usou a analogia de um quebra-nozes. As calamidades imprevisíveis aplicam uma força capaz de quebrar a proteção da segurança pessoal. Sem dúvida, o ato de quebrar causará dor, mas não necessariamente destruição. Ao contrário, no ambiente certo, o transtorno pode proporcionar um crescimento criativo: quando os antigos hábitos e padrões de comportamento não mais funcionarem, o paciente, indefeso e vulnerável, deverá buscar outros.

O papel do médico, da enfermeira, do assistente social, do pastor ou de um amigo querido é simplesmente impedir que a pessoa desmorone diante das circunstâncias e ajudá-la a ver que mesmo a pior das situações oferece uma oportunidade de crescimento e de desenvolvimento.

O MOVIMENTO DO SOFRIMENTO CRIATIVO

"Aquilo que não me destrói torna-me mais forte", Martin Luther King Jr. costumava dizer. Neste século calamitoso, King, Gandhi, Solzheniëtìsyn, Sakharov, Tutu, Mandela e muitos outros são exemplos vivos da teoria de

Tournier sobre o sofrimento criativo. Em meio a circunstâncias capazes de causar destruição, essas pessoas corajosas emergiram com uma força que deixou aturdidas nações inteiras.

Martin Luther King Jr., por exemplo, buscou deliberadamente o pior dos delegados sulistas para suas cenas de confrontação. Aceitou agressões físicas, a prisão e outras brutalidades porque acreditava que uma nação complacente apoiaria sua causa somente quando visse o lado mais tenebroso do mal do racismo. "O cristianismo", disse ele, "sempre afirmou que a cruz que carregamos tem precedência sobre a coroa que usamos. Para ser cristão, é preciso aceitar essa cruz, com todas suas dificuldades e sua forma agonizante e cheia de tensão, e carregá-la até que ela deixe sua marca sobre nós e nos redima, aperfeiçoando-nos de uma maneira que somente o sofrimento é capaz de fazer".[3]

No fim, aquele princípio foi responsável pela vitória que o movimento pelos direitos civis há muito tempo buscava. Foi a cena da brutalidade cometida por policiais e delegados contra as pessoas que marchavam em defesa dos direitos humanos que finalmente mobilizou a nação. Apenas uma semana depois do ataque da polícia na ponte em Selma, o Congresso aprovou a Lei do Direito ao Voto de 1965. A cada confrontação sangrenta, King tornava-se mais forte, não mais fraco.

O princípio que funciona em larga escala para alguém como Martin Luther King Jr. também pertence às "pessoas comuns" que o seguiram nas passeatas pela liberdade e justiça. Lembro-me de um herói não tão conhecido no interior do Mississippi, um homem cuja foto nunca apareceu nos jornais. Entrevistei o sr. Buckley no início da década de 1970, época em que boa parte do Sul do país ainda resistia ativamente ao movimento pelos direitos civis. Quando deixei a casa do sr. Buckley, parecia-me que tinha estado na presença de um santo.

A casa dele é o mais lindo lar de negros que já visitei no Condado de Simpson, em Mississippi. Do lado de fora, é toda de tijolos. Do lado de dentro, é toda forrada de lambris de madeira. Tem quatro ou cinco grandes aposentos. Na maioria das vezes, entretanto, o sr. Buckley costuma passar os dias numa cadeira de balanço de madeira ao lado do fogão, lá na cozinha, bem do jeito que ele costumava ficar junto ao fogão a lenha no barraco de um só cômodo em que vivia no interior do Mississippi. Foi lá na cozinha que o encontrei, balançando, relembrando os tempos antigos, coçando a cabeça, cabelos brancos cortados à escovinha, divertindo-se com as lembranças. Sua pele era grossa e coriácea, resultado de décadas ao sol do Mississippi.

Certa vez, um grupo de estudantes universitários, fascinados pelas histórias contadas pelo sr. Buckley a respeito do sul dos Estados Unidos, em tempos já idos, vieram entrevistá-lo usando um gravador. Ele falou durante três horas e meia. Quando parou para tomar um copo d'água, bebeu-a de um trago só e anunciou: "Bem, estamos agora em 1901".

Ele nasceu 25 anos depois da abolição dos escravos e cresceu durante os dias amargos da Reconstrução. Viveu na época em que reinava a temida Ku Klux Klan, ouvindo suas ameaças, presenciando a queima de cruzes, ouvindo rumores sobre linchamentos e incêndios. Em meados da década de 1960, depois de ser banido durante 75 anos dos restaurantes dos brancos, dos hotéis dos brancos e das cabinas de votação dos brancos, o sr. Buckley uniu-se ao movimento pelos direitos civis. Achando que Deus poderia usá-lo, começou a trabalhar com o reverendo John Perkin no registro de eleitores. Era um condado com mais de 5 mil negros, e somente cinqüenta foram registrados naquele dia.

Policiais federais organizaram filas de registro na entrada dos fundos da agência de correio, e o sr. Buckley ajudou a fretar ônibus e camionetas para trazer os negros até lá. Cada nome era acrescentado às listas de eleitores com grande temor. Por vezes, uma multidão hostil de brancos aparecia gritando insultos e ameaças. Alguns negros que se tinham inscrito na lista de eleitores haviam perdido o emprego. Todavia, aos poucos, os negros vieram. Negros fortes, acostumados a carregar nas costas pesados fardos de algodão, formaram uma fila de homens decididos, no centro de Mendenhall, dispostos a exigir a aceitação de seus votos. Finalmente, cerca de 2 300 foram registrados.

Ao longo desses anos, na condição de líder da comunidade negra das cercanias de Mendenhall, Buckley andou sempre com Deus, e as afrontas e golpes recebidos fizeram dele um homem mais profundo e mais forte. Buckley, todavia, demonstrou quanto os pobres e oprimidos podem ser, como disse Jesus, bem-aventurados. Sua fé em Deus era tudo o que possuía quando os dias eram tenebrosos e as noites longas e insones, plenas de medo. Chegou enfim um momento em que Deus habitou seu coração com familiaridade e desembaraço.

A fé do sr. Buckley foi duramente testada em dezembro de 1969, pouco depois que ele e a esposa se mudaram para uma nova casa. Enfim, já com mais de 80 anos, os Buckley conseguiram uma casa confortável para morar, ainda cheirando a tinta fresca, arrumada e limpa. Mas o sr. Buckley acordou repentinamente às 2 horas sentindo cheiro de fumaça. Ele pulou da cama bem na hora: a entrada da casa estava em chamas, que se arrastavam pelo rodapé em direção a seu quarto. Felizmente, ele e a esposa conseguiram escapar. Perderam, porém, tudo o que possuíam. O fogo tinha sido ateado por vizinhos.

Ele me contou: "Lembro de ter sofrido muito na vida. Perdi dois de meus três filhos, perdi a primeira esposa e quase morremos queimados naquela noite. Mas o Senhor diz que não nos prova mais do que podemos suportar. Se nos parece demais, ele ali está bem ao nosso lado, dando-nos a força que não sabíamos possuir".

O sr. Buckley morreu em 1986, com 97 anos. Passou os últimos anos de vida ajudando a fundar uma nova igreja em Mendenhall. Ele disse: "Quero uma igreja onde todos sejam bem-vindos, não importa a cor, uma igreja onde as pessoas orem e esperem ser atendidas. Quero uma igreja onde as pessoas sejam conhecidas pelo amor de umas pelas outras". O sr. Buckley mostrou o tipo de igreja que queria pelo exemplo que deu.

A GRANDE REVERSÃO

"Aquilo que não me destrói torna-me mais forte", disse Martin Luther King Jr. O rosto enrugado e pacífico do sr. Buckley parecia provar essa afirmação. Como um velho e forte carvalho, já experimentado por tormentas e nevascas, o sr. Buckley deixa transparecer aquela virtude de força e de resistência que a maioria dos norte-americanos jamais experimentará. Há algo de incomparável no fato de alguém se apoiar em Deus em tempos de provação.

Depois de ter passado algumas horas com Buckley, finalmente consegui compreender as palavras estranhas e paradoxais de Jesus ao proferir as bem-aventuranças. Antes, parecia-me que as palavras de Jesus "Bem-aventurados os pobres [...] os que choram [...] os humildes [...] os perseguidos" eram uma espécie de consolo lançado aos menos afortunados, como se fosse uma leve batida nas costas. *Bem, como você não é rico, sua saúde não é boa e seu rosto está molhado de lágrimas, direi algumas palavras gentis e farei promessas de recompensas futuras. Talvez você se sinta melhor.* Mas algumas promessas são feitas no tempo presente, "deles *é* o reino", e meu encontro com negros pobres do Mississippi mostrou que os pobres e oprimidos também podem ser abençoados. O sr. Buckley revelou um tipo de qualidade de vida que jamais encontrei em outras pessoas. Sua fé era inabalável, madura e vivida.

O apóstolo Paulo usa uma frase estranha: "A sua força [de Deus] aperfeiçoa-se na fraqueza". Ela é mal entendida e talvez até mesmo ridicularizada por aqueles que condenam Deus por permitir dor e sofrimento no mundo. Mas, em exemplos como os de Paulo e do sr. Buckley, essas palavras estão cheias de verdade. Isso foi dito até de Jesus: "Embora sendo Filho, ele aprendeu a obedecer por meio daquilo que sofreu" (Hb 5.8).

Nós, que acompanhamos e observamos pessoas que sofrem, esperamos encontrar raiva e rancor. Achamos que se voltarão contra Deus e que o censurarão pelas injustiças da vida. Surpreendentemente, encontram tal consolo nelas que nos deixa envergonhados. Não é por acaso que uma das histórias de fé mais inspiradoras vem daqueles que, em geral, são considerados "fracassados" pelo resto do mundo.

Hesitantemente, C. S. Lewis conclui:

> Não estou convencido de que o sofrimento [...] tenha a tendência natural de produzir tais males (revolta e cinismo). Não acho que as trincheiras da linha de frente do sofrimento sejam mais cheias de ódio, egoísmo, rebelião e desonestidade que qualquer outro lugar. Vi coisas maravilhosas em alguns grandes sofredores. Vi que os homens se tornam melhores, não piores, com o passar do tempo, e vi que uma doença fatal transforma situações adversas em tesouros de força e de mansidão. [...] Se o mundo é realmente um "vale de lágrimas", parece que, em geral, elas cumprem bem a sua função".[4]

O que poderá haver no sofrimento que produza essa reversão, em que a dor é capaz de fortalecer, em vez de destruir? Jesus ensinou claramente que, de certo modo, do ponto de vista divino, o mundo pende para os pobres e os sofredores. Chamado algumas vezes de "teologia da reversão", esse ensinamento pode ser encontrado no Sermão do Monte e em outras afirmações de Jesus: os primeiros serão os últimos (Mt 19.30; Mc 10.31; Lc 13.30), aquele que se humilha será exaltado (Lc 14.11; 18.14; Mt 23.12), "o maior entre vocês deverá ser como o mais jovem, e aquele que governa, como o que serve" (Lc 22.26). A parábola do bom samaritano e a de Lázaro e o homem rico também revelam essa reversão da ordem do mundo.

Mas por quê? Por que Deus daria mais atenção aos pobres e oprimidos em detrimento de outros? O que torna o fraco mais merecedor da atenção de Deus?

Encontrei uma lista intrigante das "vantagens" de ser pobre proposta por uma freira católica chamada Monica Hellwig. Adaptei a lista, ampliando-a para incluir todos os sofredores.[5]

1. O sofrimento, um grande fator de igualdade, leva-nos ao ponto em que percebemos a urgente necessidade da redenção.
2. Os sofredores conhecem não apenas sua dependência de Deus e das pessoas saudáveis, mas também sua interdependência.
3. Os sofredores não depositam sua segurança nas coisas, que em geral não podem ser desfrutadas ou logo poderão acabar, mas nas pessoas.

4. Os sofredores não se consideram mais importantes e não acham que precisam de mais privacidade que ninguém. O sofrimento é um bom exercício de humildade.
5. Os sofredores esperam encontrar pouca disputa e muita cooperação.
6. O sofrimento ajuda-nos a discriminar o que é necessidade e o que é luxo.
7. O sofrimento ensina a ter paciência, uma paciência obstinada que nasce da dependência consciente.
8. O sofrimento ensina a diferença entre medos legítimos e exagerados.
9. Os sofredores encaram o evangelho como uma boa nova, e não como uma ameaça ou reprimenda. Oferece esperança e conforto.
10. Os que sofrem podem atender ao chamado do evangelho com certa renúncia e dedicação porque não têm muito a perder e estão prontos para tudo.

Ao ler essa lista, comecei a entender por que muitos santos cristãos suportaram tanto sofrimento. Dependência, humildade, simplicidade, cooperação, abandono, todas essas qualidades são muito apreciadas na vida espiritual, mas extremamente inacessíveis a quem vive no conforto.

No meu entender, as bem-aventuranças passaram por uma mudança radical. Não mais as enxergo como uma migalha que Jesus jogou aos desprivilegiados do mundo. Não as enxergo como *slogans* paternalistas, mas como revelações profundas sobre o mistério da existência humana. Os pobres, os famintos, os que choram e os que sofrem realmente são abençoados, mas certamente não por causa de sua condição infeliz. Jesus passou a maior parte da vida tentando reparar esses infortúnios. De fato, eles são abençoados por causa de uma vantagem intrínseca que apresentam sobre as pessoas auto-suficientes e em condições mais favoráveis.

A auto-suficiência, que mostrou suas garras pela primeira vez no jardim do Éden, é o pecado mais fatal, porque nos atrai como um ímã para longe de Deus. Os sofredores e os pobres têm a vantagem de se deparar diariamente com sua *falta* de auto-suficiência. Precisam encontrar forças de alguma forma e às vezes se voltam para Deus. As pessoas ricas, bem-sucedidas e belas podem passar a vida inteira confiando em seus dons naturais. Mas existe uma chance, mesmo que pequena, de que, sem suas vantagens naturais, elas clamem por Deus no momento da necessidade.

Em resumo, por motivos que fogem a seu controle, essas pessoas podem precisar urgentemente de alguma coisa. Os sofredores e oprimidos encontram-se numa situação que favorece a graça de Deus. São necessitados, dependentes e insatisfeitos com a vida. Por isso, podem receber abertamente a generosa dádiva do amor divino.

A pobreza e o sofrimento podem servir de instrumentos para ensinar o valor da dependência, e, a menos que aprendamos a depender, nunca experimentaremos a graça. O apóstolo Paulo deu aos coríntios um exemplo autobiográfico desse mesmo princípio. Lutava contra um "espinho na carne", um mal não identificado para o qual já se propôs muitas possibilidades: epilepsia, problema na vista, depressão crônica, malária, tentação sexual. Fico feliz por ele não ter especificado esse mal, pois o processo que descreve em 2 Coríntios 12 aplica-se a todos nós e a todos os tipos de espinhos na carne.

A princípio, Paulo não enxergou nenhuma vantagem nesse espinho. Incapaz de "regozijar-se" em seu tormento, ressentiu-se dele. Isso acabou atrapalhando seu ministério e fez com que questionasse a Deus. Três vezes pediu pelo milagre da cura, e três vezes seu pedido foi negado. Finalmente, recebeu a lição que Deus queria que aprendesse pela aflição: "Minha graça é suficiente para você, pois o meu poder se aperfeiçoa na fraqueza".

Na verdade, a fraqueza física estava sendo usada para o próprio bem de Paulo. Os pecados do orgulho, da arrogância e da vaidade espiritual representavam riscos muito maiores, e essa fraqueza física importuna fez com que dependesse de Deus, não de si mesmo, para ganhar força. Quando finalmente entendeu isso, Paulo parou de fazer resistência e assumiu uma atitude de aceitação: em vez de rogar que Deus removesse o espinho, orou para que a dor fosse redimida ou transformada para seu bem.

Assim que aprendeu a lição, Paulo, como de costume, começou a bradá-la ao mundo e a "gabar-se" de suas fraquezas. Aos coríntios, um público sofisticado, impressionado pela força e pela aparência física, louvou o modelo de Deus de escolher os humildes e menosprezados do mundo para consternar os sábios, o fraco para consternar o forte. Paulo aprendeu a lição das bem-aventuranças: pobreza, aflição, pesar e fraqueza podem realmente servir de expediente para a graça, se nos voltarmos para Deus humildemente, dispostos a depender dele. "Pois, quando sou fraco é que sou forte", concluiu Paulo. Quanto mais fracos nos sentirmos, maior deverá ser a dependência.

Casos extremos

Às vezes, chegava a ponto de agradecer ao destino o privilégio de tal solidão [na Sibéria], pois, não fosse a solitude, não examinaria tão atentamente meu passado e minha vida interior e exterior. Quão fortes e estranhas foram as sementes de esperança que nasceram em minh'alma naquelas horas memoráveis! Ponderei e considerei toda sorte de problemas e prometi evitar os erros dos anos pregressos e as rochas que causaram meu naufrágio.

FIODOR DOSTOIEVSKI
Recordações da casa dos mortos[1]

Ao longo dos anos, li vários relatos de sobreviventes dos campos de concentração. Causam-me certa fascinação, talvez porque apresentem as questões da vida nas situações mais extremas. Nos campos, todos os sinais de individualidade são anulados. Os prisioneiros recebem roupas e cortes de cabelo idênticos, são chamados por números e não pelos nomes, comem a mesma comida e seguem a mesma rotina. Não existe diferença de classe. O arame farpado encerra a natureza humana em sua forma mais básica e primitiva.

Nas mãos de habilidosos, ou sádicos, administradores, os campos de concentração podem tornar-se laboratórios do sofrimento. Como mostrou Terrence Des Pres, o objetivo dos campos era "reduzir os prisioneiros a criaturas irracionais, cujo comportamento pudesse ser predito e controlado. Até hoje, os campos foram a experiência mais próxima na terra da teoria de B. F. Skinner. Eram um ambiente fechado, totalmente controlado, um mundo 'completo' no sentido exato da palavra. Usavam a dor e a morte como "reforço negativo", alimento e vida como "reforço positivo", e todas essas forças impeliam as pessoas vinte e quatro horas por dia, atingindo a camada mais profunda da necessidade humana.[2]

No entanto, se há uma coisa que fica clara pelos relatos de Bettelheim, Frankl, Wiesel, Levi, Wiesenthal, Solzheniëtìsyn e outros é que o grande experimento behaviorista falhou. Destituídos de toda e qualquer dignidade, os sobreviventes conseguiram emergir com sua humanidade intacta e ainda desenvolver uma forte e aguçada consciência moral. Tomemos, por exemplo, Solzheniëtìsyn, que, "reabilitado", fez um protesto tão forte que foi expulso do país, mas não sem antes destruir sozinho o mito do stalinismo.

Da mesma forma, se hoje você for a um encontro dos sobreviventes cristãos do Holocausto, não encontrará seres humanos derrotados e inúteis, perambulando como zumbis, mas políticos, médicos, advogados, um grupo bastante representativo da sociedade como um todo. As crianças foram criadas sob um regime próximo do mal absoluto e, não obstante, tornaram-se homens e mulheres que personificam a coragem e a compaixão.

Analisados em conjunto, os sobreviventes demonstram que mesmo o lado mais extremo e diabólico do sofrimento pode ser transformado na vida de cada ser humano. Bruno Bettelheim resume bem a lição dos campos de concentração: "Nossa experiência não ensinou que a vida é insignificante, que o mundo dos vivos é um antro de iniqüidade, que devemos viver pelas puras exigências do corpo, desprezando os impulsos da cultura. Ela ensinou que, por mais terrível que o mundo no qual vivemos possa parecer, a diferença entre ele e o mundo dos campos de concentração é como a que existe entre o dia e a noite, o inferno e a salvação, a morte e a vida. Ela ensinou que a vida tem sentido, embora quase insondável, um sentido muito mais profundo que achávamos que tivesse antes de nos tornarmos sobreviventes".[3]

Um desses sobreviventes é George Mangakis, torturado e sentenciado a dezoito anos de prisão pela junta militar na Grécia. Mangakis acabou sentindo pena de seu torturador, não de si mesmo.

> Experimentei a sina de uma vítima. Vi o rosto do torturador muito perto de mim. Seu rosto estava em piores condições que o meu, embora meu rosto estivesse lívido e ensangüentado. O rosto do torturador estava deformado por um ricto que nada tinha de humano. [...]
>
> Nessa situação, era eu o mais afortunado. Fui humilhado. Não humilhei pessoa alguma. Estava apenas suportando em minhas doídas entranhas uma humanidade terrivelmente infeliz. Ao passo que os homens que humilham os outros devem humilhar primeiro a noção de humanidade existente em seu próprio ser. Não importa que eles se pavoneiem em seus uniformes, inflados, porque podem controlar o sofrimento, a insônia, a fome e o desespero de seres humanos iguais a eles, intoxicados com o poder que têm nas mãos. Essa intoxicação nada mais é do que a degradação da humanidade. A máxima degradação. Já pagaram muito caro por meus tormentos.

> Não era eu que estava em pior posição. Eu era apenas um homem que gemia por sofrer muita dor. Prefiro que assim seja. Neste momento, estou privado da alegria de ver crianças indo para a escola ou brincando nos parques. Mas os meus algozes são obrigados a olhar nos olhos dos próprios filhos.[4]

O dr. Viktor Frankl, psiquiatra judeu, aprendeu em sua experiência no cárcere que a vida humana tem sentido, e o homem possui uma liberdade inerente que não pode ser sufocada nem mesmo nas condições inumanas dos campos de concentração. Sua conclusão resume a experiência de muitos outros que estiveram lá:

> As experiências da vida no campo de concentração mostram que o homem possui uma escolha. Há muitos exemplos, em geral, de natureza heróica, que provaram que a apatia poderia ser superada e a irritabilidade suprimida. O homem *pode* preservar um resquício de liberdade espiritual e de independência de pensamento, mesmo sob as piores condições de estresse físico e psíquico [...] o homem pode ser privado de tudo, menos de uma coisa, a maior das liberdades humanas: escolher a própria atitude em qualquer tipo de circunstância, seguir seu próprio caminho. [...]
>
> Numa análise final, fica claro que o tipo de pessoa em que o prisioneiro se torna é resultado de uma decisão interna, e não apenas das influências do campo de concentração. Portanto, em essência, todo homem pode, mesmo sob tais circunstâncias, decidir o que lhe acontecerá, mental e espiritualmente.[5]

A GRANDE QUESTÃO

Se essas pessoas responderam às questões básicas sobre humanidade, campos de concentração e, principalmente, o Holocausto de Hitler contra os judeus, levantaram questões urgentes sobre Deus. O título deste livro, *Onde está Deus quando a dor chega?*, parece uma resposta à experiência dos judeus no Holocausto. Mas como Deus pôde ficar parado, em silêncio, e observar a imolação de 6 milhões de pessoas de seu "povo escolhido"? Como pôde deixar o mal governar, ao que parece, com tanta soberania?

Na década de 1970, um homem chamado Reeve Robert Brenner fez um levantamento com milhares de sobreviventes do Holocausto, questionando principalmente sobre a fé religiosa. Como a experiência do Holocausto afetara suas crenças sobre Deus? Surpreendentemente, quase metade alegou que o Holocausto não teve influência alguma sobre suas crenças em Deus. Mas a outra metade contou uma história diferente. Do total de pessoas entrevistadas, 11% disseram que abandonaram completamente sua crença na existência de Deus como resultado direto de sua experiência. Depois da guerra, nunca recuperaram a fé. Analisando as respostas detalhadas, Brenner observou que o ateísmo professado parecia mais uma reação emocional do que uma crença teológica, uma expressão da mágoa e ira profundas contra Deus por abandoná-las.

Entretanto, Brenner também descobriu que um número menor, aproximadamente 5% do total dessa amostragem, deixou de ser ateísta e se tornou cristão por causa do Holocausto. Depois de sobreviver a tantas abominações, simplesmente não tinham no que se apoiar.[6]

Num período de dois meses, li dois comoventes relatos de pessoas que sobreviveram ao Holocausto. Os dois autores, Elie Wiesel e Corrie ten Boom, expressam duas reações totalmente diferentes sobre a fé em tais condições. Seus livros, ambos *best-sellers*, estão entre os mais lidos da vasta literatura sobre o Holocausto.

Noite, de Elie Wiesel, impressionou-me mais do que qualquer outro livro que eu lera. Em frases sucintas, bem condensadas, Wiesel descreve o mundo no qual passou a adolescência. Todos os judeus de sua pequena cidade foram reunidos num gueto, despojados de todos os pertences e postos em vagões de gado. Quase um terço deles morreu no caminho para os campos de concentração.

Na primeira noite em que o trem de Wiesel parou em Birkenbau, espirais de sinistra fumaça preta avolumavam-se de um forno enorme, e, pela primeira vez em sua vida, Elie sentiu o cheiro de combustão de carne humana: "Jamais esquecerei aquela noite, mil vezes amaldiçoada. Jamais esquecerei aquela fumaça. Jamais esquecerei os pequenos rostos das crianças, cujos corpos vi transformarem-se em espirais de fumaça sob um silencioso céu azul. Jamais esquecerei o silêncio noturno que me despojou, para todo o sempre, da vontade de viver. Jamais esquecerei aqueles momentos que assassinaram meu Deus e minha alma e fizeram meus sonhos virarem pó. Jamais esquecerei essas coisas, mesmo que seja condenado a viver tanto quanto o próprio Deus. Jamais".[7]

Wiesel viu sua mãe, sua irmã caçula e, mais tarde, toda a sua família desaparecerem num forno abastecido de carne humana. Ele viu bebês espetados em um forcado, crianças enforcadas, homens serem mortos por seus companheiros de prisão por causa de um pedaço de pão. Ele próprio só escapou da morte por causa de um erro administrativo. Seus livros apresentam variações da mesma história de tragédia absurda e desesperadora.

No prefácio de *Noite*, o autor francês François Mauriac, prêmio Nobel, descreve seu primeiro encontro com Wiesel, depois de ter ouvido sua história.

Foi então que entendi o que havia me intrigado no jovem israelita: aquele olhar, como de um Lázaro levantado dos mortos, mas ainda preso às fronteiras sinistras de onde ele havia vagueado entre os chocantes cadáveres. Para ele, o grito de Nietzsche expressava uma realidade quase física: Deus está morto; o Deus de amor, de bondade, do consolo, o Deus de Abraão, de Isaque, de Jacó, sumiu para todo o sempre, sob o olhar fixo desta criança, na fumaça de um holocausto humano exigido pela raça, o mais voraz de todos os ídolos. E quantos judeus piedosos experimentaram essa morte!

Será que já pensamos na conseqüência de um horror que, embora aparentemente menos horrível que outras atrocidades, é verdadeiramente pior do que todas as outras para aqueles dentre nós que têm fé: a morte de Deus na alma de uma criança que repentinamente descobre o mal absoluto?[8]

UM ABISMO PROFUNDO

Às vezes, sinto um forte impulso de ficar ao lado de Wiesel, sensibilizado pela tragédia humana. Depois de passar por tal monstruosidade, seria possível recomeçar a vida? Será que palavras como esperança, felicidade e alegria ainda podem vir a significar alguma coisa? É admissível falar sobre o valor do sofrimento na construção do caráter?

Depois de ler *Noite* e outros livros de Elie Wiesel, li *Refúgio secreto,* de Corrie ten Boom. O cenário já me era familiar. Corrie não era judia, mas foi presa na Holanda e levada aos campos de morte da Alemanha por ter ajudado judeus. Ela também sentiu o ferrão do açoite, viu prisioneiros desaparecerem nos fornos e viu a irmã morrer. Também sentiu a dissolução de toda virtude num mundo onde reinava o mal absoluto. Seus livros fazem as mesmas perguntas dos livros de Wiesel, e, algumas vezes, sua ira explode em revolta contra Deus.

Mas há em *Refúgio secreto* o elemento da esperança e da vitória. Por todo o *Refúgio secreto*, encontram-se mesclados pequenos milagres, estudos da Bíblia, cântico de hinos, atos de compaixão e de sacrifício. O tempo todo, Corrie e sua irmã Betsie continuaram a confiar em um Deus que as protegeu com amor. Como disse Corrie: "O abismo pode ser profundo, mas maior ainda é o amor de Deus".

Preciso confessar que, embora simpatize totalmente com a visão de Corrie sobre a vida e acredite em seu Deus de amor, tive de lutar contra a idéia de achar seu livro superficial em comparação com o de Wiesel. Um impulso sombrio e pungente arrastava-me ao desespero, para longe da esperança.

O próprio Wiesel expressou sua dúvida como um ato de libertação: "Eu era o acusador, e Deus, o acusado. Meus olhos estavam abertos, e eu estava só, terrivelmente só num mundo sem Deus e sem o homem, sem amor e sem misericórdia. Tornara-me cinzas, mas sentia-me mais forte do que o Todo-poderoso, a quem a minha vida estivera ligada por tanto tempo".[9] Uma força impelia-me a permanecer orgulhosamente ao lado de Elie Wiesel como acusador de Deus e a enjeitar os estreitos grilhões da fé. Uma única coisa impediu-me de assumir a posição de acusador de Deus. O motivo que me faz continuar a crer, ironicamente, é mais bem expresso por uma cena descrita pelo próprio Wiesel, um episódio que aconteceu quando ele, então com 15 anos, ficou preso em Buna. Um esconderijo de armas foi descoberto no campo de Buna. Pertenciam a um holandês, que imediatamente as enviou a Auschwitz. Mas esse holandês também tinha um *pipel*, um jovem que o servia, e os guardas começaram a torturar o garoto. O *pipel* tinha um rosto bonito e sofisticado que ainda não havia sido desfigurado pelo campo, um rosto que, segundo Wiesel, era de "um pequeno e triste anjo".

Quando o garoto recusou-se a cooperar com seus interrogadores, a SS condenou-o à morte, junto a outros dois prisioneiros pegos com armas.

> Um dia, quando chegamos do trabalho, vimos três forcas preparadas, três corvos negros. Toque de reunir, a SS à nossa volta, metralhadoras apontadas: a cerimônia tradicional. Três vítimas acorrentadas, e uma delas um pequeno criado com os olhos tristes de um anjo.
>
> A SS parecia mais preocupada, mais perturbada que o normal. Enforcar um garoto em frente a milhares de espectadores não era uma tarefa fácil.
>
> O chefe do campo leu o veredicto. Todos os olhos estavam fixos no menino. Ele estava lívido, quase calmo, mordendo os lábios. A sombra da forca projetava-se sobre ele.
>
> Desta vez, o *Lagerkapo* recusou-se a assumir a posição de executor. Três SS substituíram-no. As três vítimas subiram juntas nas cadeiras. Os três pescoços foram colocados no mesmo instante nos laços. "Viva a liberdade!", gritaram os dois adultos. Mas a criança permaneceu em silêncio. "Onde está Deus? Para onde foi?", perguntou alguém atrás de mim.
>
> Com um sinal do chefe do campo, as três cadeiras foram tombadas. Um silêncio total tomou conta do campo. No horizonte, o sol se punha. "Descubram o rosto!", gritou o chefe do campo, com voz rouca. Estávamos chorando. "Cubram o rosto!"
>
> Então começamos a marchar. Os dois adultos estavam mortos, com a língua, inchada e azulada, pendurada para fora da boca. Mas a terceira corda ainda se movia. Por ser muito leve, o garoto continuou vivo.

[...] Por mais de meia hora, lá ficou pendurado, lutando entre a vida e a morte, agonizando lentamente debaixo de nossos olhos. E tínhamos de olhá-lo de frente. Ainda estava vivo quando passamos por ele. Sua língua ainda estava vermelha, e seus olhos não estavam vidrados.

Atrás de mim, ouvi a mesma pergunta: "Onde está Deus agora?". E uma voz dentro de mim respondeu: "Onde ele está? Ele está bem aqui, está aqui, pendurado naquelas forcas".

[...] Naquela noite, a sopa tinha gosto de morte.[10]

Wiesel perdeu a fé em Deus no campo de concentração. Para ele, foi Deus que realmente morreu naquela forca, para nunca mais ressuscitar. Mas, na verdade, a imagem que Wiesel evoca com tanta força contém a resposta para essa questão. Onde está Deus? A voz dentro de Elie Wiesel disse a verdade: de certa forma, Deus foi enforcado junto com o pequeno *pipel*. Deus não se eximiu do sofrimento humano. Ele também ficou pendurado, no Calvário, e esse é o único fato que sustenta a minha fé num Deus de amor.

Deus não fechou os olhos, no confortável ambiente do céu, para o sofrimento deste planeta maculado. Juntou-se a nós, decidiu viver entre um povo oprimido, o mesmo de Wiesel, em meio à pobreza e à grande aflição. Ele também foi uma vítima inocente de uma tortura cruel e insensível. Naquele momento de grande desespero, o Filho de Deus gritou, assim como os cristãos nos campos de concentração: "Ó Deus, por que me abandonaste?".

Jesus, o Filho de Deus na terra, personificava tudo o que estou tentando dizer sobre a dor. Como Jó, um sofredor inocente que o precedeu, não recebeu uma resposta para a pergunta sobre a *causa*: "Por quê? [...] por quê?", clamou da cruz e não ouviu nada, a não ser o silêncio de Deus. Mesmo assim, ele reagiu com fé, voltando sua atenção para o bem que seu sofrimento poderia produzir: "... pela alegria que lhe fora proposta, suportou a cruz" (Hb 12.2). Que alegria? A transformação, ou redenção, da humanidade.

Os autores dos evangelhos ressaltam que o sofrimento de Jesus não foi uma questão de impotência. Poderia ter chamado uma legião de anjos. De alguma forma, tinha de passar por isso para que a criação caída fosse redimida. Deus assumiu a grande dor da morte de seu próprio Filho e tomou-a para assimilar todas as outras dores da terra. O sofrimento foi o preço que Deus impôs para o perdão.

O sofrimento humano continua despropositado e infrutífero, a menos que tenhamos alguma garantia de que Deus é simpático à nossa dor e pode curá-la de alguma forma. E Jesus é essa garantia.

Por isso, a mensagem cristã abrange qualquer tipo de revolta, desespero e obscuridade expresso com tanta eloqüência num livro como *Noite*. Oferece total identificação com o sofrimento do mundo. Mas o cristianismo vai ainda além. É chamado de Ressurreição o momento da vitória no qual o último inimigo, a própria morte, é derrotado. Uma aparente tragédia, a crucificação de Jesus, tornou possível a cura derradeira do mundo.

Deus desejava o Holocausto? Vejamos essa questão de outro prisma: Deus desejava a morte do próprio filho? Dado seu caráter, obviamente, jamais poderia desejar essas atrocidades. No entanto, elas aconteceram. A questão, então, não é "por quê?" mas "para quê?".

No instante da dor, pode parecer impossível imaginar que alguma coisa boa possa ser tirada de uma tragédia. É o que Cristo deve ter pensado no Getsêmani. Nunca saberemos exatamente até que ponto o sofrimento pode ser transformado em motivo de celebração. Ter fé significa crer em algo que só fará sentido depois que acontecer.

A CAPELA DE DACHAU

Pouco depois de ler os livros de Elie Wiesel e de Corrie ten Boom, visitei o local de um dos campos de concentração.

Na área do campo de concentração de Dachau, perto de Munique, conheci um homem surpreendente que sobreviveu ao Holocausto e cuja missão vital é anunciar ao mundo que o amor de Deus ainda é mais profundo do que o atoleiro da depravação humana. Com seu auxílio, compreendi como Corrie ten Boom conseguiu manter a esperança de que a vida era possível mesmo naquele lugar.

Esse homem, Christian Reger, foi prisioneiro de Dachau durante quatro anos. Qual foi o seu crime? Pertencera à Igreja Confessional, um ramo da igreja estatal alemã que se opunha a Hitler (Martin Niemöller e Dietrich Bonhoeffer, foram seus líderes). Reger foi entregue às autoridades alemãs pelo organista da igreja e despachado para Dachau, a centenas de quilômetros de distância.

Desde sua libertação, Reger e outros membros do Comitê Internacional de Dachau têm procurado restaurar o campo como um monumento, para que o mundo não o esqueça. "Nunca mais" é o lema por eles adotado. Entretanto, não é fácil achar o campo de Dachau, pois os alemães daquela região relutam em chamar a atenção para o lugar.

O dia em que visitei Dachau estava frio, nublado e escuro. A neblina da manhã era densa, quase rente ao solo, e, à medida que eu andava, a umidade penetrava em meu rosto e em minhas mãos. Havia ali trinta alojamentos, e blocos de concreto de 30 centímetros de altura ainda marcam sua localização. Um deles foi restaurado, e cartazes anunciam que, às vezes, 1 600 pessoas ficavam comprimidas naqueles alojamentos construídos para no máximo 208 pessoas. Os fornos crematórios são originais. Foram deixados intactos pela força aliada libertadora.

A neblina, a desolação e os alicerces dos prédios derrubados davam uma aparência lúgubre ao lugar. Uma criança brincava no que sobrou dos alicerces dos alojamentos. Perto do arame farpado, cresciam flores.

Reger estava na capela protestante que fica perto de um convento católico e de um monumento judeu. Ele costuma percorrer o campo à procura de turistas, com quem conversa em alemão, inglês e francês, respondendo a perguntas e recordando os dias em que ali esteve preso.

Conta do último inverno, quando quase não havia mais carvão e os fornos já não funcionavam. Os prisioneiros não mais sentiam o constante mau cheiro resultante da queima de seus companheiros. Muitos morreram de frio. Os cadáveres eram empilhados na neve, como se fossem lenha, com um número azul carimbado em cada corpo. Se pedirem, Christian Reger, contará histórias de horror. Mas ele irá além, pois costuma partilhar sua fé e contar como um Deus de amor visitou-o em Dachau. "Nietzsche disse que um homem é capaz de suportar torturas, se conhecer o propósito de sua vida", disse-me ele. "Mas aqui em Dachau, aprendi uma coisa muito mais profunda. Aprendi a conhecer 'quem' está por trás de minha vida. Foi somente ele que me deu forças e até hoje ainda me sustém."

Não foi sempre assim. Depois de passar um mês em Dachau, Reger, assim como Elie Wiesel, perdeu toda a fé e esperança num Deus amoroso. Partindo da perspectiva de um prisioneiro nazista, as probabilidades contra a existência de Deus eram simplesmente grandes demais. Então, em julho de 1941, aconteceu uma coisa que desafiou seu ceticismo. Os prisioneiros podiam receber somente uma carta por mês, e, exatamente um mês depois de sua reclusão, Christian Reger recebeu as primeiras notícias da esposa. A carta, cuidadosamente recortada em pedaços pela censura, falava sobre a família e sobre o amor que ela sentia por ele. No final, havia uma referência a versículos bíblicos: Atos 4.26-29.

Reger, que havia escondido uma Bíblia, procurou os versículos. Eram parte das palavras proferidas numa reunião de Pedro e de João com os anciãos depois que saíram da prisão:

> Os reis da terra se levantam, e os governantes se reúnem contra o Senhor e contra o seu Ungido. De fato, Herodes e Pôncio Pilatos reuniram-se com os gentios e com o povo de Israel nesta cidade, para conspirar contra o teu santo

> servo Jesus, a quem ungiste. Fizeram o que o teu poder e a tua vontade haviam decidido de antemão que acontecesse. Agora, Senhor, considera as ameaças deles e capacita os teus servos para anunciarem a tua palavra corajosamente.

Naquela tarde, Reger passaria por um interrogatório, a experiência mais assustadora do campo. Seria chamado para delatar o nome de companheiros cristãos e, se não resistisse à pressão, esses cristãos seriam capturados e possivelmente mortos. Havia bastante probabilidade de ser açoitado com porretes ou torturado com eletricidade, se recusasse a cooperar com os interrogadores. Sabia muito bem que "os governantes se reúnem contra o Senhor", mas, fora isso, os versículos pouco significavam para ele. Podia Deus ser de algum auxílio numa situação daquelas?

Reger dirigiu-se à área de espera do lado de fora da sala de interrogatório. Estava tremendo. A porta abriu-se, e um colega pastor, a quem Reger jamais havia visto, passou por ele. Sem olhar para Reger e sem mesmo mudar a expressão de seu rosto, colocou rapidamente alguma coisa no bolso do paletó de Reger e foi embora. Segundos depois, guardas da SS apareceram e introduziram-no na sala. O interrogatório correu surpreendentemente bem; tudo correu facilmente, e não houve violência.

Quando Reger retornou ao alojamento, suava de nervosismo. Respirou fundo diversas vezes, tentando acalmar-se, e depois se arrastou para seu beliche de palha. De repente, lembrou-se do incidente com o outro pastor evangélico. Pôs a mão no bolso e de lá retirou uma caixa de fósforos. *Ah*, pensou, *que bondade. Fósforos são preciosos aqui*. Mas lá dentro, entretanto, não havia fósforos. Apenas um papelzinho dobrado. Reger desdobrou-o, e seu coração começou a bater com força. Cuidadosamente impressa no papel, estava a seguinte referência: Atos 4.26-29.

Era um milagre, uma mensagem direta de Deus. Não havia jeito de o pastor ter visto a carta de sua esposa. Ele nem mesmo o conhecia. Teria Deus providenciado esse acontecimento como uma demonstração de que ainda estava vivo, ainda era capaz de dar forças, ainda merecia confiança?

Daquele momento em diante, Christian Reger sentiu-se transformado. Foi um pequenino milagre, sim, mas suficiente para que sua fé fosse firmada em rocha tão firme que não mais pudesse ser abalada, nem mesmo pelas atrocidades que testemunharia nos quatro anos seguintes em Dachau.

> Deus não me libertou, nem tornou mais fácil meu sofrimento. Simplesmente provou a mim que ainda estava vivo e que sabia que eu estava ali. Os cristãos do campo se uniram. Formamos ali uma igreja, juntamente a pastores e padres

condenados. Éramos um movimento ecumênico forçado, como dizíamos. Encontramos nossa identidade em uma única carne, como parte do corpo de Cristo.

Posso somente falar por mim. Outros se afastaram de Deus por causa de Dachau. Quem sou eu para julgá-los? O que sei é que Deus me encontrou. Para mim, ele foi o bastante, até mesmo em Dachau.

Enquanto tiver saúde, Christian Reger andará pelo campo de Dachau, conversando com os turistas, com a voz calma e o sotaque carregado. Contará onde estava Deus na longa noite de Dachau.

QUARTA PARTE

Como enfrentar a dor?

Fronteiras da recuperação

Não pergunto ao ferido como ele se sente.
Simplesmente, sinto a sua dor.

WALT WHITMAN
Canção de mim mesmo[1]

Para aprender sobre o sofrimento, tive de estudar a vida de pessoas praticamente definidas pela dor: Brian Sternberg, Joni Eareckson Tada, sobreviventes do Holocausto. Para a maioria de nós, o sofrimento é mais breve e menos intenso. Mas um fato é verdadeiro, tanto para grandes quanto para pequenas aflições: cada pessoa tem uma reação diferente.

Conheço gente com artrite reumatóide que tem dificuldade para falar de qualquer coisa que não seja sua condição, enquanto outras só admitem a dor depois de muita insistência e questionamento. Por que essa diferença? Existe uma maneira de prever a reação de uma pessoa à dor e ao sofrimento? Podemos aprender a nos preparar para a dor de forma a conseguir abrandar seu impacto?

A dor, em si, que pode parecer reflexa, não funciona como uma simples reação de causa e efeito. Sem dúvida, os neurônios disparam sinais elétricos sempre que percebem um distúrbio que represente perigo, mas todas essas mensagens são filtradas e interpretadas pelo cérebro. A predisposição e a compreensão da dor podem alterar drasticamente a forma de a pessoa experimentá-la. Alguém reagirá a um soco repentino no rosto de forma bastante diferente de um boxeador profissional, muito bem pago para agüentar uma surra que pode durar quinze assaltos.

A comunidade médica agora admite abertamente que, num sentido mais amplo, a atitude das pessoas é um dos principais fatores para determinar o efeito do sofrimento. O dr. Robert Ader, professor de psiquiatria e psicologia da Escola de Medicina de Rochester, reconhece que praticamente todas as doenças têm fatores emocionais. Ele conclui: "A teoria do germe não pode ser levada em conta. Se assim fosse, quando uma pessoa ficasse resfriada num escritório, todos, absolutamente todos, ficariam também resfriados".[2]

Albert Schweitzer costumava dizer que as doenças que contraía passavam rápido porque não encontravam muita hospitalidade em seu corpo. Ou como um menos feliz observador comentou: "Às vezes, é mais importante saber que tipo de sujeito tem um germe do que tipo de germe tem um sujeito". A preparação, o que fazemos com antecedência, pode causar um impacto decisivo em nossa experiência da dor e do sofrimento. E aprender sobre eles pode nos ajudar a saber como ministrar aos que estão sofrendo, quando nós mesmos não estamos.

Este livro começou com a história de Claudia Claxton, minha amiga que repentinamente se defrontou com a doença de Hodgkin. Perguntei a Claudia e a seu marido, John, por que a crise aproximou-os, quando o mais comum nas situações com risco de vida é que a tensão acabe separando o casal.

> Naquela época, trabalhava como assistente de capelão num hospital. Vi pacientes morrerem. Nos filmes, casais que há anos vivem brigando, quando se vêm diante de perigos, esquecem todas as suas diferenças e unem-se. Entretanto, não é assim na vida real.
>
> Quando surge uma crise na vida do casal, ela só reforça o que já existe no relacionamento. Como Claudia e eu nos amávamos profundamente e nos entendíamos muito bem, a crise uniu-nos ainda mais. Não houve sentimento de culpa nem de raiva entre nós dois. A crise da doença de Claudia apenas trouxe à tona sentimentos que já existiam e os ampliou.

De acordo com John, a melhor maneira de se preparar para o sofrimento é construir um ambiente forte e reconfortante em sua vida enquanto está saudável. Não se pode, de repente, criar uma base de apoio. Ela deve ser construída com o tempo.

A ESCOLA DO SOFRIMENTO

As únicas pessoas que têm algo a nos ensinar sobre o sofrimento, tanto para nosso próprio bem, para que nos preparemos, como para que possamos ajudar os outros, são os próprios sofredores. Entretanto, a doença, especialmente a terminal, é uma afronta, especialmente para nossa saúde. Ela mostra o que temos de pior: medo de olhar, nervosismo, promessas vazias (como "Ligue para mim se precisar de alguma coisa"), tratamento diferente. O que vamos *dizer*? Adianta dizer alguma coisa?

Confesso que não é fácil ficar ao lado de quem sofre. Não existe ninguém pior do que eu para fazer uma visita num hospital. Fico nervoso assim que passo pela porta de vidro, por causa do cheiro, eu acho. O olfato tem uma ligação sensória direta com o cérebro, e aqueles odores anti-sépticos suscitam imediatamente lembranças marcantes de uma infância com tonsilectomia. Quando uma enfermeira sorri e me cumprimenta no corredor, vejo um espectro gigante de enfermeira inclinando-se sobre mim, com um saco plástico, para me sufocar e reprimir minha respiração.

Depois de vários anos de neurose profissional — escrever e falar sobre a dor, embora também me sentisse desamparado a respeito —, decidi deixar de lado meu constrangimento e me esforçar para me aproximar regularmente de pessoas doentes. Nessa época, um amigo descobriu que tinha um tipo de câncer raro, muito agressivo. Os médicos disseram a Jim que, na história médica, somente 27 pessoas apresentaram essa mesma condição e 26 haviam morrido.

Jim entrava em um novo território sozinho. Com 33 anos, casara-se havia apenas dez meses. No início daquele ano, passara as férias com a esposa navegando no Caribe. A vida de Jim resumia-se, basicamente, em sua carreira, sua paixão por esqui na montanha e sua jovem esposa. Repentinamente, enfrentava a perspectiva da morte e precisava de ajuda.

A seu convite, comecei a acompanhá-lo na terapia em grupo em um hospital vizinho. As pessoas fazem esse tipo de terapia por vários motivos: melhorar a auto-imagem, aprender a se relacionar com os outros, superar vícios. Esse grupo, porém, apelidado de "Faça o dia de hoje valer a pena", consistia em pessoas que iriam morrer. Usavam o eufemismo "doenças com risco de morte" para doenças como câncer, esclerose múltipla, hepatite, distrofia muscular, dentre outras. Cada integrante do grupo sabia que sua vida, agora, se resumia em duas coisas: sobreviver e, caso não fosse possível, preparar-se para a morte.

A primeira sessão foi muito difícil para mim. Encontramo-nos numa sala de espera, com cadeiras alaranjadas de plástico barato, dificilmente escolhidas para criar um ambiente de um lugar feliz. Enfermeiros com expressão de enfado transitavam empurrando macas pelos corredores. A porta do elevador abria e fechava. Tentei ignorar um alto-falante próximo que, periodicamente, trovejava com um anúncio ou uma mensagem para um médico.

A maioria dos integrantes estava na casa dos 30. As pessoas nessa faixa etária, em geral, são bastante despreocupadas em relação à morte, mas aquele grupo parecia ter uma necessidade urgente de falar sobre sua intrusão inesperada. Quando a reunião começou, cada um apresentou-se. Alguém tinha morrido naquele mês, desde a última reunião, e a assistente social forneceu os detalhes de seus últimos dias de vida e de seu enterro. Jim sussurrou para mim que esse era o único aspecto deprimente do grupo: seus integrantes estavam sempre desaparecendo.

Esperava que a reunião tivesse um tom sóbrio, mas encontrei o oposto. As lágrimas fluíam livremente, é claro, mas as pessoas conversavam sem pudor ou constrangimento sobre doença e morte. O grupo era um lugar no qual podiam falar abertamente e encontrar empatia. Descreviam a forma triste e quase bizarra como a maioria de seus amigos se esquivava da questão mais importante: o fato da existência de suas doenças. No grupo, podiam baixar todas as barreiras de proteção.

Nancy mostrou uma nova peruca que comprara para disfarçar a calvície, conseqüência da quimioterapia. Disse brincando que sempre quis ter cabelos lisos e, agora, seu tumor cerebral finalmente tinha lhe dado essa chance. Steve, um jovem negro, admitiu que estava aterrorizado com o que o aguardava. Lutara contra a doença de Hodgkin na adolescência e pensou que estivesse curado; mas agora, dez anos depois, inesperadamente, os sintomas voltaram a aparecer. Não sabia como contar a notícia à noiva. Lorraine, atacada por tumores na medula espinhal, ficou deitada no chão durante toda a reunião e mal falou. Viera para chorar, e não para falar, contou.

A pessoa que mais me sensibilizou foi a mais velha do grupo, uma bela mulher de cabelos grisalhos, com um rosto largo e anguloso característico dos imigrantes do Leste Europeu. Com frases simples e um sotaque carregado, falou de sua solidão. O grupo perguntou se tinha família, e ela respondeu que tinha apenas um filho na Força Aérea Alemã, que estava tentando tirar uma licença em caráter de emergência.

— E seu marido? — perguntaram.

— Ele veio me ver apenas uma vez — disse, depois de engolir em seco algumas vezes. — Eu estava no hospital. Ele me trouxe um roupão e outras coisas. O médico estava no corredor e contou-lhe sobre a leucemia.

Sua voz começou a falhar, e ela limpou rapidamente os olhos antes de continuar.

— Ele voltou para casa naquela noite, fez as malas e foi embora. Nunca mais o vi.

— Há quanto tempo estava casada? — perguntei depois de uma pausa.

O grupo arquejou em uníssono com a resposta.

— Trinta e sete anos.

Posteriormente, tomei conhecimento por meio de pesquisas que 70% da taxa de casamentos desfeitos é de casais em que um dos cônjuges tem uma doença terminal. Nesse grupo de trinta pessoas, nenhum casamento permaneceu intacto depois de dois anos, inclusive o de meu amigo Jim.

Encontrava-me com um grupo por ano. Os integrantes viviam com tal intensidade que somente a morte é capaz de despertar. Obviamente, não posso dizer que "gostei" das reuniões; não seria apropriado. Porém, elas se tornaram um dos mais importantes eventos de cada mês. Ao contrário de uma festa, na qual os participantes tentam impressionar os outros com símbolos de *status*, de poder e de presença de espírito, naquele grupo ninguém tentava impressionar ninguém. Roupas, moda, decoração, profissões, carros... o que essas coisas significavam para pessoas que estavam se preparando para a morte?

As reuniões do "Faça o dia de hoje valer a pena" confirmaram o "valor megafônico" do sofrimento. Mais do que qualquer pessoa que tenha conhecido, concentravam-se nas questões mais importantes. Não podiam negar a morte, pois, como dizia Agostinho, a cada dia eram "derrotadas pelo crepitar dos grilhões da mortalidade". Sem querer, comecei a desejar que alguns de meus amigos hedonistas e superficiais participassem de uma reunião daquelas.

Dentre essas pessoas, eu, que tive a audácia de escrever um livro sobre o assunto, senti-me ignorante. Durante um ano, aprendi como servo aos pés dos professores da escola do sofrimento. Muito do que escreverei nos próximos capítulos sobre a preparação para o sofrimento, e sobre como ajudar os outros, aprendi pela experiência que vivi naquele grupo.

O QUE MAIS AJUDA

O que podemos fazer para ajudar os que sofrem? E quem poderá ajudar-nos quando sofrermos?

Começo com uma boa notícia, embora desanimadora. O aspecto desanimador é que não tenho como lhe dar uma fórmula mágica. Não é possível *dizer* mais nada para ajudar quem sofre. Algumas das mentes mais brilhantes da história exploraram cada ângulo do problema da dor, perguntando por que as pessoas sofrem. Entretanto, continuamos invariavelmente fazendo as mesmas perguntas.

Como já mencionei, nem mesmo Deus tentou dar uma explicação da causa da dor ou fazer uma análise do sofrimento em sua resposta a Jó. O grande rei Davi, Jó, homem íntegro, e, finalmente, até mesmo o Filho de Deus reagiram à dor de forma bastante semelhante a que nós reagimos. Tentaram evitá-la, consideraram-na terrível, fizeram de tudo para aliviá-la e, por fim, protestaram a Deus em desespero por causa dela. Pessoalmente, acho desanimador não encontrar uma resposta satisfatória e definitiva para quem sofre.

No entanto, sob outro prisma, a falta de resposta é, de fato, uma boa notícia. Quando perguntei a essas pessoas: "Quem o ajudou?", nenhuma mencionou um PH.D. da Faculdade de Teologia de Yale ou um filósofo famoso. O reino do sofrimento é democrático, e a ele nos apresentamos munidos apenas de nossa humanidade. Todos têm a mesma capacidade de ajudar, e isso é bom.

Não se pode enlatar ou engarrafar "a resposta apropriada ao sofrimento". E as palavras dirigidas a todos em geral dificilmente servem para uma pessoa específica. Se pedir aos próprios sofredores que lhe contem algo que os ajudou, encontrará discrepâncias. Alguns se lembrarão de um amigo que alegremente os ajudou a se distrair e a desviar a atenção da doença, enquanto outros considerarão essa atitude ofensiva. Alguns desejarão uma confrontação direta e sincera, enquanto outros considerarão um tipo de conversa como essa insuportavelmente deprimente.

Em resumo, não existe cura mágica para quem está sofrendo. Na verdade, é preciso amor, pois o amor instintivamente detecta o que é necessário. Jean Vanier, fundador do Movimento da Arca, disse: "As pessoas subjugadas pela dor e pela doença só pedem uma coisa: alguém que as ame de coração e que se dedique a elas, cheia de esperança".[3]

Na verdade, a resposta à pergunta "Como posso ajudar aqueles que sofrem?", é exatamente a mesma da pergunta "Como posso amar?". Se me pedisse para citar uma passagem bíblica que o ensine a ajudar o próximo, indicaria 1Coríntios 13 com sua eloqüente descrição do amor. É disso que o sofredor precisa: amor, não conhecimento ou sabedoria. Como acontece muitas vezes, Deus utiliza as pessoas mais comuns para realizar a cura.

Não obstante, o amor em si se desdobra em ações práticas e específicas. Existem sofredores em cada escola, em cada igreja, em cada lugar público, assim como em cada hospital. Todos nós, um dia, estaremos do lado deles. Depois de ouvir suas declarações, cheguei a quatro "fronteiras" nas quais todo sofredor se debaterá: as fronteiras do medo, do desamparo, do propósito e da esperança. Nossa reação ao sofrimento depende, em grande parte, do resultado de nossa luta nessas fronteiras.

Medo

Vi o momento de minha grandeza vacilar,
E vi o Servo eterno, com um piscar de olhos,
Meu casaco apresentar
E, em resumo, senti medo.

T. S. Eliot
The love song of J. Alfred Prufrock

O medo é uma reação primitiva universal ao sofrimento. Porém, sem dúvida, também é o maior "inimigo da recuperação".

John Donne conhecia o medo muito bem. Escreveu suas meditações num dia em que as ondas da peste bubônica, a morte negra, devastavam a cidade de Londres. A última epidemia sozinha matou 40 mil pessoas. Milhares de outras fugiram para o interior, transformando toda a redondeza em cidades fantasmas. Durante seis semanas, Donne permaneceu entre a vida e a morte, acreditando que tinha contraído a peste. Os tratamentos prescritos eram tão terríveis quanto a própria doença: sangrias, cataplasmas estranhos, aplicação de víboras e de pombos para remover gases prejudiciais.

Depois de notar sinais de medo no médico que o assistia, Donne escreveu a seguinte descrição:

> O medo insinua-se em cada atividade ou emoção da mente e, do mesmo modo que os gases no corpo humano simulam qualquer doença, podendo parecer nódulos ou gota, o medo simula qualquer doença da mente. [...] O homem que não tem medo de um leão pode ter medo de um gato; se não tem medo de morrer de fome, pode ter medo da carne que lhe é apresentada à mesa. [...] Não conheço o mecanismo do medo, tampouco sei do que tenho medo agora; não temo o apressamento da minha morte, mas temo a

> piora de minha enfermidade; estaria desvirtuando a natureza humana se negasse que realmente temo isso.[1]

Supostamente, os avanços da medicina desde os tempos de John Donne reduziriam drasticamente nossos medos. Mas não. Os hospitais modernos colocam os pacientes em apartamentos particulares nos quais passam o dia inteiro sem fazer nada, a não ser ocupar a mente com seu estado de saúde. Máquinas sofisticadas emitem zunidos e bipes; algumas têm tentáculos introduzidos no corpo do paciente. No corredor, médicos e enfermeiras discutem um prognóstico em voz baixa, estudando complexos gráficos e números. O paciente é cutucado, estudado, mapeado, e seu sangue é tirado, "para seu próprio bem", é claro. Ou seja, tudo contribui para um ambiente perfeito ao medo, que cresce como uma bactéria nos corredores dos hospitais.

INTENSIFICADORES DA DOR

Falamos do medo enquanto emoção, mas na verdade ele opera mais como uma ação reflexa, com efeitos fisiológicos imediatos. Os músculos ficam tensos e se contraem involuntariamente, aumentando a pressão em nervos lesados e produzindo mais dor. A pressão sanguínea também aumenta, fazendo a pessoa ficar pálida ou corada. Uma pessoa muito assustada pode até sofrer um colapso vascular e desmaiar. Todos os animais sentem medo, até a ameba foge do calor e da dor. Mas os seres humanos parecem especialmente suscetíveis. Um cólon espástico, por exemplo, um sinal comum da ansiedade humana, é praticamente desconhecido em outras espécies.[2]

Quando a emoção do medo, que se baseia na mente, penetra nas partes mais recônditas do corpo, altera a percepção da dor. Uma pessoa com medo exagerado de agulhas hipodérmicas realmente sente mais dor com uma injeção do que um diabético que aprendeu a tomar injeções diariamente. A fisiologia é a mesma nas duas pessoas, mas o medo faz toda a diferença.

Asenath Petrie, uma pesquisadora da Universidade de Chicago, desenvolveu um fascinante sistema de classificação de pessoas em três categorias, quanto a sua reação à dor, conforme descreveu em seu livro *The individuality of pain and suffering* [*A individualidade da dor e do sofrimento*]. Os "intesificadores" possuem baixo limiar de dor; qualquer dor é para eles grandemente exagerada. Os "redutores" têm alto limiar de dor e podem tolerar muito mais sem perturbação aparente. Os "moderadores" situam-se no meio. Petrie descobriu que o medo é o único fator que melhor descreve a atitude dos intensificadores quanto à dor.

Durante a Segunda Guerra Mundial, Henry K. Beecher, da Faculdade de Medicina de Harvard, estudou os soldados na Itália que haviam sido feridos no campo de batalha. Com espanto, observou que somente um a cada três soldados com ferimentos graves pedia morfina. Muitos diziam que não sentiam dor ou que era pequena. Esse padrão contrastava largamente com o que Beecher vira em sua prática médica como anestesista: 80% dos pacientes, que apresentavam ferimentos semelhantes aos dos soldados, imploravam por morfina ou por outro analgésico.

A morfina faz mágicas, basicamente reduzindo o medo e os níveis de ansiedade do paciente. Obviamente, o medo dos soldados transformava-se em orgulho pelo que o ferimento significava ou, em alguns casos, pelo alívio de ficar longe do campo de batalha. Beecher concluiu: "Não existe uma relação simples entre o ferimento em si e a dor experimentada. A dor é, em grande parte, determinada por outros fatores".[3]

Para a maioria das pessoas, os medos que acompanham o sofrimento são facilmente identificáveis. Temos medo da dor e do desconhecido. Também podemos sentir medo da morte. Sou um fardo? O que estou perdendo? Tenho futuro? Será que voltarei a ser saudável um dia? Estou sendo castigado?

As pessoas que sofrem, seja de dores físicas ou psicológicas, sentem uma solidão opressiva. Sentem-se abandonadas por Deus e pelos outros, porque precisam carregar o fardo da dor sozinhas, e ninguém parece entendê-las. A solidão aumenta o medo, que por sua vez aumenta a dor, e assim por diante.

Certa noite, um membro do grupo "Faça o dia de hoje valer a pena" trouxe para a reunião um livro cheio de desenhos feitos por crianças doentes. Pessoas em forma de palitinhos e palavras simples expressavam claramente esses medos primários. Um garoto desenhou um tanque militar feio e enorme, cheio de armas. Bem à frente do tanque, diante do cano do canhão, fez um pequeno desenho de si mesmo segurando uma placa com o letreiro "Pare". Outro garoto desenhou uma agulha hipodérmica enorme com um anzol farpado na ponta. Uma menina de 8 anos fez um desenho de si mesma deitada na cama do hospital, com a legenda: "Estou só. Queria estar na minha própria cama. Não gosto daqui. Tem um cheiro esquisito". Depois de algumas páginas, a mesma garota fez outro desenho, desta vez num consultório médico. A cadeira, a mesa de exame e os arquivos eram enormes. A garota retratou a si mesma numa escala bem menor, sentada do outro lado da mesa. Um balão que saía de sua boca dizia: "Estou com medo".

DESARMANDO O MEDO

De certa forma, a primeira metade deste livro representa minha tentativa de "desarmar" o medo. O conhecimento sobre o medo e a compreensão do papel que ele exerce na vida ajudam a diminuí-lo. Agora, enxergo a dor não como um inimigo que preciso vencer, mas como um sinal de defesa, ao qual preciso me acostumar. Fico maravilhado com a estrutura incrível do sistema nervoso. Vejo a dor não como uma mancha que devo limpar, mas sim como um exemplo de meu corpo tentando falar comigo sobre um assunto de vital importância.

A dor é, sem dúvida, a maneira mais eficaz de o corpo chamar minha atenção. Por isso, começo a ouvir minha dor. Agora que compreendo seu valor, o sofrimento é muito menos temeroso. Também descobri que, junto com esse conhecimento, vem a *gratidão*, uma das armas emocionais mais poderosas para combater o medo.

Em outra área, no nível espiritual, meu estudo da Bíblia convenceu-me de que o sofrimento não significa que Deus está contra mim. Principalmente pelo exemplo de Jesus, aprendi a ver que Deus está do nosso lado. Paulo tem uma definição apropriada para ele: "Pai das misericórdias e Deus de toda consolação" (2Co 1.3).

A Bíblia é um manual para os cristãos, e acredito que sua sabedoria sobre o sofrimento é um ótimo antídoto para o medo. "O perfeito amor expulsa o medo": o conhecimento pessoal do amor perfeito de Deus pode subjugar o medo, assim como a luz destrói a escuridão. Não preciso me esmerar para "reunir toda a fé". Deus já se aflige completamente por nós com seu amor; não preciso impressioná-lo com acrobacias espirituais.

O cristão possui muitos recursos à sua disposição para ajudar a evitar a dor. Assim como a emoção do medo passa pela mente, causando mudanças fisiológicas, o ato da oração pode combater esses mesmos efeitos, fixando a atenção fora do corpo, na consciência da alma e do espírito. A oração corta a sobrecarga sensorial e nos permite direcionar a atenção em Deus. Quando fazemos isso, o corpo sossega e se acalma. Os músculos viscerais retesados pelo medo começam a relaxar. A paz interna expulsa a tensão.

Esses mesmos resultados podem ser alcançados com exercícios de meditação, é claro, mas a oração a Deus oferece outros benefícios. Ela ajuda a combater o isolamento da dor, desviando o foco de nós mesmos e de nossas necessidades quando consideramos as necessidades dos outros. É como o toque do sino que fez John Donne pensar em seu vizinho que tinha morrido, vítima da peste.

O livro *Devotions*, de Donne, de fato, oferece um ótimo exemplo de aprendizagem cristã para desarmar o medo. Assim como na citação que abre este capítulo, Donne conhecia muito bem o medo. Na maioria das vezes, lutou contra seus medos sozinho, pois naquele tempo as vítimas de doenças contagiosas ficavam de quarentena. Deitado em sua cama, ponderou se Deus, também, participava daquela quarentena. E quanto à sua promessa de estar sempre presente?

O maior medo de Donne não era quanto ao pequeno clamor das células da dor por todo o seu corpo, mas Deus. Ele insistia numa resposta para a velha questão do "por que eu?". O calvinismo ainda era uma doutrina nova na época, e ele imaginava se, afinal, Deus não seria a causa da peste. A culpa por seu passado manchado pairava como um espírito maligno acima dele. Talvez estivesse realmente sofrendo por causa de algum pecado do passado.

Donne não apresenta uma resposta à sua questão no livro, mas registra, passo a passo, como conseguiu resolver seus medos. Obcecado, revisa cada ocorrência bíblica da palavra *medo*. A partir daí, conclui que a vida sempre apresentará circunstâncias que incitam medo: quando não é a doença, é a dificuldade financeira; quando não é a pobreza, é a rejeição; quando não é a solidão, é o fracasso. Neste mundo, Donne encontra uma escolha: temer a Deus ou a tudo o mais.

Numa passagem semelhante da litania de Paulo em Romanos 8 — "Pois estou convencido de que nem morte nem vida, nem anjos nem demônios [...] nem qualquer outra coisa na criação será capaz de nos separar do amor de Deus..." —, Donne verifica seus possíveis medos. Grandes inimigos? Não representam uma ameaça, pois Deus é capaz de subjugar qualquer inimigo. Fome? Não, pois Deus pode saciá-la. Morte? Até isso, o grande receio do homem, não é uma barreira permanente para os que temem a Deus.

Donne determina que o melhor curso é cultivar um medo apropriado do Senhor, para que este suplante todos os outros. Finalmente, ora: "... assim como me deste um arrependimento do qual não me arrepender, dá-me, ó Senhor, um medo que não precise temer". Não importava se sua doença era um castigo ou mero acidente natural. Qualquer que fosse o caso, ele confiaria em Deus, pois no fim a *confiança* é o medo apropriado do Senhor.

Em *Devotions*, Donne compara esse processo com a mudança de sua atitude em relação aos médicos. Inicialmente, quando examinavam seu corpo em busca de novos sintomas e discutiam sobre suas descobertas apressadamente fora do quarto, não podia deixar de sentir medo. Mas, com o tempo, vendo que se preocupavam e se compadeciam, viu que mereciam sua confiança. O mesmo se aplica a Deus. Em geral, não entendemos seus meios ou os motivos por trás deles. Mas a questão subjacente é se ele é um "médico" confiável ou não. Donne decidiu que era.

Qual é a maneira certa de tratar o Deus a quem tememos? Na resposta, Donne ressalta uma expressão na história de Mateus sobre as mulheres que encontraram a sepultura de Jesus vazia. Elas se afastaram rapidamente da cena "com temor e grande alegria". Donne aproveitou e adotou para si esse comportamento de "temor e alegria".

O medo certamente pairava no ar na época da ressurreição. Como não temeriam um Deus de tão grande poder? Afinal, essas mulheres encontraram Jesus ao pé do jardim, ressuscitado. Coisas estranhas estavam acontecendo. Elas saíram correndo do lugar com medo, mas também com alegria, pois esses estranhos acontecimentos eram sinais da melhor notícia possível: Jesus conquistara até mesmo a morte. E, com essa mesma esperança, John Donne encontrou por fim um medo que não precisava temer.

DISPONIBILIDADE

Uma situação diferente coloca-se quando não somos nós quem sofremos, mas outra pessoa que queremos ajudar. O que fazer para aliviar seu medo? Aprendi que simplesmente se mostrar disponível é a arma mais poderosa que se pode oferecer para aplacar o medo dos outros.

Instintivamente, nos afastamos das pessoas que sofrem. Quem sabe se vão querer falar sobre sua situação? Se querem ser consoladas ou estimuladas? Que diferença minha presença pode fazer? Nossa mente é povoada de todas essas idéias, e acabamos fazendo a pior coisa possível: afastando-nos.

As pessoas que sofrem, especialmente meus amigos do grupo "Faça o dia de hoje valer a pena", sempre dizem que é muito importante quando pessoas saudáveis se dispõem a ficar a seu lado. Não é de suas idéias ou palavras que elas mais precisam, mas de sua simples presença. Estando a seu lado na hora da necessidade, proporcionamos o mesmo conforto que os pais oferecem a um filho que se machucou: "Tudo bem, tudo bem". *A vida continua. Estou com você neste momento assustador.*

Tony Campolo conta que, certa vez, foi a uma casa funerária prestar condolências à família de um conhecido. Por engano, acabou entrando na sala errada. Lá estava o corpo de um senhor de idade, e a viúva era a única pessoa presente. Ela parecia tão só que Campolo decidiu ficar para o funeral. Inclusive foi com ela de carro ao cemitério. Depois do culto fúnebre, quando ele e a mulher estavam indo embora, Campolo finalmente confessou que não conhecia o marido dela.

— Foi o que imaginei — disse a viúva. — Não o reconheci. Mas isso realmente não importa — disse apertando seu braço a ponto de doer. — Você nunca saberá quanto isso significou para mim.

Anteriormente, eu disse que ninguém cita o nome de um filósofo quando lhe perguntam: "Quem mais o ajudou?". Em geral, a resposta é alguém discreto e simples, alguém que sempre aparece quando é necessário, que mais ouve do que fala, que não fica olhando para o relógio, que abraça, dá as mãos e chora. Em resumo, alguém disponível, que aceita as condições do sofredor sem tentar impor as suas.

Uma mulher com câncer que fazia parte do grupo "Faça o dia de hoje valer a pena" citou sua avó. Era uma senhora bastante tímida, que não tinha nada a oferecer, a não ser seu tempo. Simplesmente ficava sentada numa cadeira tricotando, enquanto a neta dormia. Estava sempre disposta a conversar, a pegar um copo de água ou a dar um telefonema.

— Era a única pessoa que fazia minha vontade — contou a neta. — Quando acordava assustada, me acalmava mostrando que estava a meu lado.

Desprezamos, com razão, os três amigos de Jó pela insensibilidade demonstrada diante de seu sofrimento. Mas leia o relato novamente: quando chegaram, ficaram sentados em silêncio ao lado de Jó por sete dias e sete noites antes de abrir a boca. No fim, esses momentos foram os mais eloqüentes que passaram em sua companhia.

O povo judeu pratica um costume chamado *shiva*, quando há uma morte na comunidade. Por oito dias, amigos, vizinhos e parentes praticamente tomam conta da casa da pessoa que está de luto, trazendo as próprias cadeiras para sentar. Providenciam comida, limpeza, conversam e, em resumo, impõem sua presença ao enlutado. A pessoa que está em luto pode desejar tranqüilidade ou privacidade e achar a presença de muitos convidados irritante. Mas a mensagem é clara: *Não o deixaremos só. Passaremos por essa dor com você.* O medo, que viceja na solidão, se esvai.

Numa refeição extremamente simbólica, os visitantes dão de comer ao enlutado como se fosse um bebê, com os próprios garfos e colheres. A sabedoria de séculos ensinou a essa cultura esse ritual de presença imposta, pois o enlutado, quer reconheça quer não, precisa de companhia.

Conta-se uma história sobre o grande compositor Beethoven, um homem que não tinha muito traquejo social. A surdez tornava as conversas difíceis e humilhantes para ele. Quando soube da morte do filho de um amigo, enternecido, correu para a casa dele. Não tinha palavras de conforto a oferecer. Mas viu um piano na sala e dirigiu-se até ele. Por meia hora, tocou piano, expressando suas emoções da melhor maneira que conhecia. Quando terminou de tocar, foi embora. Mais tarde, o amigo comentou que nenhuma outra visita foi tão significativa quanto aquela.

AGENTES DE DEUS

Além da presença física, o que mais podemos oferecer? O que se diz nesses momentos? Sempre recebo a mesma resposta das pessoas que sofrem: o que se diz não importa muito; o importante é mostrar-se interessado e disponível. Nossa atenção pode ser o dom mais apreciado de todos.

Betsy Burnham, num livro escrito pouco antes de morrer de câncer, fala de uma das cartas mais importantes que recebeu durante a doença:

> Cara Betsy:
>
> Estou constrangida e com medo. Com os problemas que você está enfrentando, que direito tenho de dizer que estou com medo? Encontrei uma desculpa após outra para não visitá-la. De todo o meu coração, quero poder ajudar você e sua família. Quero estar disponível e ser útil. Acima de tudo, quero dizer as palavras que a farão se sentir melhor. Mas permanece o fato de que estou com medo. Nunca antes escrevi nada parecido. Espero que compreenda e me perdoe.
>
> Com amor,
>
> Anne[4]

Anne não encontrou forças para se colocar à disposição da amiga. Mas pelo menos compartilhou seus sentimentos sinceros com Betsy e se expôs. Essa também é uma forma de estar presente.

Outra mulher, refletindo sobre as cartas que ela e o marido receberam em meio a uma tragédia familiar, contou-me que foi precisamente a falta de jeito expressa nelas que as tornava significativas. Muitos escritores apresentariam suas desculpas por não saber o que dizer. Mas, para ela, a busca desesperada por palavras era a grande questão: essa "confusão totalmente desajeitada" era a melhor expressão do que ela e sua família também estavam sentindo.

Uma pessoa que sofre provavelmente espera de você o mesmo tipo de amizade que tinha antes. Relacionamentos importantes raramente se desenvolvem entre um sofredor e estranhos. A crise, pelo contrário, força-o a buscar as pessoas que conheceu em momentos felizes. Se costuma contar piadas, faça isso. Se for natural para você ler a Bíblia e orar junto com os outros, faça isso. Se seus relacionamentos consistiam em conversas corriqueiras, comece fazendo isso até se sentir à vontade para ir além. Tudo muda no mundo de uma pessoa doente; ela precisa saber que sua amizade não mudou.

Sem dúvida, a limitação do tempo nos restringe, e nem todos têm a liberdade de deixar de lado outros compromissos para oferecer boa parte de seu tempo. Mas podemos todos orar, que é uma forma poderosa de mostrar-se disponível. E podemos oferecer provas regulares e consistentes de nossa atenção. As pessoas que sofrem dizem que o medo e a solidão aparecem em momentos inesperados e que a constância é mais importante que o tempo que alguém pode oferecer. A constância torna-se cada vez mais importante com males que costumam arrastar-se por longos períodos, como o mal de Parkinson.

Um homem contou-me que a pessoa que mais o ajudou durante sua longa enfermidade foi um colega de trabalho que ligava todos os dias apenas para saber como estava. Suas visitas, em geral duas vezes por semana, nunca demoraram mais de 15 minutos, mas a certeza de suas ligações e visitas tornou-se uma constante, uma coisa com a qual ele podia contar quando tudo mais em sua vida parecia instável.

Há limites, sem dúvida, para o que uma simples amizade é capaz de realizar. Por autopiedade, os sofredores erguem barreiras contra as pessoas. "Só entende quem já passou por isso", dizem. Em casos assim, alguém que já teve uma experiência semelhante pode ser a mais indicada para ajudar, especialmente com o problema do medo.

Joni Eareckson Tada foi arrancada do estado de autopiedade quando recebeu no hospital a visita de uma tetraplégica alegre e contagiante. Agora, continua a corrente levando esperança aos outros. O trabalho do padre Damien entre os leprosos em Molokai, Havaí, só deu frutos quando ele próprio contraiu a doença e pôde falar com eles de igual para igual. Reconhecendo esse princípio, sabiamente, os hospitais cooperam com programas em que uma mulher, ao sofrer mastectomia, por exemplo, recebe a visita de pacientes que já passaram por essa experiência.

A terapia em grupo, em si, representa esse tipo de programa. Seu fundador, Orville Kelly, percebeu que ninguém compreendia totalmente seu medo, a não ser outros pacientes com câncer. Por isso, organizou a primeira rede de apoio mútuo para pessoas com doenças fatais. Agora, a Sociedade Americana do Câncer oferece uma linha telefônica vinte e quatro horas por dia para aconselhar pacientes com câncer. Entretanto, os que não possuem qualquer habilidade especial não precisam sentir-se inúteis. Não existe nada, nenhum programa de aconselhamento nem presente caro, que seja mais valioso para uma pessoa aflita que a segurança confortadora de sua presença física. Há algo que devo dizer com todo o cuidado, mas não posso deixar de dizer. Acredito que nós, no corpo de Cristo, somos chamados a mostrar nosso amor *quando Deus parece não mostrar.*

As pessoas que sofrem têm a sensação de que Deus as abandonou. Ninguém expressou melhor essa idéia do que C. S. Lewis no diário pungente que manteve depois da morte da esposa, A *grief observed [Análise de uma aflição]*. Lewis disse que, no momento em que mais precisou na vida, Deus, que sempre estivera disponível para ele, de repente pareceu ausente. Lewis sentiu-se com medo e abandonado, e, no fim, foi a comunhão com outros cristãos que o ajudou a se recuperar.

Lembre-se também do estudo bíblico, que ajudou Corrie ten Boom a sobreviver aos campos de concentração nazistas, e do estranho que deu uma palavra de encorajamento a Christian Reger. Deus mostrou que estava presente para essas pessoas por meio de agentes, de outros seres humanos. Da mesma forma, aqueles de nós que oferecem sua companhia devem, às vezes, formular as orações que o sofredor ainda não é capaz de fazer. Nos momentos de grande sofrimento e pesar, com freqüência, o amor de Deus é melhor percebido pela presença de pessoas comuns como você e eu. Nesse sentido, representamos de fato o corpo de Jesus Cristo.

Desamparo

O médico disse: tal e tal coisas indicam que você está com tal e tal problema, mas se tal e tal exames não confirmarem o diagnóstico, seremos levados a acreditar que você está com tais e tais coisas, então... e assim por diante. Havia somente uma pergunta que Ivan Ilitch queria fazer: sua condição era grave ou não? Mas tudo indicava que o médico a considerava irrelevante.

LEON TOLSTOI
A morte de Ivan Ilitch[1]

O dr. Curt Richter, psicólogo da Universidade John Hopkins, empregou dois ratos selvagens numa experiência um tanto perversa. Jogou o rato nº 1, o animal de "controle", num tanque de água morna e cronometrou a reação. Como os ratos são bons nadadores, ele lutou e patinhou durante seis horas antes de sucumbir à exaustão, quando então se afogou rapidamente.

Richter procedeu de maneira diferente com o rato nº 2. Antes de jogá-lo na água, ele o segurou firmemente nas mãos até que parou de se debater. Quando jogado no tanque, o segundo rato reagiu de modo notavelmente diferente. Depois de chapinhar durante alguns minutos, afundou passivamente. Richter assevera que o rato nº 2 simplesmente "desistiu", convencido de que sua sorte estava lançada mesmo antes de ser jogado na água. Na realidade, esse rato morreu quase que imediatamente por causa do seu desânimo

Outras experiências demonstram que sentimentos de desamparo, como o medo, podem de fato alterar a fisiologia. Dois grupos diferentes de ratos foram objetos de choques elétricos. Os animais do primeiro grupo, que tinham um sistema de medição, logo aprenderam a desligar a corrente manipulando uma alavanca. O segundo grupo, entretanto, não tinha esse recurso. Depois de algum tempo, simplesmente por causa do estresse, pois a voltagem era inofensiva, o sistema imunológico transportado pelo sangue sofreu mudança radical, e os ratos desse grupo tornaram-se muito mais vulneráveis à doença.

Experiências com seres humanos, não tão perversas, igualmente mostraram que a sensação de desamparo altera não apenas a atitude psicológica, mas também a própria percepção da dor. O limiar da dor pode ser aumentado em até 40% por meio de simples táticas de distração.

Numa série de experiências, os pesquisadores tentaram desviar a atenção do sujeito tocando sinos, tocando repetidamente em sua mão, lendo uma história de aventura em voz alta e fazendo o sujeito ler uma coluna de números. Quando os cientistas usaram essas táticas durante um teste de tolerância ao calor, tiveram de aumentar o calor em 45% para o sujeito, absorto, notar a dor. Os pesquisadores ficaram espantados de ver bolhas surgirem sem serem notadas nos braços dos sujeitos, enquanto eles se concentravam em fazer uma contagem regressiva de 50 até 1. Entretanto, quando o sujeito não tinha nada para fazer, a não ser pensar na dor (como acontece em muitos hospitais e clínicas), mostrava uma sensibilidade muito maior.[2]

PERDENDO A NOÇÃO DE LUGAR

As pessoas do grupo de terapia "Faça o dia de hoje valer a pena" conversaram sobre uma síndrome chamada "morte antecipada", na verdade caracterizada pelo desamparo. Ela se desenvolve quando parentes e amigos bem-intencionados tentam tornar os últimos meses de vida do doente mais suportáveis. A síndrome começa com situações do tipo:

— Você não pode fazer isso! Sei que sempre tirou o lixo para fora, mas *realmente*, em sua condição, não deve. Pode deixar que eu faço isso.

— Não precisa se preocupar com a contabilidade. É uma preocupação desnecessária. Eu cuido disso de agora em diante.

— Acho que seria melhor ficar em casa. Sua resistência está muito baixa.

Inexoravelmente, aos poucos, tudo o que dava à pessoa uma noção de lugar, um papel na vida, lhe é tirado. A mãe encoraja a filha solteira a vender a casa e a voltar a morar com ela. A filha concorda, mas logo descobre que, nesse processo de receber ajuda, acabou perdendo sua identidade independente. Sentimentos de serventia e de valor, já precários por causa da doença, acabam desaparecendo. Um homem contou-me:

— A vida inteira recebi a opinião dos outros, pelas notas na escola, por avaliações de desempenho no trabalho, conversas com técnicos nos esportes. De repente, não tenho como medir meu desempenho na vida. Quando tenho uma lista de afazeres, sou o único que se importa se ela é ou não cumprida.

Obviamente, alguém muito doente às vezes precisa depender de outros para administrar as questões práticas da vida. Mas como aprendi com os membros do grupo, nós, observadores, podemos assumir uma postura que, se não estivermos atentos, acaba eliminando tudo o que dá à pessoa um senso de dignidade. O dr. Eric Cassell, clínico geral da Universidade de Cornell, chegou à seguinte conclusão sobre seus pacientes: "Se existe um aspecto da doença mais destrutivo que todos para o doente, eu diria que é a perda de autoridade".[3]

Quem está sofrendo, já fica inseguro quanto a seu lugar no mundo. Em geral, tem de parar de trabalhar, e a fadiga causada pela doença ou pelo tratamento torna cada ação mais difícil e tediosa. No entanto, como todos nós, precisa saber que tem um lugar, que sua vida não continuaria incólume se desaparecesse, que a contabilidade ficaria desequilibrada se não fosse por ele. Observadores atentos aprendem a encontrar o tênue limite entre oferecer ajuda e ajudar demais.

A sociedade moderna complica esse problema de noção de lugar, pois, para ela, não existe nenhum "lugar" comum para pessoas doentes. Elas são tiradas de nossa vista e colocadas dentro de espaços institucionais, como hospitais e clínicas, onde ficam deitadas em camas sem nada para fazer, a não ser apertar os botões do controle-remoto de aparelhos de TV. Vivem de acordo com a programação de outras pessoas, não a sua: são acordadas por uma enfermeira, alimentadas no horário do hospital, têm hora para visitas, e outra enfermeira apaga a luz à noite. Por isso, muitos pacientes que recebem visitas preferem que elas telefonem antes de aparecer. Assim, têm uma sensação de controle sobre seu horário.

Fiz uma espécie de pesquisa sobre cartões em papelarias e em outros lugares que vendem cartões. Os que são específicos para pessoas doentes dividem-se em categorias distintas: cartões sentimentais, com imagens de flores e poemas; cartões espirituosos, com mensagens sobre festas malucas que o destinatário está perdendo; cartões sinceros, com expressões sérias de simpatia; cartões inteligentes, ilustrados por cartunistas da revista *New Yorker*. Todos têm a mesma mensagem implícita, expressa no título: "cartões de melhoras".

Um cartão dizia na capa: "Fique bom logo...", e dentro estava: "caso contrário, todo mundo vai querer roubar seu emprego". Outro dizia: "Todo mundo espera que você fique bom logo, menos eu", e dentro: "Eu quero que você fique bom agora!". Um com o desenho de um hipopótamo no leito hospitalar dizia: "Isso não é hora para ficar doente", e dentro: "o fim de semana está chegando". Qual seria minha reclamação contra essas inteligentes expressões de simpatia? A mensagem sutil, subjacente: *Você está fora de cena, inativo. Não combina com mais nada, com trabalho, com festas. Não está incluído. Você não está bem. Procure ficar bem para poder voltar à vida.*

Meus amigos do grupo "Faça o dia de hoje valer a pena", que por sinal não têm nenhuma chance de melhorar, disseram que uma coisa tão inócua quanto um cartão de felicitações pode piorar a sensação de exclusão, de não se ter nenhum papel válido na vida.

Às vezes, sonho em produzir minha própria linha de cartões de melhora. Já tenho uma idéia para começar. A capa diria em letras grandes, talvez com fogos de artifício no fundo: PARABÉNS! Dentro, teria a mensagem: "... aos 98 trilhões de células do seu corpo que ainda estão trabalhando firmemente, com eficiência".

Procuraria transmitir a mensagem de que a pessoa doente não é *doente*, mas uma pessoa digna e valorosa que, por acaso, tem algumas partes do corpo que não estão funcionando bem. Talvez o exercício de escrever uma série de cartões como esse me ajudaria a lutar contra minha própria tendência de rotular mentalmente as pessoas como doentes e deficientes, o que complica ainda mais sua batalha contra o desamparo.

Dirigindo-se aos diáconos alemães envolvidos com deficientes físicos, o teólogo Jürgen Moltmann atacou a distinção moderna que procura separar as pessoas saudáveis das deficientes físicas ou mentais. Na verdade, não existe uma vida que não seja deficiente, segundo ele. Somente o ideal de saúde imposto por uma sociedade de pessoas capazes condenaria determinado grupo de pessoas a ser chamado de deficientes. Nossa sociedade, arbitrariamente, define saúde como a capacidade de trabalhar e de se divertir, mas "a verdadeira saúde é algo bem diferente. A verdadeira saúde é a força de viver, a força de sofrer e a força de morrer. A saúde não é uma condição do corpo; é o poder da alma de lidar com várias condições do corpo". Sob esse aspecto, toda vida humana é limitada, vulnerável e fraca.[4]

RESISTINDO

Norman Cousins, editor da revista *Saturday Review* há muitos anos, iniciou uma cruzada de um único homem contra os sistemas de planos de saúde que reforçam o sentimento de desamparo. Hospitalizado por causa de uma condição misteriosa que lhe causava paralisia (diagnosticada como espondilite anquilosante, uma degeneração do tecido conjuntivo da coluna vertebral), Cousins percebeu que o hospital parecia perfeitamente equipado para imobilizar não apenas seu corpo, mas seu espírito. "A vontade de viver não é uma abstração teórica, mas uma realidade fisiológica com características terapêuticas", escreveu no livro *A força curadora da mente.*[5] Mas o ambiente hospitalar suprimia essa vontade de viver.

Os medicamentos anuviavam sua consciência da realidade. O confinamento à cama deixava-o inquieto e deprimido. Enfermeiras e médicos invadiam os orifícios de seu corpo e roubavam-lhe fluidos. Incapaz de trabalhar e afastado dos relacionamentos mais importantes, gradualmente começou a sentir que perdia o controle sobre seu destino.

Cousins procurou identificar os obstáculos que enfrentava, como se pode ver pela lista a seguir:

> A primeira coisa que senti foi o desamparo, que por si só já é uma doença grave.
>
> Em meu inconsciente, havia o medo de nunca ser capaz de voltar a ter uma vida normal.
>
> ... Esforcei-me para não ser considerado desagradável.
>
> Não queria aumentar o fardo já grande da apreensão da família, o que acabou aumentando meu isolamento.
>
> Havia um conflito entre o pavor da solidão e o desejo de ficar só.
>
> Havia a falta de auto-estima, um sentimento inconsciente de que talvez a doença fosse uma manifestação de inadequação.
>
> Tive medo de que estivessem tomando decisões sem meu conhecimento, de que não me contavam tudo o que eu queria, mas que morria de medo de saber.
>
> Senti um medo terrível da tecnologia intrusiva, de ser metabolizado por um banco de dados e nunca mais ser reconhecido como pessoa.
>
> Fiquei ressentido com os estranhos que apareciam com agulhas e frascos, que supostamente injetavam substâncias mágicas em minhas veias e tiravam mais sangue do que jamais pensei ser capaz de perder.
>
> Senti o estresse de ser empurrado numa cadeira de rodas pelos corredores brancos até laboratórios para encontros estranhos com máquinas compactas, luzes piscando e discos girando.
>
> Senti um vazio total causado pela ânsia inexorável, incessante e penetrante do calor humano. Um sorriso aconchegante e uma mão estendida eram mais importantes do que as contribuições da ciência moderna, porém estas eram mais acessíveis.[6]

Norman Cousins sabia que os médicos não podiam "curá-lo". O melhor que podiam fazer era controlar a vitalidade que existia nas células de seu corpo. Mas sentia essa vitalidade esvair-se. Numa tentativa de recuperar o controle sobre o próprio destino e a vontade de viver, iniciou uma campanha contra o sentimento de desamparo e, como mostra seu livro, empregou táticas nada ortodoxas.

Primeiro, Cousins colocou uma placa em sua porta para a equipe do hospital, restringindo a coleta de seu sangue a uma amostra a cada três dias, que eles teriam de compartilhar. Tiravam até quatro amostras por dia, simplesmente porque era mais conveniente para cada departamento do hospital ter as suas próprias. O que para a equipe do hospital parecia o caso de um paciente revoltado, para Cousins era um passo importante na tentativa de recuperar o controle do próprio corpo.

Cousins também pegou emprestado um projetor de cinema e marcou um horário por dia no qual assistiria a filmes dos irmãos Marx e de Charles Chaplin. Concluiu que, como as emoções negativas manifestadamente produziam alterações químicas no corpo, as emoções positivas poderiam combatê-las. Ele fez a "feliz descoberta de que dez minutos de uma boa risada equivaliam a pelo menos duas horas de sono sem dores".

Assim que sua saúde permitiu, Cousins mudou-se do quarto de hospital para o quarto de um hotel vizinho. Custava não mais do que um terço do preço do hospital, oferecia um ambiente mais tranqüilo (e mais luxuoso) e permitia-lhe fazer as refeições e despertar na hora que ele, e mais ninguém, achasse melhor.

Embora Norman Cousins advirta o leitor a não usar sua receita como modelo para os outros, seus resultados foram realmente impressionantes. No início, seu médico dissera-lhe que tinha uma chance em quinhentas de recuperar-se completamente. A paralisia parecia inevitável. Mas ele se recuperou totalmente, estendeu sua vida por várias décadas felizes e, muito depois da idade em que a maioria das pessoas se aposentam, começou a dar palestras sobre a área da saúde.

CHEGA DE DESAMPARO

As mudanças que Norman Cousins sugere exigiriam uma revisão completa dos modernos sistemas de assistência médica, o que dificilmente acontecerá a curto prazo. Mas podemos tomar pequenas medidas, a fim de atingir seu objetivo de "humanizar" o atendimento médico, ajudando a nós mesmos, enquanto pacientes, a nos sentirmos mais como parceiros da recuperação, em vez de *chips* de um computador.

Algumas soluções são simples. Em um estudo publicado em 1984 pela revista *Science*, Roger S. Ulrich descobriu que pacientes operados da vesícula biliar que tinham vista para algumas árvores, em vez de uma parede de cimento, tiveram um pós-operatório mais rápido e precisaram de menos analgésicos. Na verdade, concluiu, os hospitais deveriam ser construídos perto de parques ou em um ambiente pitoresco. Cada vez mais arquitetos atualmente estão levando em conta os fatores ambientais ao projetar instalações médicas.

Numa tentativa de recrutar pacientes para a batalha contra o desamparo, algumas clínicas da dor negociam "contratos". Primeiro, fazem o paciente explicar seus objetivos: aprender a andar, levantar um braço para o alto sem sentir dor, conseguir um emprego de meio período. Depois, dividem esses objetivos em etapas e atribuem-lhes metas semanais: ficar em pé por cinco minutos e depois dez minutos, caminhar pelo quarto com bengala e depois sem bengala. A equipe médica marca o progresso semanal dos pacientes e elogia entusiasmadamente cada novo nível alcançado.

Por que deveríamos contar com profissionais pagos para receber tal encorajamento? Amigos e parentes podem realizar a mesma tarefa criando um "contrato" com a pessoa convalescente e premiando-a a cada pequena vitória contra o desamparo.

Também podemos garantir que o convalescente tenha distrações significativas. Assim como a percepção da dor aumenta de intensidade quando o objeto de pesquisa não tem nenhuma outra preocupação, o sentimento de desamparo cresce quando o paciente fica sozinho, sem nada para fazer ou pensar, a não ser a dor. Não consigo imaginar um lugar mais difícil para combater a dor do que um quarto de hospital. Entretanto, até nesse ambiente estéril podemos encontrar motivos de distração.

Nos hospitais, acontece tão pouca coisa que precisamos nos concentrar nos pequenos detalhes. Em vez de virar um copo d'água na boca, sorva o líquido vagarosamente, tomando consciência dos músculos glóticos, de sua textura e de seu gosto. Repare em cada pétala das flores no quarto, procurando padrões de desenho. Passe as mãos pelo lençol, pela cama e pelo cobertor para sentir sua textura.

Um espírito alegre pode encontrar maneiras extraordinárias de combater o isolamento e a privação. Benjamin Weir trabalhava como missionário presbiteriano em Beirute, Líbano, quando foi seqüestrado por muçulmanos xiitas. Durante dezesseis meses, foi mantido em cativeiro sob condições extremamente depressivas. Não tinha janela com vista para as árvores. Na verdade, ficou vendado a maior parte do tempo, sem poder ver nada. Com as mãos algemadas, não tinha liberdade para correr os dedos sobre texturas diferentes.

Weir não tinha nenhum controle sobre seus horários, sua comida ou qualquer outra coisa de sua rotina diária. No entanto, mesmo sob tais circunstâncias, foi capaz de reunir forças suficientes para superar a terrível sensação de desamparo. Não podia contar com ninguém, a não ser Deus. Veja seu relato sobre um dos primeiros dias de cativeiro.

> Acordei revigorado pelo sono. Que outras dádivas Deus me concederia além do sono, uma coberta e forças para resistir e sobreviver? Novamente, levantei a venda e comecei a examinar o lugar. O que ele continha que pudesse me levar para o conforto da presença de Deus? Deixei minha imaginação voar com total liberdade.
>
> Olhando para o alto, vi um fio elétrico pendurado no teto. A lâmpada e o soquete foram retirados de forma que restara um aro com três fios expostos. Imaginei que os fios eram três dedos. Vi um braço com a mão estendida para baixo, como no afresco de Michelangelo da Capela Sistina em Roma, em que a mão de Deus está estendida para tocar Adão e criar o primeiro ser humano. Lá estava Deus estendendo a mão para mim e dizendo: "Você está vivo. Você é meu. Eu o criei e formei para um propósito divino".
>
> O que mais? Comecei a contar as ripas horizontais das venezianas do lado de fora. Eram 120. O que todos aqueles pedaços de madeira pareciam? Já sei! Uma multidão! Uma nuvem de testemunhas passadas e presentes, que em momentos de provação observavam a fé em Deus. [...] Esse recital dos fundamentos da minha fé causaram-me um arrepio. Que mensagem! Precisava disso desesperadamente naquela situação.
>
> Então meus olhos se alegraram com dois círculos brancos perto do teto, um do lado direito e outro do esquerdo. Qualquer pessoa no Líbano sabe o que isso significa: protetores plásticos para conexões elétricas. Porém, o que eles representavam para mim? O que existe em pares? Ouvidos! Eram os ouvidos de Deus. O Senhor ouve o gemido dos santos. *Então, ouve-me, querido Deus. Eu também me entrego aos teus cuidados e à tua vontade.*[7]

No fim daquele dia, Weir murmurou o hino "Conta as bênçãos". Ele contou: saúde, vida, comida, cama, travesseiro, cobertor, esposa, família, fé, esperança, oração, Jesus, Espírito Santo, amor do Pai... Trinta e três coisas ao todo. Aos pensar nessas bênçãos, descobriu que o medo e o sentimento de desamparo desapareceram. Quando a luz que atravessava a veneziana começou a enfraquecer, ele relaxou e se preparou para a noite.

AJUDANDO OUTROS

À beira do desespero, Norman Cousins travou uma batalha contra uma instituição médica insensível. Benjamin Weir travou uma batalha interna, mas solitária, contra o isolamento e o desespero. Para as pessoas incapacitadas por tempo indeterminado, uma das melhores coisas que se pode fazer é fornecer-lhes ferramentas que lhes permitam desenvolver atividades "normais". Com dispositivos acionados por computador, uma pessoa totalmente paralisada agora é capaz de manobrar uma cadeira de rodas, digitar e ligar um aparelho de TV ou de som, tudo por meio de combinações de sopros e sucções em tubos de ar. Esses dispositivos podem ser fatores determinantes entre o sentimento de desamparo ou de esperança e mesmo entre a recuperação e a derrota. O passatempo de radioamador de Brian Sternberg e a arte de Joni Eareckson são provavelmente mais importantes para sua saúde mental que até mesmo o apoio de amigos queridos.

Barbara Wolf escreveu um livro, *Living with pain* [*Convivendo com a dor*], sobre a longa batalha que travou contra a dor crônica. Descobriu que o único momento durante o dia no qual esquecia completamente a dor eram as horas que passava dando aulas de inglês. A concentração da atividade cerebral abafava todas as outras sensações. Aprendeu a usar essa mesma concentração em outras situações. Quando sentia uma pontada de dor no meio da noite, programava o que faria no dia seguinte, preparava uma aula ou planejava o jantar, inclusive com todas as receitas.

Às vezes, mesmo contra sua própria natureza, desenvolvia atividades que requeriam total concentração. A distração, conforme descobriu, era sua única e melhor arma contra a dor: "A distração é barata, não se transforma em hábito nem requer prescrição médica".[8] Além das aulas de inglês, desenvolveu passatempos que exigiam total atenção: festas, bichos de estimação, esportes, política, livros.

Dos vários caminhos de distração que se abriram para ela, Barbara descobriu que o envolvimento com as pessoas era o mais eficaz para aplacar a dor. Não raro, pessoas que sofrem desenvolvem uma noção de lugar mais significativa quando aprendem a ajudar os outros. Joni Eareckson Tada alega que as pessoas que mais a ajudaram foram outros tetraplégicos que se devotaram a ela nos momentos mais difíceis. Um psicólogo em Atlanta diz que há na vida dois tipos de pessoas. Um é doentio e passa a vida lastimando: "Por favor, gostem de mim; por favor, gostem de mim". O outro grupo é composto de pessoas suficientemente saudáveis para amar, e não apenas receber amor. O psicólogo afirma que a melhor cura para as pessoas do primeiro grupo é ajudá-las até o ponto em que *elas* sejam capazes de amar e de ajudar os outros. Assim, automaticamente suprirão sua profunda necessidade de atenção e de amor.

Da mesma forma, os terapeutas que lidam com o sofrimento lutam para fazer seus pacientes se enxergarem como auxiliadores e doadores, não apenas recebedores. Joni Eareckson contou-me quanto se sentiu chocada ao descobrir que muitas pessoas portadoras de deficiências preferiam permanecer nas casas de reabilitação. Parecia-lhes mais fácil ficar ali do que enfrentar o mundo "lá fora", com todos os seus preconceitos e riscos. Joni tornou-se uma líder, esforçando-se nos exercícios, dando-lhes esperanças e *querendo* receber alta. O mero processo de colocar-se no lugar deles revelou-se terapêutico. Ela se tornou mais forte. Sua auto-imagem melhorou, e ela cessou de pensar em si como uma sofredora digna de piedade.

Existe um ditado francês que diz: "O sofrimento passa, mas sua marca permanece para sempre". Costumamos pensar sobre o ministério de ajuda como uma rua de mão única na qual nós, pessoas saudáveis, por compaixão, ajudamos os feridos. Mas quem já sofreu está muito melhor equipado para ajudar. A barreira do desamparo pode ser superada quando se aprende a usar a própria experiência do sofrimento para ajudar os outros.

O rabino Harold Kushner cita uma antigo conto chinês sobre uma mulher dominada pela dor depois da morte do filho. Quando vai ao encontro de um xamã em busca de conselho, ele diz: "Traga-me uma semente de mostarda de uma casa que nunca conheceu o sofrimento, e a usaremos para expulsar a tristeza de sua vida". A mulher, então, foi de porta em porta perguntar se aquele lar conhecia o sofrimento. Obviamente, todos conheciam, e a mulher deixava-se ficar por mais tempo para confortar seus anfitriões, até que, por fim, o ato de ministrar aos outros aplacou sua dor.

Conheço pessoalmente dois pequenos ministérios, realizados em casas particulares, que colocam esse princípio em prática. O primeiro surgiu quando uma mulher na Califórnia descobriu que seu filho mais querido era homossexual e estava morrendo de AIDS. Quando não encontrou muita simpatia nem apoio em sua igreja e comunidade, sentiu-se tão só e carente que decidiu criar um informativo, que agora inclui uma rede de pais de *gays*. Ela oferece pouca ajuda profissional e não promete nenhuma cura milagrosa, mas há diversas cartas de pais que a consideram um salva-vidas. Depois de sofrer com a dor e a perda, agora ela procura ajudar outros.

Outra mulher, em Wisconsin, perdeu o único filho em um acidente de helicóptero dos fuzileiros navais. Só então percebeu que esse tipo de acidente com freqüência aparecia nos noticiários. Agora, sempre que um helicóptero militar cai, ela envia um maço de cartas e de materiais úteis a um oficial do Departamento de Defesa, que o encaminha às famílias afetadas. Metade dessas famílias passa a se corresponder regularmente. Desde que se aposentou, essa mulher de Wisconsin fundou e coordena uma "comunidade do sofrimento". A atividade não resolveu a dor da perda de seu filho, é claro, mas proporcionou-lhe uma noção de lugar que a ajudou a acabar com a sensação de desamparo por causa da dor.

O sofredor esperto olhará para fora, não para dentro de si. Não existe remédio melhor do que um "doutor" ferido, e não existe cura melhor do que medicar as feridas dos outros.

Sentido

Não tanto o sofrimento, mas sua insensatez que é insuportável.

Friedrich Nietzsche

Merlin Olsen, ex-jogador profissional de futebol americano, possui uma filosofia sobre a dor muito bem definida:

> O homem é um ser adaptável. Descobre logo o que pode ou não fazer. É como entrar num estábulo. Sente-se logo o cheiro de esterco. Mas depois de cinco minutos, não se sente mais nada. O mesmo acontece com um joelho. Quando ele é machucado, dói muito. Mas daí se começa a jogar num nível diferente. Muda-se um pouco a maneira de correr. Chuta-se com o outro pé. Talvez se consiga mudar a posição do corpo. Depois que meu joelho foi operado, o fluido tinha de ser retirado semanalmente. No fim, a membrana estava tão grossa que quase precisavam de um martelo para enfiar a agulha. Chegou um momento em que explodi: "Raios! Enfiem logo essa agulha e tirem essa coisa daí".[1]

Todo atleta que pratica um esporte como o futebol americano está sujeito ao mesmo tipo de bloqueio, de golpe e de trombada, e a sociedade recompensa-os prodigamente por se sujeitarem a tanta dor. Portanto, alguns tipos de dor — não apenas causados pelo futebol, mas também por alpinismo, triatlo, campo de treinamento dos fuzileiros navais, torturadores inimigos em interrogatórios — as pessoas estão dispostas a aceitar. Séculos atrás, havia gente respeitável, inclusive, que se flagelava em sinal de grande devoção: quanto maior o flagelo, mais devota era considerada a pessoa.

Mais incrível que isso é o homem deliberadamente infligir dor a si mesmo por pura vaidade. Durante séculos, as chinesas mantiveram o costume de amarrar os pés, atrofiando-os para que parecessem bonitos. As mulheres modernas, além de usar sapatos desconfortáveis, também arrancam a sobrancelha, expõem-se a raios ultravioleta nocivos e fazem cirurgias plásticas no rosto, nas mamas e nas nádegas, tudo para se enquadrarem em padrões de beleza culturais. Nosso prestígio cresce quando nos sujeitamos voluntariamente a essas dores, pois a sociedade atribui-lhes um sentido tal que as tornam objetos de desejo.

Compare duas dores intensas: um parto de cócoras e a dor de pedras no rim. Considerando-se a quantidade de células nervosas envolvidas e a intensidade e a duração de cada uma, as duas dores são próximas. No parto, entretanto, o sentido está implícito no evento. "A mulher que está dando à luz sente dores, porque chegou a sua hora; mas, quando o bebê nasce, ela esquece a angústia, por causa da alegria de ter vindo ao mundo um menino", observou Jesus (Jo 16.21). A dor da mãe tem sentido, uma nova vida, por isso ela pode até mesmo pensar em repetir a experiência. Mas para a pessoa com pedras no rim, qual é o sentido?

Mais do que qualquer momento na história, a sociedade moderna contorce-se diante do sentido do sofrimento. Não o consideramos mais um castigo dos deuses. Mas o que é, então? Atribuímos certo sentido a dores menores, como as que assumimos voluntariamente, mas qual o sentido de uma criança com um defeito de nascença, da fibrose cística ou do retardo mental? Para nós, o sofrimento é algo que devemos tratar e superar. Mas e aquele que nunca desaparece?

Em geral, vemos apenas o lado negativo do sofrimento: a cessação da saúde, um impedimento para a vida, a liberdade e a felicidade. Como já mencionei, os cartões de felicitações transmitem uma mensagem inegável. Tudo o que podemos desejar a quem está sofrendo é: "Estimo as melhoras!". No entanto, como contou-me uma mulher com câncer terminal: "Nenhum desses cartões servem para as pessoas na minha situação. Ninguém vai melhorar. Todos morreremos aqui no hospital. Para o mundo, somos inválidos. Pense nessa palavra: não vale".

Qual é o sentido do câncer terminal?

Recebi uma carta de um pastor do Centro-Oeste que relatou o que acontece quando o sentido começa a se revelar. O sofrimento desse homem era emocional, não físico. Um "colapso nervoso", como declararam os médicos, que na verdade era um colapso de sentido.[2]

> O mais doloroso em tudo isso era o aparente silêncio de Deus. Parecia que eu orava para uma escuridão silenciosa. Já pensei muito sobre isso. Era silêncio "apenas na aparência". O problema estava não só em minha depressão como também na comunidade cristã. Para a maioria dos membros, eu era um estorvo. Nada do que diziam tinha relação com o que eu sofria. Um pastor orou por mim de maneira piedosa, mas tão generalizada, que nada tinha em comum com minha situação. *Eles não sentiam meu sofrimento.*
>
> Outros me evitavam. Ironicamente, os amigos de Jó provavelmente prestaram-lhe ajuda no sentido psicológico. Pelo menos, fizeram com que exteriorizasse suas emoções, ainda que fossem emoções de irritação. As palavras dos amigos de Jó eram vãs, mas pertinentes ao problema, e deram a Jó a impressão de que Deus estava de qualquer modo perto dele. Nenhuma pessoa da comunidade cristã, com exceção de minha esposa, ajudou-me, nem mesmo à maneira dos amigos de Jó.

RESPEITANDO A DOR

Uma das coisas mais importantes que posso fazer pelas pessoas que sofrem é dar sentido e importância à sua experiência.

Na verdade, o problema é que já atribuímos um sentido, embora em escala relativa. Quando dou seminários sobre a dor, às vezes exemplifico essa idéia pedindo a participação do público. Peço que as pessoas façam um sinal positivo ou negativo com as mãos: positivo se eu mencionar uma dor aceitável, uma aflição que desperte simpatia, e negativo se eu mencionar uma dor inaceitável, que não suscite muita simpatia. Normalmente, as respostas são as seguintes:

Perna quebrada ao esquiar: positivo por unanimidade. O que começa com um tropeção do carro reboque, depois de repetidas narrações, transforma-se numa queda livre, com duplo mortal, de um penhasco. Os amigos assinam o gesso com frases divertidas, e o sofredor torna-se um verdadeiro herói. A atenção quase sempre vale a pena.

Lepra: negativo. Em meu trabalho com o dr. Paul Brand, conheci pacientes com lepra. Lutam para impor o nome "mal de Hansen" por um simples motivo: a maneira de as pessoas reagirem à imagem da lepra. Embora a doença seja diferente em praticamente todos os aspectos de seu estereótipo, o leproso ainda ganha reprovação, não simpatia. A solidão é um dos piores aspectos da doença.

Gripe: resposta equilibrada. Algumas pessoas fazem negativo porque ninguém *gosta* de ficar com febre, de vomitar e de sentir dores no corpo inteiro. Entretanto, a gripe, por ser universal, atrai muita simpatia. Todos sabem como é. Costumamos dizer: "Tenha calma. Descanse mais alguns dias para recuperar as forças".

Caxumba: a resposta depende da idade da pessoa. As crianças com caxumba despertam muita simpatia, são aduladas e paparicadas com permissão extra para assistir à TV e tomar sorvete. Ainda me lembro com nostalgia de quando peguei caxumba na infância. Mas um adulto com caxumba é motivo de piada, mesmo que a doença na vida adulta represente muito mais riscos.

E a lista continua. Hemorróidas, uma condição dolorosa, mas socialmente risível. AIDS: que tipo de reação as vítimas recebem? Conheço algumas pessoas com a doença que recebem uma mensagem clara da igreja: "Você não desperta nenhuma simpatia. Merece sofrer como castigo de Deus. Fique longe". Não posso imaginar uma doença mais apavorante do que essa, que provoque tamanha falta de compaixão. Enxaqueca, deslocamento do tronco, câncer, cada um desses problemas suscita uma "imagem" diferente, e, de forma sutil, às vezes ostensiva, passamos ao sofredor uma avaliação do sentido que pode tornar sua vida mais fácil ou mais difícil.

Passei a acreditar que a grande contribuição que os cristãos podem fazer é evitar que as pessoas sofram pelos motivos errados. Podemos "respeitar" a dor. Em essência, todo tipo de dor é dor; não importa se é causada por uma enxaqueca, dor de garganta ou depressão aguda. O primeiro passo para ajudar uma pessoa que sofre (ou nossa própria dor) é reconhecer que a dor é válida e merece nossa simpatia. Assim, poderemos começar a imputar-lhe um sentido.

Entretanto, os cristãos podem aplicar um conjunto diferente de valores ao sofrimento. Como os visitantes de Claudia Claxton, podemos atear mais fogo à dor. Podemos piorar a culpa: "Você não orou? Não crê que Deus pode curá-lo?". Ou causar confusão: "Será que Satanás está causando essa dor? Será apenas a providência natural? Ou Deus escolheu-o especialmente como exemplo para os outros?". Como pude ver, a dor é uma grande causadora de culpa. Todas as pessoas fazem coisas que não deveriam, e, quando a dor nos abate, é fácil nos sentirmos culpados pelo que aconteceu.

Num contexto de sofrimento intenso, até comentários bem-intencionados podem causar efeito negativo. Podemos ficar tentados a dizer: "Deus devia amar muito sua filha para chamá-la de volta tão cedo", o que faria com que os pais desolados desejassem que ele a amasse menos. Se dissermos: "Deus não lhe dará um fardo maior do que pode suportar", poderemos fazer a pessoa desejar ter menos fé para merecer um fardo mais leve.

Entrevistei muitas pessoas em sofrimento para saber que a dor causada por esse tipo de reação pode ser pior que a dor da própria doença. Uma mulher conhecida nos círculos cristãos descreveu a agonia causada pela ATM (articulação temporomandibular). A dor toma conta da vida inteira. No entanto, diz ela, é muito pior quando cristãos escrevem para ela fazendo comentários baseados em suas fórmulas prontas sobre o motivo de Deus permitir o sofrimento. Talvez a principal contribuição que um cristão possa fazer é evitar que as pessoas sofram pelos motivos errados. Podemos "respeitar" sua dor.

TESOURO ENTERRADO

Seguindo o padrão bíblico, nossa busca por um sentido deveria ir além e buscar os resultados do sofrimento, em vez de debater sobre sua causa.

Francamente, para mim, praticamente todo sofrimento seria inútil se concentrássemos todos os esforços nas questões irrefutáveis sobre o "porquê". Por que Solzheniëtisyn teve de passar oito anos fazendo trabalhos forçados num campo de concentração apenas por causa de uma crítica casual sobre Stalin que fez numa carta a um amigo? Por que milhões de judeus tiveram de morrer para satisfazer o capricho de um ditador insano? Esse sofrimento em si é inútil e continuará assim, a menos que a vítima, como um mineiro que busca diamantes num veio de carvão, encontre um sentido para ele.

Viktor Frankl, que passou algum tempo em um dos campos de Hitler, disse: "O desespero é um sofrimento sem significado". Ele e Bruno Bettelheim conseguiram dar sentido ao sofrimento absurdo do Holocausto: observar o comportamento dos seres humanos nas condições extremas dos campos deu-lhes discernimento para formar a base do trabalho que desenvolveram posteriormente. Para Elie Wiesel e outros, "testemunhar" tornou-se o sentido. Agora, dedicam-se a homenagear os que não sobreviveram.

Na prisão, Dostoievski estudou o Novo Testamento e a vida dos santos. Para ele, e posteriormente para seu conterrâneo Solzheniëtisyn, a prisão tornou-se um cadinho da fé religiosa. Os dois descrevem um processo no qual, primeiro, a bruta realidade da maldade humana convenceu-os da necessidade da redenção. Depois, pelo testemunho vivo de cristãos nos campos, viram a possibilidade da transformação. Como Solzheniëtisyn elegantemente expressou em seu clássico *Um dia na vida de Ivan Denisovich*,[3] a fé em Deus talvez não o tire do campo, mas é suficiente para que sobreviva a cada dia.

Embora meu sofrimento pareça trivial, se comparado ao desses pioneiros, também me esforço para dar sentido a ele. Começo com a promessa bíblica de que o sofrimento pode produzir um fruto valioso para mim. Leio uma lista como a de Romanos 5, na qual Paulo menciona perseverança, caráter, esperança e confiança. "Como o sofrimento realiza tudo isso?", pergunto. Ele produz perseverança ou constância, acalmando-me e fazendo-me buscar a Deus. Produz caráter reunindo minhas reservas de força interior. Continuo a ler a lista, perguntando qual é a participação de Deus no sentido do processo do sofrimento.

John Donne compara o sofrimento a "barras de ouro". Como não é cunhada em moedas, a barra nem sempre nos ajuda a pagar as despesas aqui na terra. Mas, conforme nos aproximamos de nossa casa, o céu, esse tesouro, "que pode estar impregnado em suas entranhas, como o ouro na mina", assume um valor eterno, o peso da glória.[4] Se nos voltarmos para Deus com fé, a própria aflição poderá ser redimida, na tentativa de moldarmos nosso caráter à imagem de Cristo.

Poderíamos usar uma analogia mais contemporânea para expressar o mesmo pensamento. O sofrimento pode ser o que os economistas chamam de "patrimônio congelado". Pode parecer que não tem valor algum naquele momento, mas com o tempo descobrimos sua importância, um sentido duradouro que nos ajudará a transformar a dor.

COMPARTILHANDO O SENTIDO DA DOR

No início deste capítulo, citei uma carta de um pastor cuja depressão destruiu sua noção de sentido. Seu sofrimento perdeu o sentido, e a comunidade cristã não o ajudou nesse processo. Finalmente, o pastor teve de internar-se num hospital psiquiátrico para se tratar. Sua família, porém, ficou a seu lado, e, com esse apoio e a ajuda de profissionais, finalmente recuperou a saúde.

Anos depois, o mesmo pastor, com a saúde mental renovada, deparou-se com outra crise: seu neto de uma semana de vida falecera, causando confusão e pesar à família toda. Agora, precisava ser forte para amparar seus filhos, mas não sabia se conseguiria. No domingo que se seguiu ao funeral, orando na nova igreja, começou a ler o salmo 145 no púlpito. Tentou concentrar-se, mas não conseguiu continuar a leitura. A garganta ficou apertada, seu queixo começou a tremer e as lágrimas a escorrer. Não podia continuar a ler as palavras serenas sobre a bondade e a justiça de Deus.

O pastor deixou a leitura de lado e, com voz rouca, contou à congregação estupefata sobre a morte do neto. Enquanto falava, imagens do tempo de sua antiga igreja surgiram em sua mente e lembrou-se do sentimento de desamparo e de derrota de então. Ficou com medo. Mas desta vez seria diferente. "Quando as pessoas saíram da igreja", lembra ele, "disseram duas coisas importantes que muito me ajudaram: 1) Agradecemos ter partilhado conosco sua dor; e 2) partilhamos de sua dor. Essas afirmações tão simples ajudaram-me muito. Não mais me senti só. Ao contrário da época em que tive depressão, não me senti abandonado por Deus e por seu povo. Aquelas pessoas compreenderam minha tristeza".

Com poucas palavras e nenhuma sabedoria especial, a segunda congregação mostrou ao pastor que compartilhava de sua dor, que se importava com a dor dele e que comparticipava dela.

A busca pelo sentido do sofrimento sempre será solitária. Ninguém, a não ser a própria pessoa que sofre, poderá entendê-lo. E, no entanto, se aceitarmos sua dor e ficarmos a seu lado, poderemos realmente ajudá-la nessa busca.

Para ser capaz de ajudar alguém a encontrar um sentido para a vida, é preciso reconhecer os vários estágios do caminho da cura. Sharon Fischer descreve o processo pelo qual passou ao enfrentar um câncer de ovário.

> Precisava de tempo para assimilar o que estava acontecendo em minha vida e aceitar as mudanças impostas sobre minha rotina diária, recuperar a estabilidade emocional e refazer meus planos para o futuro. Talvez, a melhor maneira de dar tempo a quem está sofrendo seja ter paciência, dando abertura para que duvidem, chorem, questionem e enfrentem emoções fortes e, muitas vezes, extremas.
>
> Descobri que nem tudo o que estava experimentando poderia ser absorvido totalmente e que precisava me sentir livre a fim de encontrar o tempo de que precisava para lidar com esses sentimentos. Elisabeth Kübler-Ross descreveu cinco estágios pelos quais as pessoas geralmente passam na dor ao enfrentar a própria morte ou a morte de um ente querido. Esses estágios — negação, raiva, barganha, depressão e aceitação — nem sempre acontecem na mesma seqüência e nem todas as pessoas passam por todos eles. Mas exemplificam o tempo necessário para processar uma experiência traumática.
>
> [...] Não sou o tipo de pessoa que, naturalmente, compartilha seus sentimentos. Por isso, nem sempre foi fácil para eu explicar, mesmo para os que estão mais próximos de mim, a complexidade de meus sentimentos e a extensão de minha reação à experiência. Mas precisava de bons ouvintes, pessoas dispostas a conceder uma ou duas horas de suas vidas e me ouvir quando eu estivesse pronta para falar. Felizmente, tinha amigos fiéis, um vizinho que é um ótimo conselheiro e uma família disposta a me ajudar. Não sei o que teria feito se ninguém me ouvisse.[5]

Fischer ainda conta que as pessoas que menos a ajudaram foram as que lhe sugeriram respostas. Uma mulher acreditava que sua dieta — Sharon gostava de comer hambúrguer e sorvete com lascas de chocolate — era a causa de sua doença. Outras lhe disseram que não deveria esperar muito do tratamento médico e orar mais pela cura.

Nem é preciso dizer que essas respostas prontas podem ser extremamente destrutivas. "Alegrem-se com os que se alegram; chorem com os que choram", aconselhou o apóstolo Paulo (Rm 12.15). Palavras sábias que se aplicam principalmente em momentos de crise. O livro de Provérbios é mais direto sobre respostas inadequadas:

> Como tirar a própria roupa num dia de frio, ou derramar vinagre numa ferida, é cantar com o coração entristecido (25.20).

Exatamente na época em que trabalhava neste livro, recebi um telefonema de um amigo de outra cidade que tinha acabado de ser diagnosticado com AIDS. Mergulhado na culpa pelos pecados sexuais passados, sentiu remorso, indignidade, desprezo por si próprio e rejeição de Deus. Perdeu completamente a vontade de viver. Precisava desesperadamente de ajuda.

Algumas pessoas enxergam a AIDS como um castigo direto de Deus, uma mensagem de condenação específica e objetiva. Não penso assim. Vejo-a, na verdade, como parte de uma mensagem geral, de um princípio de saúde. Da mesma forma que o uso indiscriminado do álcool e do cigarro, a promiscuidade sexual também expõe o corpo a determinados riscos. Mas, independentemente disso, *mesmo que* eu esteja errado e que a doença seja um castigo direto, qual é a minha responsabilidade como amigo cristão?

Minha responsabilidade é conceder graça, mostrar a mesma consideração que Jesus mostrou às pessoas com pecados sexuais, lembrá-lo do amor e do perdão de Deus. Em resumo, meu papel é ajudá-lo a olhar para a frente, não para trás, mesmo que sua culpa seja um aviso. Pode passar o dia inteiro na cama do hospital e torturar-se com seus pecados ou apresentar seu sentimento de culpa a Deus, que prometeu afastar para longe os pecados confessos, "como o Oriente está longe do Ocidente".

O sentido compartilhado da culpa não é a condenação, mas o perdão. O sentido compartilhado do sofrimento é a restauração e a união com o sofredor.

AS INTERROGAÇÕES DE DEUS

Às vezes, a única resposta que podemos dar ao sofredor é a certeza de que seu sofrimento, que pode não fazer o menor sentido para ele, tem um significado para nós.

O pequeno livro de Henri Nouwen, *O sofrimento que cura*,[6] trata de pessoas solitárias e abandonadas. Que sentido se poderia atribuir à sua dor? Ele dá o exemplo de um jovem pastor que não tem resposta alguma a dar a um senhor de idade que se submeterá a uma cirurgia, a não ser a própria preocupação com ele. "A pessoa não lutará pela vida se achar que não há ninguém esperando por ela", diz Nouwen. "Quando as pessoas retornam de uma longa e difícil jornada, querem encontrar alguém à sua espera na estação ou no aeroporto. Querem contar sua história e compartilhar seus momentos de dor e de exílio com os que ficaram em casa, esperando por elas."

Minha esposa trabalha com algumas das pessoas mais pobres da cidade de Chicago, coordenando um programa da igreja LaSalle Street, que intencionalmente busca pessoas de idade solitárias e abandonadas que não têm ninguém que cuide delas. Muitas vezes, ela se esforça para tentar convencê-las de que a vida delas *é importante*. De certa forma, "exalta" seu sofrimento.

Um homem, o sr. Kruider, de 90 anos com o qual Janet trabalha recusou-se a realizar uma cirurgia de catarata por vinte anos. Quando estava com 70 anos, decidiu que não havia mais nada que valesse a pena enxergar. Além do mais, Deus deveria querer que ficasse cego ao permitir que aquilo lhe acontecesse. Talvez fosse um castigo por ele ter flertado com as moças quando era jovem, declarou.

Minha esposa passou dois anos tentando persuadi-lo, argumentando, persistindo e mostrando seu amor para convencê-lo a fazer a cirurgia. Finalmente, ele concordou por um único motivo: Janet convenceu-o de que era importante para ela que ele recuperasse a visão. O sr. Kruider abrira mão da vida, porque ela não fazia mais sentido para ele. Mas Janet deu-lhe outra perspectiva. Existia alguém que achava importante que ele, mesmo com 92 anos, não desistisse. Por fim, ele concordou em fazer a cirurgia.

Na verdade, Janet compartilhou do sofrimento do sr. Kruider. Ao visitá-lo com freqüência, convenceu-o de que alguém se importava e que sua vida e sua visão tinham um sentido. Esse princípio do sofrimento compartilhado é a tese do livro de Nouwen sobre o sofrimento que cura e talvez a única verdadeira contribuição que podemos dar ao sentido do sofrimento. Assim, seguimos o padrão de Deus, pois ele também sofreu. Juntou-se a nós e teve uma vida com mais sofrimento e pobreza do que jamais poderemos imaginar. Enfim, o sofrimento nunca será insignificante, porque o próprio Deus compartilhou-o.

Às vezes, porém, apesar de nossos melhores esforços para respeitar a dor dos outros, encontramos um sofrimento que parece completamente destituído de sentido. Digo isso pensando especialmente em um homem com o mal de

Alzheimer. A filha tenta suprir suas necessidades, mas todo dia ela sofre ao ver a figura vazia que antes era seu pai. Penso também em uma criança extremamente incapacitada, com um QI de 30 ou 40. Pode ter uma vida longa, deitada inerte no berço, sendo incapaz de falar e de entender, passando as horas sob os cuidados dispendiosos de um profissional.

Qual é o sentido desse adulto senil e dessa criança? Recebi muita ajuda nessa questão no trabalho dedicado de cristãos na Alemanha Oriental. Essas pessoas, que cresceram numa sociedade mais familiarizada com o sofrimento do que a nossa no Ocidente, estabeleceram um exemplo para ajudarmos os menos "valorizados" ou "úteis" da sociedade moderna.

"Qual é o propósito de suas vidas? Têm algum sentido?", pergunta o dr. Jürgen Trogisch, pediatra que trabalha com deficientes mentais. Era capaz de tratar do lado externo, mas o que acontecia internamente, dentro dessas mentes danificadas?

Durante muitos anos, o dr. Trogisch não encontrou uma resposta para essa pergunta. Realizava os procedimentos médicos que lhe cabiam, mas não tinha uma resposta. Então, ministrou um curso introdutório para treinar novos assistentes para a clínica. No final do curso de um ano, pediu aos alunos que respondessem a uma pesquisa. Entre as questões, estava a pergunta: "De que forma sua vida mudou desde que começou a se dedicar totalmente a pessoas com deficiências?". Veja algumas respostas:

- Pela primeira vez na vida, sinto que faço alguma coisa realmente importante.
- Sinto que, agora, posso fazer algo que, antes, achava que não era capaz.
- Nesse tempo que passei aqui, ganhei o afeto de Sabine. Depois que tive a oportunidade de me envolver com uma criança especial, não mais a enxergo como deficiente.
- Sou mais responsável agora com o sofrimento humano. Ele desperta em mim o desejo de ajudar.
- Isso me fez questionar o que realmente importa na vida.
- O trabalho assumiu um significado e um propósito inteiramente novos. Sinto-me necessário agora.
- Aprendi a ser paciente e a apreciar até mesmo os menores sinais de progresso.
- Observando os deficientes, descobri a mim mesmo.
- Tornei-me mais tolerante. Meus pequenos problemas não parecem mais tão importantes e aprendi a me aceitar com todas as minhas falhas.

> Acima de tudo, aprendi a apreciar os pequenos prazeres da vida e agradeço a Deus especialmente o fato de ter-me mostrado que o amor é mais poderoso que o ódio e a violência.

Ao ler essas e outras respostas, subitamente o dr. Trogisch encontrou a resposta para sua questão. O sentido do sofrimento dessas crianças se resolvia na vida de outras pessoas, aquelas que as ajudavam, que aprendiam lições que nenhum sistema educacional sofisticado poderia ensinar. Ele pensou em dois pacientes que ficaram sob seus cuidados durante anos e que não mostraram grande progresso: "Seria possível Daniel e Monika terem vindo ao mundo por minha causa? Será que as profundas e insistentes questões que eles levantam são interrogações que Deus coloca para mim? Será que essas crianças com deficiências graves são uma resposta, a resposta de Deus para mim?".[7]

Esperança

Tudo o que os oprimidos podem fazer é ter esperança.
Depois de cada decepção, precisam encontrar
novos motivos para renová-la.

ALEKSANDR SOLZHENIËTÌSYN

Os medicamentos, atualmente, são testados por um método "duplamente aleatório", no qual o próprio médico que administra a droga não sabe qual é a verdadeira e qual é a inativa ou "controlada". O teste deve ser realizado dessa forma por um simples motivo: o poder da esperança humana. Antes desse tipo de teste, praticamente todo medicamento novo apresentava resultados espetaculares, independentemente de seus componentes químicos. Os pesquisadores, iludidos, acabaram descobrindo que o comportamento dos médicos era o principal fator para o sucesso do novo fármaco: pelo sorriso, pela voz e pela atitude, o médico inconscientemente transmitia confiança e esperança, convencendo os pacientes da probabilidade de uma melhora.

Dezenas de estudos verificaram o poder de cura da esperança, assim como os riscos do contrário. A Universidade da Escola de Medicina de Rochester descobriu que pacientes submetidos à cirurgia cardíaca tinham muito mais probabilidade de morrer depois da operação se mostrassem sinais de depressão.[1] Outro estudo famoso, denominado "Coração Quebrantado", analisou o índice de mortalidade de 4 500 viúvos nos primeiros seis meses depois da morte das esposas. Em comparação com outros homens da mesma idade, os viúvos, em geral com depressão, tiveram um índice de mortalidade 40% mais elevado.

Relatos de prisioneiros de guerra indicam que alguns podem morrer por nenhum motivo aparente, a não ser a perda da esperança. Considere a experiência do major F. J. Narold Kushner, oficial médico do Exército, prisioneiro dos vietcongues durante cinco anos e meio.

> Kushner conheceu, entre os prisioneiros de guerra, um forte fuzileiro naval que já estava ali havia dois anos com saúde relativamente boa. O fuzileiro tornou-se um prisioneiro modelar e líder do grupo de reforma de pensamento no campo, especialmente porque o comandante do campo havia prometido que soltaria aqueles que cooperassem. À medida que o tempo foi passando, ele começou a compreender que seus captores tinham mentido. Quando perdeu as esperanças, tornou-se um morto-vivo. Recusava qualquer trabalho, rejeitava todo o oferecimento de comida e de estímulo e ficava deitado no seu catre chupando o polegar. Em questão de semanas, ele morreu.[2]

O dr. Martin Seligman, da Universidade da Pensilvânia, ao escrever sobre o jovem fuzileiro, disse que uma explicação estritamente médica para seu declínio não seria apropriada: "A esperança de ser posto em liberdade sustentava-o. Quando perdeu a esperança, quando acreditou que todos os seus esforços tinham sido em vão e assim o seriam sempre, morreu".

Como observou o psicólogo Harold G. Wolf: "A esperança, a fé e um propósito na vida têm poder de cura. Não se trata apenas de uma crença, mas de uma conclusão comprovada por uma experiência científica meticulosamente controlada".[3]

A DÁDIVA INTANGÍVEL

Nas clínicas especializadas em tratamentos de longa duração, os pacientes costumam ser divididos em duas categorias: os *esperançosos*, que se empenham em combater sua aflição e em voltar à vida normal, e os *derrotistas*. Numa visita à Clínica Menninger, o pastor e escritor Bruce Larson pediu à equipe da clínica que identificasse o elemento mais importante no tratamento de pessoas mentalmente perturbadas. Os entrevistados foram unânimes ao apontar a esperança como o principal fator, mas confessaram que não sabiam ao certo como "ministrar" esperança aos pacientes. É uma qualidade do espírito e, como tal, uma dádiva intangível. Entretanto, os funcionários eram capazes de determinar prontamente quando um paciente em tratamento dava a volta por cima e passava a acreditar que o futuro não tinha de ser igual ao conturbado presente.[4]

Conforme a equipe da Clínica Menninger descobriu, essa forte esperança não podia ser ensinada, mas às vezes era transmitida. Podemos encontrar formas de despertar coragem nas pessoas.

A organização Anistia Internacional oferece um bom exemplo da esperança contagiante. Seu fundador, um prisioneiro político à beira do desespero, recebeu um maço de fósforos com uma única palavra escrita nele: "Coragem!". Esse pequeno gesto humanitário renovou sua esperança o suficiente para mantê-lo vivo. Quando o homem finalmente conquistou a liberdade, empenhou-se em construir uma organização baseada no princípio mais básico que se pode imaginar. Pessoas que vivem em países livres escrevem cartas a prisioneiros políticos mantidos e torturados em cativeiro. Para milhares de prisioneiros, o simples fato de saber que alguém se importa com eles, mesmo que seja um desconhecido que lhe escreve cartas, acende a chama da esperança.

Às vezes, a esperança parece irracional e sem sentido. É isso o que devem ter sentido os prisioneiros dos campos de concentração. No entanto, Solzheniëtìsyn defende a idéia da citação que abre este capítulo: as pessoas sem muita expectativa devem tentar encontrar uma fonte de esperança, pois esta, como o pão, sustenta a vida. Para Solzheniëtìsyn, a esperança é uma questão de escolha, um mecanismo de sobrevivência que alimentou sua vontade de viver. Posteriormente, compilou as histórias no livro *Arquipélago Gulag*, a fim de homenagear e de dar esperança a outros prisioneiros. Para Dostoievski, a esperança de liberdade, o sentimento de "*não permanência*, mas de uma visita" tornou-se uma parábola para toda a vida e ajudou a convencê-lo da existência de vida após a morte.[5]

No livro *Experiences of God* [*Experiências de Deus*], o teólogo Jürgen Moltmann conta como a esperança o manteve vivo no campo de concentração. Capturado como prisioneiro de guerra alemão, foi transferido para várias prisões na Bélgica, Escócia e Inglaterra. Além das dificuldades normais da vida em cativeiro — falta de aquecimento, pouca comida e doença constante —, também teve de lidar com o desespero de ver sua nação derrotada e de testemunhar as atrocidades cometidas em nome da Alemanha: "Vi homens serem destroçados internamente, perderem totalmente a esperança e adoecerem e morrerem depois disso. Comigo quase aconteceu o mesmo. O que me manteve vivo foi o renascimento para uma nova vida, graças a uma esperança para a qual não havia a menor garantia".[6]

A esperança a que Moltmann se refere era a cristã. Ele levara dois livros consigo para a guerra: poemas de Goeth e obras de Nietzsche. Nenhum lhe proporcionou conforto. Depois de experimentar a morte de todos os esteios que sustentavam sua vida até então, se voltou para um Novo Testamento que havia ganhado de um bem-intencionado capelão do Exército. Os Salmos, impressos no fim, em um apêndice, abriram seus olhos para "o Deus que está ao lado 'dos que têm o coração quebrantado'".

Depois de ser libertado em 1948, Moltmann abandonou o campo da física em que atuava e se tornou um grande teólogo, conhecido por seu livro pioneiro *The theology of hope* [*A teologia da esperança*].

O exemplo inspirador de outras pessoas pode ser a única maneira de escapar do poço do desespero. No decorrer deste livro, usei vários exemplos de pessoas que "enfrentaram com êxito" o sofrimento. Obviamente, há muitos exemplos contrários de pessoas destruídas pela dor. Mas a esperança é um ingrediente tão crucial nessa luta que acredito que nunca é demais ressaltar essas "histórias de sucesso" realistas. O desesperado precisa de uma pessoa, idéia ou outra coisa à qual se agarrar e que lhe ofereça um meio de escapar da correnteza da aflição.

As pessoas saudáveis podem até se cansar das histórias de "deficientes que encontram a felicidade e uma vida útil" na revista Seleções do *Reader's Digest* e *Guideposts*. Mas os deficientes físicos com os quais conversei levam-nas muito mais a sério. Os sobreviventes desafiam a tendência à autocomiseração, e algumas dessas histórias, como a de John Merrick (*O homem elefante*), Helen Keller, Christy Brown (*Meu pé esquerdo*), desafiam a todos nós.

Ter esperança significa acreditar que o futuro guarda alguma coisa boa. Não é o mesmo que ser otimista ou desejar algo, pois isso significaria uma negação da realidade. Acho que, em geral, aqueles que convivem com essas pessoas costumam confundir esperança com otimismo e procuram sinais de encorajamento para ministrar como panacéias:

— Sim, é verdade que sua memória está falhando, mas afinal, mãe, de que serve a memória?

— Sua vista está fraca, mas ainda pode me ouvir, certo? Isso é bom, não acha?

— Sei que esta semana foi difícil para você, mas pode ser que a dor desapareça na semana que vem.

Durante o tempo que passei com o grupo "Faça o dia de hoje valer a pena", aprendi muito sobre as limitações do otimismo. Todas essas palavras que acabei de citar seriam recebidas por pessoas com doenças terminais como um insulto, e não motivo de esperança. Elas precisam muito mais do que o otimismo de Poliana. Para elas, esperança está mais para coragem do que para ânimo. É um salto semelhante ao da fé (Rm 8.24,25).

No entanto, a esperança também nos salva do pessimismo, a crença de que o Universo é um caos sem um significado maior. A verdadeira esperança é honesta. Permite que a pessoa acredite que, embora caia e o pior aconteça, esse não é o fim da estrada. Pode se levantar e continuar em frente.

A esperança realista permite que alguém à beira da morte confronte a realidade, mas ao mesmo tempo lhe dá forças para viver. Orville Kelly, fundador do grupo "Faça o dia de hoje valer a pena", expressou bem a qualidade da coragem na esperança: "Não me considero uma pessoa que está morrendo de câncer, mas que vive apesar dele. Não enxergo cada dia como mais um passo em direção à morte, mas como uma nova oportunidade de viver, de me comprazer e de aprazer aos outros".

RESIGNAÇÃO

As pessoas da terapia em grupo do hospital tinham doenças graves, que nunca desaparecem, e essa condição requer um tipo especial de disponibilidade dos outros. Antigamente, epidemias de tifo, caxumba ou febre amarela levavam o doente rapidamente à morte. Hoje, as doenças terminais são mais prolongadas. Quem luta contra doenças graves relata que um fator de fadiga se estabelece. A princípio, seja qual for a doença, o doente recebe uma enxurrada de atenção de conhecidos e de amigos. Cartões de melhoras enchem a caixa postal, e flores tomam todo o espaço disponível nas mesas. Mas, com o passar do tempo, essa atenção acaba.

Muitas pessoas ficam constrangidas e perturbadas pelos problemas que não desaparecem. Uma mulher cristã contou-me que, a cada recaída sucessiva do câncer, menos pessoas apareciam para visitá-la. Conforme a doença se arrastava, ela ficava mais vulnerável, temerosa e, além de tudo, sozinha. Alguns cristãos ficaram ressentidos por suas orações por cura não serem respondidas e agiam quase como se a culpa fosse dela. Perdiam a fé e se afastavam, deixando-a com um sentimento de culpa e de autocensura, além da dor.

Os pais de crianças com defeitos de nascença reproduzem a reclamação dessa mulher. Uma onda de simpatia segue-se ao nascimento, mas logo passa. Assim, conforme aumentam as necessidades e dificuldades dos pais, diminuem as ofertas de ajuda. Diferentemente de uma pessoa com uma doença terminal, os pais de crianças com graves deficiências não enxergam o fim da jornada. Aceitam a tarefa de cuidar do filho durante a vida inteira e, para complicar ainda mais, também precisam se preocupar com a situação dele após a morte deles próprios.

Em sua lista do fruto do Espírito, Paulo inclui um que traduzimos da palavra arcaica que significa "resignação". O melhor que temos a fazer é reviver essa palavra e seu conceito, na forma mais literal, para aplicar ao problema das doenças de longo prazo.

Alguns cristãos prefeririam muito mais falar de cura milagrosa a falar de resignação, e devo mencionar por que procurei evitar esse importante aspecto do problema da dor. Não enfatizei a cura milagrosa neste livro por dois motivos. Primeiro, há muitos livros bons a respeito do assunto, que abrangem desde testemunhos pessoais até tratados teológicos. Segundo, estou escrevendo sobre pessoas que são pegas pela dor e questionam Deus. A cura é uma saída para o dilema, mas realmente precisamos reconhecer que nem todos encontram a cura milagrosa. Basta perguntar a Brian Sternberg.

Minha intenção não é depreciar a cura física, mas, como já mencionei, todos os que foram curados (e também aqueles que foram usados para curar os outros) acabam um dia morrendo. Portanto, a cura não elimina o problema da dor; apenas o adia.

A possibilidade da cura milagrosa oferece grande esperança aos cristãos. No entanto, quando ela não acontece, esse jorro de esperança pode se tornar um grande impedimento para a fé e despertar sentimentos de traição e de desespero. Barbara Sanderville, uma jovem escritora paraplégica de Minnesota, descreveu-me esse processo numa carta:

> Depois de tornar-me cristã, alguém me disse que Deus me curaria. Isso parecia bom demais para ser verdade, e eu não sabia se ousava acreditar. Mas vendo que na Bíblia nada havia em contrário, comecei a ter esperanças e depois a crer. Mas minha fé era incerta. Quando alguns cristãos me diziam: "Deus não cura a todos" ou "Aflição é uma cruz que precisamos carregar", minha fé vacilava.
>
> Então, no outono passado, minha fé pareceu morrer. Desisti de acreditar que Deus me curaria.
>
> Cheguei, então, à conclusão de que não tinha coragem de passar o resto da vida numa cadeira de rodas. Fiquei amargurada por saber que Deus podia me curar, mas não queria fazê-lo (pelo menos assim eu achava). Eu lia Isaías 53 e 1Pedro 2.24 e acusava Deus por não cumprir sua promessa que ali estava à minha frente como um pedaço de carne diante de um cão faminto. Ele me provocava mostrando-me a possibilidade, mas jamais permitindo que eu a alcançasse. Isso, por sua vez, produziu em mim profundo sentimento de culpa, pois sabia pela Bíblia que ele era um Deus de amor e pronto a atender aos homens. O conflito foi tal que meu estado emocional tornou-se precário, e, muitas vezes, cheguei a pensar em suicídio.

> Comecei a tomar tranqüilizantes para poder agüentar os dias à medida que o ressentimento e a culpa construíam um muro cada vez mais alto entre mim e o Senhor. Nessa ocasião, comecei a ter dores de cabeça e problemas com os olhos. Um oftalmologista não achou a causa.
>
> Ainda orava porque sabia que Deus existia, mas geralmente terminava minha oração chorando e reclamando de Deus. Tinha muita pena de mim mesma, o que era altamente destrutivo. Continuava a perguntar a Deus por que ele não me curava, quando está tão claramente afirmado que a cura faz parte do plano da redenção.

Mais tarde, Barbara encontrou a cura mental que acabou com sua amargura. Ela ainda espera a cura física.

Por causa de experiências como a de Barbara, acho que a esperança de cura deve ser apresentada realisticamente. Ela não passa disto: é uma esperança, não uma garantia. Se acontecer, será um maravilhoso milagre. Se não acontecer, não significa que Deus o abandonou. Ele pode usar até mesmo a enfermidade para produzir algo de bom na pessoa doente. Essa é sua promessa, e ela não falha.

A ESPERANÇA DEFINITIVA

Assim como com as outras fronteiras de recuperação — medo, desamparo, sentido —, o cristão possui recursos incomparáveis, disponíveis na luta pela esperança. A última seção deste livro tratará das contribuições específicas que a fé cristã pode fazer. Mas eu seria negligente se não mencionasse neste capítulo, junto com a esperança definitiva da ressurreição, a esperança de um novo mundo no qual o "problema da dor" será apenas uma lembrança remota.

O cristão acredita que, por pior que as coisas pareçam no presente, o que certamente o aguarda no futuro é bom. Bruno Bettelheim, um sobrevivente dos campos de concentração de Hitler, reconhece que essa crença se transforma em verdadeira ajuda: "É um fato bastante conhecido dos campos de concentração que as pessoas com fortes convicções religiosas e morais conseguiram administrar suas vidas muito melhor que as outras. Suas crenças, inclusive na vida após a morte, deram-lhes força para suportar coisas que para os outros eram insuportáveis".[7]

Joni Eareckson Tada conta sobre uma ocasião em que visitou uma clínica para portadores de deficiência mental. Normalmente, quando visita estabelecimentos médicos e conta a história de sua vida sentada na cadeira de rodas, o público fica fascinado. Porém, esses pacientes de diversas idades, mas com mentes subdesenvolvidas, tinham dificuldade de manter a atenção. Quando

Joni chegou na parte em que imagina como deveria ser o céu, percebeu que todos haviam perdido completamente o interesse.

Era um dia quente, e Joni podia sentir a transpiração escorrendo em seu corpo, enquanto lutava para continuar. Finalmente, em desespero, disse: "E o céu será o lugar onde todos vocês receberão novas mentes". Assim que as palavras saíram de sua boca, ela se arrependeu. E se soasse paternalista ou cruel? Mas, imediatamente, a atmosfera no recinto mudou. Os pacientes começaram a aplaudir e dar vivas com toda a espontaneidade.

Joni tocara em sua maior esperança. Mais do que ninguém, eles sabiam que suas mentes eram incompletas, inacabadas. Mas ela se agarrou à promessa cristã de um lugar no qual essas fraquezas não existiriam, o lugar da cura definitiva. Como lembrou Paulo aos filipenses: "A nossa cidadania, porém, está nos céus, de onde esperamos ansiosamente o Salvador, o Senhor Jesus Cristo. Pelo poder que o capacita a colocar todas as coisas debaixo do seu domínio, ele transformará os nossos corpos humilhados, tornando-os semelhantes ao seu corpo glorioso" (3.20,21).

Nós, cristãos ocidentais, em nossa crescente sofisticação, penso eu, ficamos desconcertados com a ênfase da fé na imortalidade e nas recompensas do porvir. Ouço poucos sermões hoje em dia sobre a recompensa da vida e a recompensa da retidão. Nossa cultura anuncia que o sofrimento é uma realidade, e a imortalidade é uma ilusão.

Mas temos alguma outra esperança certa a oferecer aos tetraplégicos ou à mãe de um bebê com deficiência mental? E vale a pena esperar pela vida após a morte e pela cura eterna? Para responder a essa pergunta, preciso contar a história de Martha, uma das participantes do grupo "Faça o dia de hoje valer a pena". De certa forma, sua história condensa tudo o que aprendi sobre a dor no ano que passei com essas pessoas.

Martha chamou minha atenção logo na primeira sessão. As outras pessoas do grupo revelavam sintomas óbvios de doença: cabelo ralo, palidez, falta de um membro do corpo, tremedeira incontrolável. Mas Martha não mostrava nenhum desses sinais. Tinha 26 anos e era uma jovem muito atraente. Imaginei se ela, assim como eu, estaria visitando um amigo.

Quando chegou sua vez de falar, Martha disse que acabara de contrair esclerose lateral amiotrófica (ELA), ou doença de Lou Gehrig. Seu pai morrera da mesma doença havia um ano, e seu tio, havia dois anos. A ELA raramente apresenta ligações hereditárias e dificilmente ataca mulheres jovens, mas, ao que parecia, cruelmente, seu caso desafiara todas as probabilidades.

A ELA destrói os nervos. Primeiro, ataca os movimento voluntários, como o controle sobre braços e pernas, e, depois, as mãos e os pés. Então, progride para os movimentos involuntários e, finalmente, inibe a respiração, causando a morte. Em alguns casos, o corpo da pessoa sucumbe rapidamente, em outros, não. Os parentes de Martha suportaram dois anos de degeneração antes de morrer. Ela conhecia todos os terríveis detalhes sobre o padrão da doença.

A primeira sessão do grupo da qual participei aconteceu em março. Em abril, Martha apareceu em cadeira de rodas. Tinha muita dificuldade para andar e, por isso, acabara de perder o emprego em uma biblioteca universitária.

Em maio, Martha perdeu o uso do braço direito e não pôde mais usar muleta. Um fisioterapeuta ensinou-a a pegar as coisas do chão com um aparelho composto por um cabo com fita adesiva. Ela manejava a cadeira de rodas manual com muita dificuldade.

Em junho, ela perdeu o uso dos dois braços e mal podia mover os controles manuais da nova cadeira elétrica. Como precisava de cuidados constantes, foi transferida para um hospital de reabilitação.

Passei a visitá-la no novo hospital. Levava-a para pequenos passeios na cadeira de rodas e, às vezes, ia buscá-la para as reuniões do grupo. Aprendi sobre a indignidade de seu sofrimento. Aprendi a checar seus dedos antes de calçar seus sapatos. Se eles estivessem curvados, poderiam enroscar e causar muita dor. Aprendi a fechar suas mãos e colocá-las cuidadosamente nos bolsos de seu casaco. Também tinha de cuidar de seus braços pendurados antes de ajeitá-la no banco do carro. Não é fácil posicionar um corpo de 57 kg de peso morto dentro de um carro compacto.

Martha precisava de ajuda para fazer qualquer movimento: vestir-se, arrumar a cabeça no travesseiro, limpar a comadre. Quando chorava, alguém tinha de enxugar suas lágrimas e de segurar um lenço para que assoasse o nariz. Seu corpo estava em permanente revolta contra sua vontade. Não obedecia a nenhum comando.

Às vezes, conversávamos sobre morte e esperança. Confesso logo que as grandes esperanças cristãs de vida eterna, cura definitiva e ressurreição pareciam vazias, frágeis e inconsistentes como fumaça quando se ficava ao lado de alguém como Martha. Ela não queria as asas de um anjo, mas um braço que não caísse para o lado, uma boca que não babasse e pulmões que não entrassem em falência. Confesso que a eternidade, mesmo sem dor, parecia estranhamente irrelevante para o sofrimento dela.

Ela pensava sobre Deus, é claro, mas dificilmente era com amor. Resistiu a qualquer tipo de conversão no leito de morte, insistindo que buscaria a Deus somente por amor, não por medo. E como poderia amar um Deus que fizera aquilo com ela?

Por volta de outubro, ficou claro que a doença completaria seu horrível ciclo rapidamente em Martha. Logo, teve de exercitar a respiração com uma máquina plástica que parecia um brinquedo, assoprando com toda a força para fazer pequenas bolas azuis subirem em colunas de pressão. Ao tomar fôlego entre um sopro e outro, imaginou o que seria melhor perder primeiro: a voz ou a respiração. Finalmente, decidiu que preferia perder os pulmões primeiro, preferia morrer a ficar muda, incapaz de se comunicar.

Por causa da redução do fornecimento de oxigênio ao cérebro, Martha caía no sono no meio das conversas. Às vezes, à noite, acordava em pânico, como se tivesse levado um choque, e era incapaz de pedir ajuda.

Apesar das dificuldades logísticas, Martha conseguiu fazer uma última viagem a uma casa de campo em Michigan e à casa de sua mãe nas redondezas. Estava fazendo os preparativos finais, dizendo adeus.

Nesse processo, Martha queria poder passar pelo menos duas semanas em seu apartamento em Chicago para chamar os amigos, um a um, a fim de se despedir e de preparar-se para a morte. Mas as duas semanas no apartamento eram um grande problema. Como ficaria em casa se precisava de assistência constante? Poderia receber ajuda do governo para as custas do hospital, mas não em sua casa, não com o serviço intensivo do qual precisava para manter-se viva.

Somente um grupo da cidade de Chicago ofereceu afetuosamente o atendimento personalizado e gratuito de que ela precisava: a Associação Reba Place, uma comunidade cristã em Evanston. Dentre os membros da associação, havia uma paraplégica chamada Sara que conhecia bem a agonia de viver num corpo que não funcionava como deveria. Em parte pela influência de Sara, toda a comunidade adotou Martha como projeto e se ofereceu para tudo o que fosse necessário para atender a seus últimos desejos.

Dezesseis mulheres adaptaram suas vidas em função dela, dividindo-se em equipes, mudando seus horários, cuidando dos filhos umas das outras, para poder ficar em seu apartamento, duas por turno. Mais 17 pessoas apresentaram-se como grupo de apoio para orar por Martha e pelos que cuidavam dela. Elas oraram pela cura milagrosa, mas também por aqueles que ministrariam a ela, caso a doença continuasse seu curso fatal.

As 16 mulheres ficaram com Martha, ouviram seus desvarios e reclamações, banharam-na, ajudaram-na a sentar-se, transportaram-na, sentaram a seu lado a noite toda para ouvir sua respiração, oraram por ela e se dedicaram com amor. Estavam sempre prontas a aplacar seus medos. Deram-lhe uma noção de lugar para que não se sentisse mais desamparada e ofereceram sentido a seu sofrimento. Para Martha, eram o corpo de Deus.

As mulheres da Reba Place também lhe explicaram sobre a esperança cristã. Finalmente, Martha, vendo o amor de Deus encarnado em seu corpo, ou, seja, na vida daquelas mulheres, num momento em que o próprio Deus parecia não ter compaixão ou mesmo ser cruel, buscou-o em Cristo. Apresentou-se com fé àquele que morreu por ela. Não buscou a Deus por medo, mas finalmente descobriu seu amor. Num culto muito comovente em Evanston, com o resto de suas forças, prestou testemunho e foi batizada.

Na véspera do Dia de Ação de Graças de 1983, Martha morreu. Seu corpo enrugado, deformado, atrofiado, era uma imitação patética de sua beleza anterior. Quando finalmente parou de funcionar, Martha abandonou-o. Mas hoje ela vive, em um novo corpo, na plenitude e no triunfo. Ela vive por causa da vitória de Cristo e de seu corpo em Reba Place, que tornou essa vitória possível para ela. E se não acreditarmos nisso, e se nossa esperança cristã, endurecida pela sofisticação, não nos permitir oferecer essa verdade a um mundo convulso e agonizante, então realmente somos, como disse o apóstolo Paulo, de todos os homens, os mais dignos de compaixão.

QUINTA PARTE

Como a fé pode ajudar?

Vendo com os próprios olhos

Deus chora conosco para que possamos
um dia rir com ele.

JÜRGEN MOLTMANN

Toda religião, seja budista, hinduísta, muçulmana ou holística, deve de alguma forma tratar do problema da dor. Boa parte do que apresentei até agora — o valor da dor para o corpo humano, como se preparar para o sofrimento e como ajudar uns aos outros por meio dele —, aplica-se a todas as pessoas, independentemente da crença religiosa. Mas que diferença faz a fé cristã especificamente? A que recursos os cristãos podem recorrer?

Com essa pergunta, de certo modo, voltamos à primeira questão do livro: se Deus está conosco quando chega a dor, por que não nos ajuda? É uma pergunta que C. S. Lewis fez, assim como Claudia Claxton, a atriz cujo namorado caiu do barco, Joni Eareckson Tada, Brian Sternberg e os sobreviventes dos campos de concentração. É uma pergunta que todo sofredor acaba fazendo. Onde está Deus? O que ele acha de minha situação? Ele se importa comigo?

A cotovia está no galho
A lesma no casco
Deus está no céu
Tudo está bem no mundo.

Robert Browning escreveu essas palavras em meados do século XIX, uma época de grande otimismo. Mas depois de duas guerras mundiais e de dois ataques com bombas atômicas, do Holocausto, de vários genocídios e da fome no mundo inteiro, poucos se atreveriam a dizer hoje: "Tudo está bem no mundo". O pior é que Deus parece ficar tranqüilamente no céu, apesar de tudo estar ruim no mundo. Por que ele não faz alguma coisa?

O APELO DE UM TRABALHADOR RURAL

Vejamos uma queixa dos tempos modernos a Deus, que partiu de uma trabalhadora rural, migrante e mãe, conforme a narrativa do psiquiatra e escritor Robert Coles.

> No ano passado, fomos a uma pequena igreja em Nova Jersey. [...] Todos os nossos filhos, inclusive o nenê, nasceram nessa cidade. O reverendo Jackson estava lá na igreja. Nunca esquecerei seu nome. Ele disse que nos acalmássemos, que deveríamos ficar felizes por morarmos nos Estados Unidos, um país cristão, e não um país sem Deus.
>
> [...] Então, meu marido perdeu a paciência; acho que ficou muito nervoso. Ele se levantou e começou a gritar, sim senhor. Chegou perto do reverendo Jackson e mandou que ele se calasse e que não dissesse mais nada, não para nós, migrantes. Mandou que voltasse para sua igreja, fosse onde fosse, e nos deixasse em paz, em vez de ficar ali, parado em pé, como se estivesse nos fazendo um favor.
>
> Então, fez a coisa pior que podia: pegou Aninha, a bebê, e a pôs bem na cara do reverendo, falou alto, gritou e ralhou com ele, como nunca vi ninguém fazer. Não sei bem o que ele disse, as palavras certas, mas disse que aí estava a nossa Aninha, que nunca tinha ido ao médico, mas estava doente... e que a gente não tinha dinheiro, nem para ela, nem para os outros, nem para nós.
>
> Depois, levantou a Ana bem alto, mais alto do que o reverendo, e perguntou por que ele não orava por ela, por que não orava para os donos da plantação serem castigados pelo que estavam fazendo com a gente, com todos os migrantes. [...] Daí, meu marido começou a gritar, cada vez mais alto, contra Deus, que ele não cuidava da gente, cuidava só e muito bem das outras pessoas dali.
>
> O reverendo respondeu, e esse foi seu grande erro, se foi! O reverendo disse que a gente deveria tomar cuidado e não começar a pôr a culpa em Deus, a criticar e a fazer queixa dele, porque Deus não tinha nada que cuidar das coisas que os donos da plantação faziam, não tinha nada a ver com a vida da gente aqui na terra. "Deus cuida do futuro de vocês", foi o que o reverendo disse. Puxa, meu marido explodiu! Acho que ele gritou umas dez vezes para o reverendo: "Futuro, futuro, futuro". Daí meu marido pegou a Ana e quase a

enfiou na cara do reverendo. Ana começou a chorar, a coitadinha, e ele perguntou ao reverendo qual era o "futuro" dela e perguntou o que é que ele, o reverendo, iria fazer, se tivesse um "futuro" igual ao da gente.

Disse depois ao reverendo que ele era igual a todo o resto, ganhando dinheiro à custa da gente. Segurou a Ana tão alto quanto podia, bem perto da cruz, e falou para Deus que era melhor ele não ter ministros falando por ele, que era melhor ele mesmo ver as coisas, e não ter "pregadores" — e continuou chamando-os de "pregadores" — falando por ele.

[...] Quando acabou de falar dos "pregadores", veio para junto da gente. Não havia o menor ruído na igreja, não senhor, ficou tudo quieto, até que uns homens falaram que ele tinha razão, que meu marido estava certo... e todo mundo bateu palmas. Achei tudo isso meio esquisito.[1]

Essa família de migrantes demonstra perfeitamente o dilema da dor e do sofrimento. Por que Deus permite um mundo onde há crianças doentes, onde falta dinheiro e falta esperança? O problema deles não é abstrato nem filosófico. É humano. É o sofrimento da filha, e eles não vêem solução. Será que Deus se importa com isso?

Nada que eu diga neste ou em qualquer outro livro resolveria o problema dessa família de trabalhadores rurais. Essas pessoas clamam por um ato de amor compassivo, não por uma solução teórica. Mas, em sua empolgação, o trabalhador irado inconscientemente ressaltou a maior contribuição do cristianismo para o problema da dor. Segurando a filha diante do reverendo, perto da cruz, ele exigiu que Deus viesse a seu encontro e visse com os próprios olhos como era este mundo. Não bastava que os pregadores falassem por ele.

O fato é que Deus, realmente, veio. Ele veio ao mundo em carne humana, e viu e sentiu por si mesmo como era este mundo. A não ser pela Encarnação, nossa fé não teria muito mais a dizer ao trabalhador.

IMPONDO AS PRÓPRIAS REGRAS

Personagens do Antigo Testamento como Jó e Jeremias, às vezes, questionavam se Deus teria "tapado os ouvidos" a seus gritos de dor. Jesus colocou definitivamente um ponto final em tais especulações. Além de não ter tapado os ouvidos, Deus passou a ter ouvidos, no sentido literal, ouvidos humanos, com tímpano, cóclea e tudo. Nas planícies secas da Palestina, o Filho de Deus ouviu diretamente as vibrações moleculares do gemido humano: dos doentes, necessitados e outros que gemiam mais por culpa do que por dor.

Clareie a mente e reflita por um momento sobre a vida de Jesus. Ele foi a única pessoa na história capaz de planejar o próprio nascimento. No entanto, humilhou-se, trocando um corpo celestial perfeito por um frágil, de sangue e nervos, cartilagem e neurônios. A Bíblia diz que não há nenhuma tentação conhecida pelo homem que Jesus não tenha experimentado. Ele sentiu solidão, cansaço, fome, foi pessoalmente atacado por Satanás, assediado ostensivamente por admiradores, perseguido por poderosos inimigos.

Quanto à aparência física, há somente uma descrição de Jesus na Bíblia, escrita centenas de anos antes de seu nascimento pelo profeta Isaías: "Ele não tinha qualquer beleza ou majestade que nos atraísse, nada havia em sua aparência para que o desejássemos. Foi desprezado e rejeitado pelos homens, um homem de dores e experimentado no sofrimento. Como alguém de quem os homens escondem o rosto" (Is 53.2,3).

Quando Jesus começou seu ministério, as pessoas gritavam: "Será que Nazaré é capaz de produzir alguma coisa boa?". Era uma piada bairrista de então: Jesus era um caipira, um matuto de Nazaré. Mantendo essa reputação, parecia gravitar ao redor de outros rejeitados: leprosos de quarentena, prostitutas, cobradores de impostos, paralíticos, pecadores notórios.

Os vizinhos de Jesus, certa vez, o expulsaram da cidade e tentaram matá-lo. Sua própria família questionou sua santidade. Os líderes de então orgulhosamente anunciaram que nenhuma autoridade ou líder religioso deveria acreditar nele. Seus discípulos eram uma mistura de pescadores e camponeses, entre os quais os trabalhadores rurais migrantes se sentiriam totalmente à vontade. Mas, no fim, até eles abandonaram a Jesus, quando seus conterrâneos trocaram sua vida pela de um terrorista.

Nenhuma outra religião, seja o judaísmo, o hinduísmo, o budismo ou o islamismo, oferece essa contribuição única de um Deus Todo-poderoso que deliberadamente assume as limitações e o sofrimento de sua criação. Como escreveu Dorothy Sayers:

> Seja qual for o motivo pelo qual Deus resolveu fazer o homem como ele é, limitado, sofredor e sujeito ao sofrimento e à morte, teve a honestidade e a coragem de tornar-se também homem. Seja qual for seu plano para com a criação, ele jogou segundo suas próprias regras e foi justo. Nada exigirá do homem que não tenha exigido de si mesmo. Ele próprio sofreu todo tipo de experiência humana, desde irritações triviais da vida familiar, a dor física do trabalho pesado e falta de dinheiro até os piores horrores da dor e da humilhação, derrota, desespero e morte. Quando ele foi homem, agiu como homem. Nasceu na pobreza e morreu na desgraça, e achou que valeu a pena.[2]

O fato de Jesus vir à terra, sofrer e morrer não nos exime da dor, mas mostra que Deus não permaneceu calmamente sentando, deixando que sofrêssemos no isolamento. Tornou-se um de nós. Por isso, em Jesus, Deus oferece um olhar pessoal e claro de sua reação ao sofrimento humano. Todas as nossas questões sobre Deus e o sofrimento deveriam, realmente, passar pelo filtro de nosso conhecimento sobre Jesus.

Como o Deus na terra reagiu à dor? Quando encontrava uma pessoa que sofria, era totalmente tomado de compaixão (das palavras latinas *pati* e *cum*, "sofrer com"). Ele nunca disse: "Agüente sua fome! Engula a sua dor!". Quando Lázaro, amigo de Jesus, morreu, ele chorou. Com freqüência, sempre que era diretamente solicitado, curava a dor. Às vezes, transgredia costumes há muito arraigados, como quando tocou uma mulher com hemorragia ou os segregados, ignorando os avisos: "Impuro!".

O padrão comportamental de Jesus deveria convencer-nos de que Deus não gosta de assistir ao sofrimento. Duvido que os discípulos de Jesus se atormentassem com questões do tipo: "Será que Deus se importa?". Eles tinham provas concretas de sua preocupação todos os dias. Bastava olhar para o rosto de Jesus.

E quando o próprio Jesus enfrentou o sofrimento, reagiu como muitos de nós reagiríamos: fugindo da dor, perguntando três vezes se não havia outro caminho. Mas não havia, e ele teve de experimentar, talvez pela primeira vez, aquela sensação extremamente humana de abandono: "Meu Deus! Meu Deus! Por que me abandonaste?". No relato da Bíblia sobre a última noite de Jesus na terra, podemos ver uma forte luta contra o medo, o desamparo e a esperança, as mesmas fronteiras que todos nós encontramos em nosso sofrimento.

O relato da vida de Jesus na terra deveria responder definitivamente à pergunta sobre o que Deus sente a respeito da dor. Em resposta, não nos ofereceu palavras nem teorias sobre o problema da dor, mas a si próprio. A filosofia pode explicar questões complexas, mas não as mudará. O evangelho, a história da vida de Jesus, promete mudança.

A EXECUÇÃO

O amor é como um prego
O amor *é* um prego:
Áspero, grosso, forjado entre
Os nervos mediais daquele
Que, ao nos fazer, sabia
O que tinha feito,

Vendo (com todo o seu significado)
Nossa cruz e a sua.

(C. S. Lewis, "Love's as warm as tears")

Existe um símbolo central pelo qual nos lembramos de Jesus. Hoje, essa imagem é revestida de ouro e pendurada no pescoço de atletas e de mulheres bonitas, um exemplo do quanto somos capazes de encobrir a cruel realidade da história. A cruz era, é claro, um método de execução. Não seria mais bizarro do que fazer jóias na forma de pequenas cadeiras elétricas, câmaras de gás e agulhas hipodérmicas, principais métodos de execução atuais.

A cruz, imagem mais universal na religião cristã, oferece a prova de que Deus se importa com o sofrimento e a dor. Ele morreu por isso. Esse símbolo permanece único entre todas as religiões do mundo. Muitas delas têm deuses, mas somente uma tem um Deus que se importa o bastante para tornar-se homem e morrer.

A cena, com açoitamentos, pregos e o lento tormento da asfixia, é contada com tanta freqüência que nós, que nos assustamos diante da notícia da morte de um cavalo de corrida ou de um filhote de foca, não nos abalamos diante dela. Diferentemente das rápidas e estéreis execuções de hoje, aquela se estendeu durante horas diante de uma multidão escarnecedora.

As promessas que Jesus fez devem ter parecido vazias, especialmente para o povo de seu tempo. Esse homem é rei? Um rei falso, se tanto, com uma coroa de espinhos e um elegante manto vermelho que colocaram sobre ele, que o sangue do açoitamento de Pilatos acabou manchando.

Mais improvável ainda: esse homem é Deus? Mesmo para seus discípulos, que o acompanharam durante três anos, era muito difícil de acreditar. Eles se misturaram à multidão, com medo de ser identificados com o "rei falso". Seu sonho de um governante poderoso que acabaria com todo sofrimento tornara-se um pesadelo.

A morte de Jesus é o alicerce da fé cristã, o fato mais importante de sua vinda. O evangelho está repleto de detalhes sobre isso. Deixou um rastro de sinais e de predições manifestas em todo o seu ministério, predições que foram entendidas apenas depois que ele se fora. Que contribuição para o problema da dor se pode tirar de uma religião baseada em um evento como a cruz, no qual o próprio Deus sucumbiu à dor?

O apóstolo Paulo chamou a cruz de "escândalo", e a história provou o que ele disse. Rabinos judeus questionam que um Deus incapaz de assistir ao sacrifício do filho de Abrão não permitisse que o próprio Filho morresse. O Alcorão ensina que Deus, que era muito bondoso para deixar Jesus ir para a cruz, trocou-o por um malfeitor. Mesmo hoje, Phil Donahue, personalidade da televisão norte-americana, explica sua grande objeção ao cristianismo: "Como um Deus de amor, onisciente, pôde permitir que seu Filho morresse na cruz a fim de redimir meus pecados? Se Deus, o Pai, é tão repleto de amor, por que ele mesmo não foi ao Calvário?".

Todos esses contestadores deixaram escapar o principal conceito do evangelho, que, de forma misteriosa, *foi* o próprio Deus que veio à terra e morreu. Deus não ficou "lá em cima" assistindo à conspiração dos trágicos eventos que se passavam "aqui embaixo". Deus estava *em Cristo* reconciliando o mundo consigo. Numa frase de Lutero, a cruz mostrou "Deus lutando contra Deus". Se Jesus fosse meramente um homem, sua morte provaria a crueldade de Deus. O fato de ser Filho de Deus prova que, ao contrário, Deus identifica-se totalmente com o sofrimento da humanidade. Na cruz, o próprio Deus absorveu a terrível dor deste mundo.

Para alguns, a imagem de um corpo pálido, vislumbrado numa noite escura, soa como derrota. O que tem de bom um Deus que não detém o sofrimento de seu Filho? Mas podemos ouvir outro som: o grito de um Deus que diz aos seres humanos: "AMO VOCÊS". O amor foi condensado para toda a história naquela figura solitária na cruz, que disse que poderia chamar os anjos a qualquer momento para resgatá-lo, mas escolheu não fazê-lo por amor a nós. No Calvário, Deus aceitou seus próprios termos invioláveis de justiça.

E, assim, a cruz, um escândalo para alguns, tornou-se o alicerce da fé cristã. Toda discussão sobre a inclusão ou não da dor e do sofrimento no plano de Deus acaba nos levando de volta à cruz.

No fim do livro de Jó, Deus responde às questões sobre o sofrimento fazendo um belo sermão sobre seu poder. Depois do Calvário, a ênfase passa do poder para o amor:

> Porque Deus tanto amou o mundo que deu o seu Filho Unigênito, para que todo o que nele crer não pereça, mas tenha a vida eterna (Jo 3.16).
>
> Se Deus é por nós, quem será contra nós? Aquele que não poupou seu próprio Filho, mas o entregou por todos nós, como não nos dará juntamente com ele, e de graça, todas as coisas? (Rm 8.31,32)

POR QUE É IMPORTANTE

Uma vez, falei com um pastor que tinha acabado de realizar um culto fúnebre de uma garota de 8 anos. Sua igreja orou, chorou e compartilhou da agonia da família por mais de um ano, enquanto a menina lutava uma batalha inútil contra o câncer. O enterro esgotou todas as emoções, energias e mesmo a fé do pastor.

— O que posso dizer a essa família? — confessou-me. — Não tenho nenhuma solução a oferecer. O que posso dizer? — Depois de uma pausa, acrescentou: — Não tenho nenhuma solução para essa dor; tenho apenas uma resposta: Jesus Cristo.

A morte e a ressurreição de Jesus Cristo oferecem mais do que uma resposta teológica e abstrata para o problema da dor. Ela oferece uma ajuda prática e real em nossa luta contra o sofrimento. Identifiquei, pelo menos, quatro maneiras pelas quais esses eventos, agora com 2 mil anos, afetam diretamente meu sofrimento.

Aprender a julgar o presente pelo futuro.

Disse um sábio chamado Joe Bayly: "Não se esqueça na escuridão daquilo que aprendeu na luz". No entanto, às vezes, a escuridão é tão forte que mal conseguimos nos lembrar da luz. Deve ter sido assim para os discípulos de Jesus.

No encontro mais íntimo com eles, durante a refeição conhecida como santa ceia, Jesus fez a retumbante declaração: "Neste mundo vocês terão aflições; contudo, tenham ânimo! Eu venci o mundo" (Jo 16.33). Posso até imaginar o arrepio percorrendo a espinha daqueles onze homens que ouviram essa asseveração da boca do próprio Deus em carne e osso. Naquele momento, onze dos doze homens dariam alegremente a vida por ele. Mais tarde, naquela noite, Simão Pedro, na verdade, levantou uma espada em defesa de Jesus.

Entretanto, no dia seguinte, todos os onze perderam a fé. Aquelas palavras triunfantes da noite anterior devem tê-los assombrado cruelmente quando assistiram, a distância, em segurança, à sua agonia na cruz. Parecia que o mundo tinha vencido a Deus. Todos mergulharam na escuridão. Pedro jurou que não conhecia aquele homem.

O problema dos discípulos, é claro, foi uma questão de perspectiva. Sim, a lembrança da luz do passado extinguira-se, mas dias depois esses mesmos homens encontrariam a luz deslumbrante da Páscoa. Naquele dia, aprenderam que nenhuma escuridão é forte o bastante para Deus. Aprenderam o significado de julgar o presente pelo futuro. Estimulados pela esperança da Páscoa, esses ex-covardes saíram pelo mundo e o mudaram.

Atualmente, metade do mundo comemora o feriado consecutivo da sexta-feira santa e da Páscoa. A sexta-feira mais negra que já existiu agora é santa por causa do que aconteceu no domingo de Páscoa. Por tudo o que aconteceu, os cristãos têm esperança de que Deus, um dia, retornará este planeta a seu devido lugar sob seu reino. O milagre da Páscoa atingirá escala cósmica.

É bom lembrar, na escuridão, nos momentos difíceis, que vivemos hoje o sábado de Páscoa. Como disse o apóstolo Paulo: "Considero que os nossos sofrimentos atuais não podem ser comparados com a glória que em nós será revelada" (Rm 8.18). Acredito que não foi por acidente que Jesus proferiu as triunfantes palavras EU VENCI O MUNDO, enquanto soldados romanos empenhavam suas armas para prendê-lo. Ele sabia julgar o presente pelo futuro.

Aprender o exemplo da dor transformada.

O cristianismo contém paradoxos que não fariam muito sentido, não fosse a vida e a morte de Jesus. Considere um desses paradoxos que já citei neste livro: embora a pobreza e o sofrimento sejam "coisas ruins" contra as quais passo minha vida honestamente lutando, são, ao mesmo tempo, chamadas de "bênçãos". Esse exemplo de mal transmutado em bem encontra sua expressão máxima em Jesus. Tomando-a para si, Jesus dignificou a dor, mostrando-nos que ela pode ser transformada. Deu um exemplo que deseja reproduzir em nós.

Jesus Cristo oferece o exemplo perfeito de todas as lições bíblicas sobre o sofrimento. Por causa dele, nunca direi a qualquer pessoa:

— Deve estar sofrendo por causa de algum pecado que cometeu.

Jesus, que não pecou, sofreu. Deus nunca prometeu que os tornados pouparão nossas casas a caminho de atingir as casas de nossos vizinhos pagãos e que os micróbios desaparecerão do corpo dos cristãos. Não estamos isentos das tragédias do mundo, assim como o próprio Deus não estava. Lembre-se de que Pedro mereceu a maior reprimenda de Jesus quando protestou contra a necessidade de Cristo sofrer (Mt 16.23-15).

Sentimos a dor como um ultraje. Jesus também sentia, e é por isso que realizava os milagres da cura. No Getsêmani, ele não orou: "Obrigado por esta oportunidade de sofrer", mas suplicou desesperadamente por uma saída. Entretanto, estava disposto a submeter-se ao sofrimento para servir a um objetivo maior. No fim, deixou as questões difíceis ("se for possível...") à vontade do Pai e confiou que Deus usaria inclusive o ultraje de sua morte para o bem.

Nas palavras de Cornelius Plantinga: "Não nos referimos à cruz de Cristo para explicar o mal. Não é como se, ao ponderar sobre o Calvário, finalmente entenderemos o câncer de garganta. Antes, devemos levantar os olhos para a cruz, de onde vem nossa ajuda, para ver que Deus compartilha de nossa sorte e, portanto, merece nossa *confiança*".[3] Na maior alquimia de toda a história, Deus suportou a pior dor que poderia acontecer, a execução horrenda de seu

Filho inocente, e a transformou na vitória definitiva contra o mal e a morte. Foi um ato de astúcia sem precedentes usar o plano do mal a serviço do bem, um ato que carrega uma promessa para todos nós. O sofrimento incalculável da cruz foi totalmente redimido: pelas suas *feridas* fomos curados (Is 53.5), pela sua fraqueza fomos fortalecidos.

Como seria o mundo se Jesus tivesse vindo como um super-homem, imune à dor? E se ele não tivesse morrido, mas simplesmente ascendido ao céu durante o julgamento diante de Pilatos? Ao não se isentar, mas deliberadamente sofrer tudo o que o mundo tem de pior a oferecer, ele nos dá a esperança de que Deus também pode transformar o sofrimento que cada um de nós tem de enfrentar. Por causa de sua morte e ressurreição, podemos seguramente deduzir que nenhuma provação — doença, divórcio, desemprego, falência, luto — está além do alcance de seu poder transformador.

Os quatro evangelhos registram apenas um único momento no qual os discípulos de Jesus trataram-no diretamente como Deus. Está no fim do livro de João, depois da morte e da ressurreição de Jesus. Todos os discípulos, então, já acreditavam no Cristo ressuscitado, exceto um: o incrédulo Tomé. Tomé, um empirista, insiste que não se convencerá, a menos que coloque os dedos nas feridas das mãos e no lado de Jesus. Pouco depois, Jesus aparece, apesar das portas trancadas, e oferece exatamente essa oportunidade: "Senhor meu e Deus meu!", Tomé exclama. As feridas eram a prova de um milagre maior que todos os milagres.

Aprender um novo sentido para o sofrimento.

No Antigo Testamento, os fiéis pareciam ficar chocados quando encontravam o sofrimento. Esperavam que Deus recompensasse sua lealdade com prosperidade e conforto. Mas o Novo Testamento mostra uma mudança notável: seus autores esperam exatamente o oposto. Como aconselhou Pedro aos cristãos sofredores: "Este sofrimento todo é uma parte da obra que Deus lhes deu. Cristo, que sofreu por vocês, é o seu exemplo. Sigam em seus passos" (1Pe 2.21; BV).

Outras passagens vão além, usando frases que não tentarei explicar. Paulo fala da "participação em seus [de Cristo] sofrimentos" e diz que espera completar em seu "corpo o que resta das aflições de Cristo". No contexto, todas essas passagens mostram que o sofrimento pode ganhar significado, se o considerarmos parte da "cruz" que carregamos como seguidores de Jesus.

Embora nem sempre acabe com nossa dor, Cristo lhe dá sentido assimilando-a em seu próprio sofrimento. Ajudamos a realizar os propósitos redentores de Deus no mundo participando com ele da batalha para expulsar o mal deste planeta.

Harry Boer, que serviu quatro anos como capelão durante a Segunda Guerra Mundial, passou os últimos dias da guerra entre os fuzileiros navais no Pacific Theater. "A Segunda Divisão viu muita ação, com grandes perdas", escreveu. "No entanto, nunca encontrei um único soldado ou oficial que nem por um instante duvidasse do resultado da guerra. Nem conheci nenhum fuzileiro que perguntasse por que, já que a vitória era certa, não podiam conquistá-la imediatamente. Era simplesmente uma questão de persistir até que o inimigo desistisse."[4]

Vejo uma situação semelhante nas palavras veladas sobre participar do sofrimento de Cristo. Uma guerra muito maior está sendo travada neste planeta, que determinará o destino de toda a criação. E essa guerra terá algumas baixas.

De acordo com Paulo, Cristo, na cruz, triunfou sobre os poderes cósmicos, derrotando-os não com poder, mas com amor abnegado. A cruz de Cristo pode ter garantido o resultado final, mas ainda restam batalhas que devemos travar. Paulo orou para "conhecer Cristo, o poder da sua ressurreição e a participação em seus sofrimentos", abraçando tanto a agonia quanto o arrebatamento da vida de Cristo na terra (Fp 3.10).

Ajuda, porém, saber que as baixas que sofremos são ferimentos de honra que um dia serão recompensados. Nesta vida, nunca conheceremos completamente o significado de nossas ações, pois muitas nos são imperceptíveis. A cruz de Cristo oferece um modelo para isso também: o que parecia bastante corriqueiro, mais uma terrível façanha da "justiça" colonial em um posto avançado romano, tornou possível a salvação do mundo inteiro.

Quando um pastor na África do Sul vai para a prisão por fazer um protesto pacífico, quando um assistente social muda-se para um gueto urbano, quando um casal recusa-se a desistir de um casamento difícil, quando um pai aguarda sem perder a esperança e a capacidade de perdoar pelo retorno de um filho distante de si, quando um jovem profissional resiste às crescentes tentações de riqueza e de sucesso, quando acontecem todos esses sofrimentos, grandes e pequenos, existe a garantia de um sentido mais profundo, de compartilhar a vitória redentora de Cristo. "A natureza criada aguarda, com grande expectativa, que os filhos de Deus sejam revelados" (Rm 8.19).

Ter a certeza de que Deus realmente entende a minha dor.

Por causa de Jesus, nunca precisarei gritar aos céus: "Ei, você aí em cima. Você se importa ou não?". A presença do sofrimento não significa que Deus nos esqueceu. Ao contrário, ao se juntar conosco na terra, o Senhor deu uma prova histórica e concreta de que ouve nossos gemidos e também geme conosco.

Quando passamos por provações, fica a nosso lado, como o quarto homem na fornalha de fogo ardente.

Por que Jesus teve de sofrer e morrer? A questão é digna de um livro inteiro, e de fato inspirou muitos, mas entre as respostas que a Bíblia oferece está a mais misteriosa de todas: o sofrimento serviu como uma espécie de "experiência de aprendizagem" para Deus. Essas palavras podem ter um tom herético, mas estou simplesmente seguindo o estilo do livro de Hebreus.

Hebreus foi escrito para um público judeu cansado do Antigo Testamento. O autor esforça-se para mostrar que Jesus é "melhor", uma palavra-chave em todo o livro. Como ele é melhor que o sistema religioso ao qual eles estavam acostumados? É mais poderoso? Mais comovente? Não, Hebreus enfatiza que Jesus é melhor porque preencheu a lacuna que existia entre Deus e nós: "Embora sendo Filho, ele aprendeu a obedecer por meio daquilo que sofreu" (5.8). Em outra parte, o livro conta que o autor da nossa salvação tornou-se perfeito por meio do sofrimento (2.10).

Essas palavras, cheias de mistério, certamente significavam, no mínimo, que a Encarnação fazia sentido tanto para Deus como para nós. A história humana não gira em torno de nossa experiência com Deus, mas de sua experiência conosco. De certo modo, é claro, Deus entendia a dor física, pois criou o maravilhoso sistema nervoso que nos protege do perigo. Mas, como Espírito, teria ele sentido dor física? Não até a Encarnação, o abalo no tempo no qual o próprio Deus descobriu o que significa ser humano.

Nos 33 anos que passou na terra, Jesus conheceu a privação, a rejeição e a traição e também aprendeu sobre a dor: a marca vermelha dos dedos de um acusador em seu rosto, um açoite com metal nas costas, um pedaço de ferro puro cravado através dos músculos, tendões e ossos. Na terra, o Filho de Deus aprendeu tudo isso.

De forma incompreensível, por causa de Jesus, Deus ouve nossas súplicas de maneira diferente. O autor de Hebreus admira-se porque, seja o que for que experimentemos, Deus em pessoa já experimentou também: "pois não temos um sumo sacerdote que não possa compadecer-se das nossas fraquezas, mas sim alguém que, como nós, passou por todo tipo de tentação, porém sem pecado" (4.15).

Temos um sumo sacerdote que, após se graduar na escola do sofrimento, "é capaz de se compadecer dos que não têm conhecimento e se desviam, visto que ele próprio está sujeito à fraqueza" (5.2). Por causa de Jesus, Deus compreende, de fato, nossa dor. Nossas lágrimas tornam-se suas lágrimas. Nós não fomos abandonados. O trabalhador rural com a filha doente, a criança de 8 anos com leucemia, os pais enlutados em Yuba City, os pacientes de lepra em Louisiana, ninguém precisa sofrer sozinho.

T. S. Eliot escreveu em um de seus *Quatro quartetos*:

> O cirurgião ferido maneja o aço
> Que interroga a parte enferma,
> Sob as mãos a sangrar nós sentimos
> A afiada compaixão da arte de quem cura
> A resolver o enigma do gráfico da febre.[5]

A cirurgia da vida dói. No entanto, nos ajuda saber que o próprio cirurgião, o Cirurgião Ferido, sentiu cada fisgada de dor e cada aflição.

O resto do corpo

Aqueles que conheceram a dor profundamente são mais cautelosos antes de empregar clichês sobre o sofrimento. A experiência com o mistério transcende o plano das idéias e produz, enfim, o silêncio ou, pelo menos, a relutância de expressar em palavras o conforto que só pode ser expresso pela comunhão com o sofredor.

JOHN HOWARD GRIFFIN

Nos três anos de ministério público, o Filho de Deus expôs suas emoções abertamente. Qualquer pessoa poderia chegar a Jesus e demonstrar seus sofrimentos. Qualquer um podia segui-lo e, observando sua reações diante dos doentes e necessitados, obter uma clara resposta para a pergunta: "O que Deus sente diante da dor?".

Mas, obviamente, Jesus não permaneceu na terra e, há quase 2 mil anos, a igreja está sem a presença física de Cristo. Não se pode, agora, ir para Jerusalém, alugar um carro e marcar uma entrevista pessoal com ele no Hotel Rei Davi. Como fica quem vive nos tempos atuais? Como sentir o amor de Deus?

Os autores do Novo Testamento, ainda adaptando-se ao fato da partida de Jesus, trataram da questão com certa urgência. Dão duas sugestões principais.

Romanos 8 apresenta uma delas: "Da mesma forma o Espírito nos ajuda em nossa fraqueza, pois não sabemos como orar, mas o próprio Espírito intercede por nós com gemidos inexprimíveis". O evangelho revela o *Deus ao lado*, um Deus que se fez carne e ouviu os gemidos da humanidade com ouvidos humanos; as epístolas revelam o *Deus interior*, um Espírito invisível que vive dentro de nós e dá forma à nossa dor inexprimível.

Por escrever sobre dor e decepção, recebo cartas de pessoas que deixam escapar gemidos contidos. Conheço bem a sensação de desamparo de não saber como orar, o que imagino que acontece com todos os cristãos às vezes. Como orar por um casamento fadado ao fracasso que parece representar apenas estagnação, e não crescimento? Ou pelo pai de uma criança diagnosticada com câncer terminal? Ou por um cristão no Nepal que é preso por causa de sua fé? O que podemos pedir? Como orar?

Romanos 8 anuncia a boa nova de que não precisamos saber como orar. Precisamos apenas gemer. Ao ler as palavras de Paulo, imagino as mães capazes de traduzir o choro sem palavras de seus bebês. Sei que, com anos de experiência, a mulher aprendeu a distinguir o choro da fome do choro da carência, o choro da dor de ouvido do choro da dor de estômago. Para mim, os sons são idênticos, mas não para as mães, que naturalmente discernem o significado do choro da criança indefesa.

O Espírito de Deus possui recursos de sensibilidade superiores aos da mais sábia das mães. Paulo diz que o Espírito vive dentro de nós, revelando necessidades que não somos capazes de enunciar nem expressar numa linguagem que não podemos compreender. Quando não sabemos como orar, ele o faz. Obviamente, Deus também se deleita em nosso desamparo. Nossa fraqueza é uma oportunidade para que sua força se manifeste.

Por isso, por causa da nova intimidade de um Deus compassivo que vive dentro de nós, Jesus informou a seus discípulos que, na verdade, era bom que ele se fosse: "Se eu não for, o Conselheiro não virá para vocês" (Jo 16.7). Agora, o Espírito Santo vive dentro de nós como se fosse uma marca pessoal da presença de Deus. Em outra parte, ele é chamado de "depósito", uma garantia de que melhores tempos virão.

Mas o Espírito Santo é apenas isto: um Ser invisível, rápido como o vento, inacessível ao toque humano. E o céu permanece em algum lugar no futuro. E o momento presente? Que garantia, física e palpável, temos do amor de Deus aqui na terra?

A segunda resposta do Novo Testamento gira em torno do "corpo de Cristo", uma expressão misteriosa usada mais de trinta vezes. Paulo, principalmente, usou essa expressão como resumo da imagem da igreja. Quando Jesus se foi, entregou sua missão a homens e mulheres imperfeitos e desajeitados. Assumiu o papel de chefe da igreja, deixando a tarefa dos braços, das pernas, dos ouvidos, dos olhos e da voz aos erráticos discípulos e a nós. O poeta francês Paul Claudel expressou essa mudança da seguinte forma: "Desde a Encarnação, Jesus tinha apenas um desejo: recomeçar a vida humana que viveu. É por isso que ele quer outras naturezas humanas, pessoas que permitam que ele comece tudo novamente".[1]

Uma leitura cuidadosa dos quatro evangelhos mostra que essa nova ordem era o que Jesus tinha em mente o tempo todo. Ele sabia que seu tempo na terra era curto e proclamou uma missão que se estendeu mesmo depois de sua morte e ressurreição: "... sobre esta pedra edificarei a minha igreja, e as portas do inferno não prevalecerão contra ela" (Mt 16.18; ARC).

A decisão de Jesus de funcionar como o chefe invisível de um grande corpo com muitos membros afeta nossa visão do sofrimento. Isso significa que ele conta muito conosco para que nos ajudemos mutuamente. A expressão "corpo de Cristo" expressa bem nosso chamado: representar em carne a personalidade de Cristo, especialmente para os necessitados.

O apóstolo Paulo deve ter pensado num processo semelhante quando escreveu: "[Deus] nos consola em todas as nossas tribulações, para que, com a consolação que recebemos de Deus, possamos consolar os que estão passando por tribulações. Pois assim como os sofrimentos de Cristo transbordam sobre nós, também por meio de Cristo transborda a nossa consolação" (2Co 1.4,5). E em todo o seu ministério, Paulo colocou esse princípio em prática, fazendo arrecadações para vítimas da fome, enviando assistentes para áreas de conflito, reconhecendo os dons dos cristãos como dons do próprio Deus.

UNIDOS PELA DOR

Nada une mais as partes de um corpo do que o sistema da dor. Uma unha do pé infeccionada anuncia que meu dedo é importante, que é meu e que precisa de atenção. Se você pisar em meu dedo, vou gritar: "Ai, cuidado com meu dedo!". Sei muito bem que o dedo é meu porque seu pé está sobre os meus sensórios da dor. A dor me define, define meus limites.

Sabe-se que os lobos devoram uma de suas pernas traseiras quando ela se torna dormente no frio inverno. A dormência interrompe a unidade do corpo e, evidentemente, não mais percebem a perna como parte deles.

Lembra-se da criança que mastigou seu próprio dedo? Incapaz de sentir dor, não tinha a sensação de que o dedo era dela e precisava de proteção. Alcoólatras e pessoas com lepra, diabetes e outros problemas de insensibilidade enfrentam uma batalha constante para manter contato com suas extremidades.

No trabalho com o dr. Brand, especialmente, tomei consciência da necessidade vital de o corpo sentir dor. No corpo humano, as células sanguíneas e linfáticas correm apressadamente ao menor sinal de invasão. O corpo suspende todas as atividades não essenciais para tratar da lesão. E a dor física está no cerne dessa reação unificada.

A dor é o mecanismo que me força a parar o que estou fazendo e prestar atenção ao membro que está doendo. Ela me fará parar de jogar basquete se eu torcer o tornozelo, trocar de sapatos se eles estiverem muito apertados, ir ao médico se meu estômago não parar de doer. Em resumo, o corpo mais saudável é aquele que sente dor nos membros mais frágeis.

Da mesma forma, nós, membros do corpo de Cristo, devemos aprender a tratar das dores do resto do corpo para nos tornarmos uma encarnação do corpo de Cristo. O dr. Paul Brand desenvolveu essa idéia como a chave da sua filosofia pessoal:

> As células individuais tiveram de desistir da sua autonomia e de aprender a sofrer umas com as outras antes que os organismos multicelulares pudessem ser produzidos para depois sobreviver. O mesmo planejador criou também a raça humana, tendo em mente um propósito novo e mais elevado. Não somente as células do corpo humano deviam cooperar umas com as outras, como também os indivíduos da raça humana assumiriam um novo nível de responsabilidade comum, em um novo tipo de relacionamento entre si e com Deus.
>
> Tanto no corpo humano como nessa nova espécie de relacionamento, a chave do sucesso está na sensação de dor. Todos nós nos regozijamos com o perfeito funcionamento do corpo humano. Entretanto, quando se trata do mau relacionamento existente entre os homens, nada mais fazemos, a não ser nos entristecer. Na sociedade humana, *sofremos porque não sentimos muita dor*.
>
> Grande parte da tristeza existente no mundo tem como motivo o egoísmo do ser humano, que simplesmente não se incomoda com o sofrimento do próximo. No corpo humano, quando uma célula ou um grupo de células cresce e se desenvolve à custa do resto do organismo, chamamos isso de câncer e sabemos que, se ele tiver chance de se multiplicar, o corpo estará condenado. Entretanto, a alternativa para que o câncer não se desenvolva é a absoluta lealdade de cada célula para com o corpo e para com a cabeça. Nos dias de hoje, Deus nos incita a aprender com os seres mais elementares da sua criação e, então, em um nível mais elevado de evolução, aplicar esses ensinamentos, participando dessa comunidade que ele está preparando para a salvação do mundo.[2]

GRITOS E SUSSURROS

Seria muito mais fácil para nós evitar os necessitados. No entanto, ministrar aos necessitados não é uma opção, mas uma obrigação para o cristão. Nós, você e eu, fazemos parte da reação de Deus ao grande sofrimento do mundo.

Como o corpo de Cristo na terra, somos instigados a nos aproximar, assim como ele, dos que sofrem. Essa tem sido a consistente jornada de Deus em toda a história.

O que acontece no Oriente Médio, na África do Sul, na Irlanda do Norte são gritos de dor do corpo de Cristo. Os escândalos de alguns líderes cristãos, a pobreza do Terceiro Mundo, será que prestamos atenção, ouvimos ou reagimos a eles? Ou ficamos cada vez mais apáticos e ignoramos os sinais de dor, sacrificando assim um membro do corpo de Cristo? Nem todos os gritos de dor estão distantes; existem alguns em cada igreja e empresa. Os desempregados, divorciados, viúvos, acamados, sem-teto, idosos, será que estamos lhes dando atenção?

A igreja cristã, pelo que se sabe, realiza um trabalho complexo, atuando como corpo de Cristo há séculos. Algumas vezes, acabou se consumindo (com a Inquisição, guerras religiosas). Porém, no compromisso com a liberdade humana, Cristo ainda conta conosco para comunicar seu amor ao mundo. Apesar de seus fracassos, a igreja realmente reagiu, em parte. Em todas as grandes cidades dos Estados Unidos, encontram-se hospitais como o Hospital Geral Luterano, Hospital de Cristo, Hospital Santa Maria, Hospital Samaritano, Hospital Batista. Essas instituições, embora com freqüência dirigidas como estabelecimentos seculares, nasceram de grupos de cristãos que acreditavam que a cura fazia parte de seu chamado como corpo de Cristo.

Numa nação como a Índia, menos de 3% da população é cristã, mas os cristãos são responsáveis por mais de 18% da assistência médica. Se disser a palavra "cristão" a um camponês hindu, que pode nunca ter ouvido falar em Jesus Cristo, a primeira imagem que aparecerá em sua mente será a de um hospital ou a de um ônibus médico que visita sua vila uma vez por mês para fornecer tratamento individual gratuito em nome de Cristo. Sem dúvida, isso não comunica todo o evangelho, mas é um bom começo.

Nos países ocidentais, boa parte do sistema de saúde foi adquirido por outros setores, mas um novo problema surgiu nas grandes cidades: os sem-teto. Será que nossa sociedade atenderá aos gritos de dor de milhões de sem-teto que dormem em parques da cidade, embaixo de pontes e em outros lugares? Nesse caso, também, a igreja está entre os primeiros a reagir, organizando abrigos e oferecendo sopa como alimento.

Recebi a cópia de uma carta de uma mulher de Grand Rapids que experimentou o toque de cura do corpo de Cristo, numa escala menor, de um para um. Durante sete anos, ministrou ao marido, um famoso músico de igreja com ELA, ou doença de Lou Gehrig. Ele morreu, e, no primeiro aniversário de sua morte, a viúva mandou uma carta de agradecimento aos vários amigos da igreja. Em uma parte, escreveu:

> Desde que os primeiros sintomas de ELA apareceram há mais de oito anos, vocês nos acompanharam com seu amor e apoio. Alegraram nossa vida com diversos bilhetes, cartas e cartões, alguns hilariantes, outros profundos ou apenas calorosos e carinhosos, mas todos muito apreciados.
>
> Vocês nos visitaram e telefonaram, não raro de lugares distantes. [...] Muitos prepararam e nos trouxeram pratos maravilhosos que nutriram nossos espíritos, assim como nossos corpos. Fizeram compras e outras tarefas para nós e consertaram coisas quebradas ou desajustadas, deixando seus próprios afazeres de lado. Limparam e desobstruíram as calçadas de nossas casas, trouxeram nossa correspondência, jogaram fora nosso lixo. Pudemos assistir aos cultos da igreja por meio das gravações que fizeram. Trouxeram presentes de amor, incontáveis aliás, para alegrar nossas horas.
>
> Vocês nos "medicaram" [...] e até trataram de nossos dentes aqui dentro de casa. Criaram coisas engenhosas para tornar nossa vida mais fácil, como a "capa para tosse" e o interruptor com campainha que Norm usou até os últimos dias de sua vida. Leram as Escrituras conosco, e alguns até assumiram o ministério de orar por aqueles que visitavam nossa casa regularmente para proceder aos tratamentos respiratórios. Vocês o fizeram sentir como se ainda fosse essencial para a indústria da música e do ministério de música da igreja.
>
> E como vocês oraram! Dia após dia, mês após mês, até ano após ano! Essas orações foram nossa tábua de salvação, ajudaram-nos nos momentos mais difíceis, deram-nos uma força que seria humanamente impossível reunir e ajudaram-nos a buscar dentro de nós o poder de Deus. Um dia, entenderemos por que a cura perfeita de Norm não aconteceu aqui. Mas sabemos que ele ficou entre nós muito mais tempo e numa condição muito melhor do que o normal para quem é acometido por essa doença. Apenas a palavra amor não é capaz de expressar o que sinto por vocês!

Voltei para a quarta parte ("Como enfrentar a dor?") e vi como os amigos da igreja dessa viúva, instintivamente, fizeram tudo o que recomendei neste livro. Tornaram-se a presença de Deus para ela. Por causa de seu amor e atenção, ela não ficou atormentada por dúvidas quanto ao amor de Deus por ela e pôde sentir seu amor no toque humano do corpo de Cristo, a igreja que freqüentava.

CARREGANDO FARDOS

Ouçamos alguém que conhece a lealdade devida ao corpo: "Quem comete um erro que eu não sinta sua tristeza? Quem cai que eu não anseie ajudá-lo? Quem é ferido espiritualmente que minha fúria não se levante contra aquele que o feriu?" (2Co 11.29; BV). Ou ainda: "Lembrem-se [...] dos que estão sendo maltratados, como se vocês mesmos estivessem sendo maltratados" (Hb 13.3).

Ou ainda outra voz, a de John Donne:

> A igreja é católica, universal, do mesmo modo que suas ações; tudo o que ela faz pertence a todos. Quando a igreja batiza uma criança, isso me afeta, pois aquela criança está, desde então, relacionada com a cabeça que é minha cabeça, incorporada a um corpo do qual também sou membro. E quando a igreja enterra um homem, isso me afeta, pois a humanidade toda é do mesmo Criador, e é uma coisa só [...]. O homem não é uma ilha, bastando-se a si próprio; cada homem é um pedaço do continente, uma parte do todo. Um torrão levado pelas águas do mar significa perda para o continente, como significaria perda se desaparecesse um promontório, ou a sua propriedade, ou a do seu amigo; a morte de qualquer homem diminui o meu próprio ser, pois faço também parte do gênero humano. Jamais preciso indagar por quem os sinos dobram, eles dobram por mim e por ti.[3]

Carregai os fardos uns dos outros, diz a Bíblia. É uma lição sobre a dor com que todos podemos concordar. Alguns não acham que a dor seja uma dádiva; outros acusam Deus de ser injusto por permiti-la. Mas o fato permanece de que a dor e o sofrimento habitam conosco, e precisamos reagir. A reação de Jesus foi carregar os fardos daqueles que ele tocava. Para viver no mundo como seu corpo, sua encarnação emocional, precisamos seguir seu exemplo.

A imagem do corpo retrata precisamente a forma como Deus opera no mundo. Às vezes, ele aparece e realiza milagres e, com freqüência, concede sua força sobrenatural aos necessitados. Mas, principalmente, conta conosco, seus agentes, para realizar sua obra no mundo. Devemos *reproduzir* a vida de Cristo no mundo, e não apenas citá-la ou descrevê-la. Anunciamos sua mensagem, sua luta por justiça, sua prece por misericórdia... e sofremos com os sofredores.

Alan Paton, autor sul-africano do livro *Cry the beloved country* [*Chora a terra amada*], acredita que São Francisco de Assis é um exemplo da reação humana semelhante a Cristo. Um dos momentos transformadores da vida de Francisco Bernardone aconteceu quando era jovem e, andando a cavalo, deparou-se com um leproso. Francisco era amargurado com Deus então e sentiu certa repulsa pelo doente. Mas algo dentro dele superou seus sentimentos. Apeou do cavalo, aproximou-se do mendigo, abraçou-o e beijou-o nos lábios.

São Francisco podia ter amaldiçoado Deus ou o leproso, diz Paton. Mas não fez nada disso. Em vez de gastar sua energia fazendo acusações contra Deus por permitir tal injúria à criação, decidiu usar sua vida como um instrumento da paz de Deus. Esse ato transformou tanto o doador quanto o receptor. São Francisco disse: "O que antes era amargo converteu-se em doçura do corpo e da alma".[4]

A reação de São Francisco foi a mesma de Alyosha a seu irmão Ivan em *Os irmãos Karamazov*. Ele não poderia resolver as questões de Ivan, nem as suas, sobre o problema da dor. Mas decidiu ficar ao lado dos sofredores e abraçá-los. Propositadamente, Dostoievski retratou Jesus reagindo da mesma forma diante de seu inimigo, o Grande Inquisidor.

Se a igreja seguisse esse padrão consistentemente e respondesse às questões do sofrimento não com argumentos, mas com amor, talvez não fossem levantadas com tanta indignação. A força unida do corpo de Cristo pode ser poderosa contra a solidão, o sofrimento e os desprivilegiados. Ela é como a árvore no evangelho, que cresce o bastante para que os pássaros ali construam seus ninhos.

Em minhas visitas a hospitais, fico impressionado com a grande diferença entre a medida do conforto que pode ser oferecida pelos cristãos ("Estamos orando por você") e pelos não-cristãos ("Boa sorte, estaremos com os dedos cruzados"). Hoje, se tivesse de responder à questão: "Se Deus está conosco quando chega a dor, por que não faz alguma coisa?", em uma única sentença, responderia com outra pergunta: "por que a igreja não faz alguma coisa quando sofremos?". Somos a linha de frente da reação de Deus ao mundo sofredor.

"Nisto conhecemos o que é o amor: Jesus Cristo deu a sua vida por nós, e devemos dar a nossa vida por nossos irmãos. Se alguém tiver recursos materiais e, vendo seu irmão em necessidade, não se compadecer dele, como pode permanecer nele o amor de Deus? Filhinhos, não amemos de palavra nem de boca, mas em ação e em verdade" (1Jo 3.16-18).

Um mundo completamente novo no além

A dor desaparece
Como a neve em maio,
Como se o frio jamais tivesse existido.

George Herbert
The flower

Para o sofredor, o cristianismo oferece uma última contribuição, a mais importante de todas. Como vimos, a Bíblia inteira, representando 3 mil anos da história, da cultura e do drama humano, coloca uma lente de aumento sobre a execução no Calvário. É o ponto crucial da história, a pedra fundamental. Mas a morte, decididamente, não é o fim da história.

Depois de passar três dias na escuridão da sepultura, Jesus foi encontrado vivo novamente. Vivo! Como é possível? A notícia era boa demais para ser verdade. Nem mesmo os discípulos acreditaram nos rumores até que Jesus foi a seu encontro e permitiu que tocassem em seu corpo com seus próprios dedos. Mais que isso, prometeu que, um dia, cada um deles receberia um corpo ressurreto também.

A ressurreição e sua vitória sobre a morte acrescentaram uma palavra decisiva ao dicionário da dor e do sofrimento: temporário. Jesus Cristo é a promessa maravilhosa de uma vida após a morte sem dor. Seja qual for a angústia que sentimos agora, ela não durará.

Então, a esperança definitiva do cristão é a esperança de um futuro sem dor, com Deus. No entanto, hoje, inacreditavelmente, as pessoas ficam quase constrangidas ao falar sobre a crença na vida após a morte. A idéia parece estranha, covarde, uma fuga dos problemas deste mundo.

A comunidade muçulmana negra nos Estados Unidos tem um costume fúnebre que, simbolicamente, representa a visão moderna. Quando o corpo está exposto, amigos e familiares formam um círculo em volta do caixão e, em silêncio, olham para o falecido. Nada de lágrimas, flores, música. As irmãs muçulmanas passam pequenas bandejas das quais as pessoas pegam um pequeno pedaço de chocolate mentolado. Quando é dado o sinal, elas colocam o doce na boca. Assim, enquanto o doce derrete vagarosamente, os presentes refletem sobre a doçura da vida que estão comemorando. Quando o doce termina, esse fato também tem significado, pois simboliza o fim da vida. Ao simplesmente se dissolver, deixa de existir.

Na verdade, a atitude da maioria das pessoas hoje diante da morte é evitá-la completamente. Escondemos seus símbolos, necrotérios, UTIs, cemitérios, dentro de muros bem altos. Mas quando a morte não pode ser evitada, nossa reação é a mesma da comunidade muçulmana norte-americana. Um paganismo serpejante nos convida a enxergar a morte como a última fase do ciclo de vida na terra, não como uma grande transição para a continuação da vida. Elisabeth Kübler-Ross definiu cinco estágios na preparação da morte, com implicações claras de que o estágio final da "aceitação" é o mais apropriado. Desde então, assistentes médicos procuram ajudar os pacientes a buscar esse ideal.

Lembro de uma noite junto com o grupo "Faça o dia de hoje valer a pena" em que uma mulher, chamada Donna, que estava nos estágios finais de leucemia, mencionou que esperava ansiosamente pelo céu. O comentário provocou uma reação estranha no grupo: um longo silêncio, nó na garganta, lágrimas. A assistente social, então, desviou a discussão para a forma como Donna deveria superar seus medos para alcançar o estado de aceitação.

Saí daquela sessão com um aperto no coração. Nossa cultura materialista, não dogmática, pedia a seus membros que negassem seus sentimentos mais profundos. Donna, instintivamente, deparou-se com a pedra fundamental da teologia cristã. A morte é um inimigo, um inimigo atroz, o último inimigo a ser destruído. Como os membros daquele grupo, que todo mês viam os corpos deteriorarem diante de seus olhos, podiam esperar uma postura calma de aceitação? Só pude pensar em uma única resposta para a morte iminente de Donna: "Maldita seja a morte!".

Pouco depois, deparei-me com uma citação de Blaise Pascal, que viveu numa época em que os pensadores começaram a desprezar as crenças "primitivas" na alma e na vida após a morte. Pascal disse, dirigindo-se a eles: "Professam eles terem nos agradado com a idéia de que nossa alma não passa de vento e fumaça, especialmente no tom presunçoso e arrogante em que apresentaram tal conceito? Seria algo a se dizer alegremente? Não seria, ao contrário, algo a se dizer com pesar, como o que há de mais triste no mundo?".[1]

Que inversão de valores levou-nos a louvar uma crença na destruição como corajosa e a descartar a esperança numa eternidade feliz tão covardemente? Como pode ser nobre concordar com os muçulmanos norte-americanos, materialistas e marxistas, de que o mundo, corroído pelo mal e o sofrimento, é o fim planejado ao ser humano? Toda sociedade primitiva conhecida e toda cultura antiga nutriam crenças complexas na vida após a morte. Não fosse por elas, os arqueólogos enfrentariam uma tarefa muito difícil, pois nossos ancestrais enterraram pistas de suas culturas, convenientemente, em túmulos lacrados.

De forma bastante oposta, a Bíblia refere-se à vida após a morte com alegria e antecipação, não com constrangimento. Estamos num planeta maculado, onde os cristãos aguardam ansiosamente um mundo no qual cada lágrima será enxugada.

A FÉ NA PÁSCOA

Não temos nada senão uma vaga noção desse estado futuro, anseios de que a pura alegria que nos escapa agora um dia nos completará. Estamos trancados num quarto escuro, como na peça de Sartre *Entre quatro paredes*. Mas feixes de luz — virtude, glória, beleza, compaixão, sinais da verdade e da justiça — penetram pelas rachaduras, sugerindo que além daquelas paredes existe outro mundo, um mundo que compensará todo o sofrimento aqui suportado.

A fé cristã não oferece um caminho tranqüilo de entendimento com a morte. Nada disso. Oferece, porém, uma maneira de subjugar a morte. Cristo defende a vida, e sua ressurreição deveria ser uma prova cabal de que Deus não se satisfaz com um "ciclo de vida" que termine com a morte. Ele chegará a um ponto, e, de fato, já chegou, em que acabará com esse ciclo.

Em outubro de 1988, um de meus melhores amigos morreu num acidente, enquanto praticava mergulho no lago Michigan. Na mesma tarde em que Bob fez seu último mergulho, eu estava sentado tranqüilamente numa lanchonete, lendo *Minha busca da beleza*[2], um livro do famoso terapeuta e escritor Rollo May. O livro fala sobre a longa busca do autor pela beleza e, entre suas experiências, relata uma visita que seu autor fez a Monte Athos, uma península da Grécia habitada exclusivamente por monges.

Rollo May estava começando a recuperar-se de um colapso nervoso quando fez a visita. Chegou exatamente na hora em que os monges celebravam a Páscoa grega ortodoxa, uma cerimônia repleta de simbolismos e de grande beleza. Havia imagens em todo lugar, o cheiro de incenso no ar e, no auge do culto, o sacerdote deu a todos de presente três ovos de Páscoa, lindamente decorados e embrulhados num tecido. "Christos Anesti!", disse ele. Cristo ressuscitou! Todos os presentes, inclusive Rollo May, então responderam conforme o costume: "Ele de fato ressuscitou!".

Rollo May não era cristão, mas escreveu em seu livro: "Por um momento, fui tomado pela realidade espiritual: o que significaria para nosso mundo se ele realmente tivesse ressuscitado?". Voltei para casa pouco depois de ler aquele capítulo e encontrei minha esposa à porta com a notícia da morte de Bob. A questão de Rollo May voltou à minha mente muitas vezes nos dias seguintes. O que significava para o mundo que Cristo realmente tinha ressuscitado?

Fiz um discurso no enterro de meu amigo e levantei a questão de Rollo May de forma diferente, no contexto do pesar que nos abatia. O que significaria para nós se Bob ressuscitasse? Estávamos sentados na capela, entorpecidos por três dias de tristeza. Pensei em voz alta como seria se fôssemos para o estacionamento e lá, para nosso espanto, encontrássemos Bob. *Bob!* Com seu andar engraçado, seu grande sorriso e seus olhos acinzentados.

Aquela imagem evocava o que os discípulos de Jesus sentiram no Domingo da Ressurreição. Eles também ficaram três dias de luto. Mas, no domingo, tiveram um vislumbre de uma coisa maior, do futuro.

Não fosse a Páscoa, a continuação da vida após a morte na terra, o recomeço, uma terra recriada, não fosse tudo isso, poderíamos realmente considerar Deus pouco poderoso, pouco amoroso e até mesmo cruel. A Bíblia aposta a reputação de Deus em sua capacidade de restaurar a criação a seu estado original de perfeição.

Confesso que também costumava ficar constrangido de falar sobre o céu e a vida após a morte. Soava como uma desculpa, uma muleta. Achava que deveríamos traçar nossos caminhos na terra como se só existisse esta vida. Mas mudei com os anos, principalmente ao observar as pessoas morrerem. Que tipo de Deus ficaria eternamente satisfeito com um mundo como este, carregado de sofrimento e de morte? Se tivesse de observar pessoas como Bob perderem a vida, desaparecerem, evaporarem de repente, sem nenhuma esperança no futuro, dificilmente creria em Deus.

Uma passagem do Novo Testamento, 1 Coríntios 15, expressa esse mesmo pensamento. Antes, Paulo faz um resumo de sua vida, uma existência difícil, com prisões, espancamentos, ruína e batalhas terríveis contra bestas ferozes. Depois ele diz, com todas as letras, que seria louco de passar por tudo isso se sua vida terminasse com a morte: "Se é somente para esta vida que temos esperança em Cristo, somos, de todos os homens, os mais dignos de compaixão". Junto com Paulo, aposto minha esperança na ressurreição, um tempo em que Cristo "transformará os nossos corpos humilhados, tornando-os semelhantes ao seu corpo glorioso" (Fp 3.21).

UM LAR EM OUTRA VIDA

O escritor e teólogo escocês George MacDonald certa vez escreveu uma carta de consolo a sua madrasta, quando ela perdeu uma grande amiga: "Deus não permitiria que [a morte] determinasse a lei de seu Universo se ela fosse assim como nos parece".[3] Cabe a nós, cristãos, dizer ao mundo como é a morte da perspectiva daquele que a enfrentou, com medo e terror, mas retornou à vida.

A ajuda prática que essa crença pode dar a uma pessoa que está morrendo é muito bem retratada no documentário *Dying* [*Morrendo*] exibido pelo canal Public Broadcasting System. O produtor e diretor, Michael Roemer, obteve permissão para acompanhar vários pacientes terminais com câncer durante seus últimos meses de vida: "As pessoas morrem do jeito que morreram. A morte torna-se a expressão de tudo o que você é, e você só carrega consigo o que revelou em sua vida", declarou ele depois da filmagem. Duas famílias de Boston, principalmente, mostraram os extremos do desespero e da esperança.

Harriet e Bill, 33, aparecem lutando contra a falta de ânimo. Em uma cena, Harriet, ansiosa quanto à sua futura viuvez com dois filhos para criar, ataca o marido moribundo:

— Quanto mais tempo você ficar assim, pior será para todos nós — diz ela.

— O que aconteceu com aquela doce garota com quem me casei? — responde Bill.

— A doce garota está sendo torturada por seu câncer. Quem vai querer uma viúva com um filho de 8 e outro de 10 anos? — pergunta ela ao entrevistador. — Não quero que ele morra, mas, se isso tiver de acontecer, por que não pode ser agora?

Nas últimas semanas de sua vida juntos, essa família vem abaixo, incapaz de enfrentar seus medos. Choram e gritam, atacam-se, destruindo todo amor e confiança que restava. O espectro da morte projeta-se como um gigante.

A reação à morte do reverendo Bryant, 56, pastor de uma igreja batista negra, fornece um grande contraste: "Agora, estou vivendo um de meus melhores momentos. Não acho que Rockefeller foi tão feliz quanto eu". A equipe de filmagem grava o pastor Bryant durante um sermão sobre a morte que fez à sua congregação, lendo a Bíblia com os netos e fazendo uma viagem ao sul do país, até sua cidade natal. Ele exibe muita serenidade e a confiança de que está simplesmente indo para casa, um lugar sem dor.

Em seu enterro, o coral batista cantou: "He's asleep" ["Ele dorme"]. E, conforme as pessoas em fila passavam pelo caixão, algumas batiam a mão sobre a dele ou sobre seu peito. Elas perderam um amigo querido, mas somente por enquanto. Para elas, o reverendo Bryant está diante do começo, e não do fim.

As cenas da igreja do reverendo parecem autênticas para mim por causa da experiência de minha esposa entre os idosos em Chicago. Metade deles é branca e metade é negra. Todos, porém, na casa dos 70 e 80 anos, vivem numa constante consciência da morte. No entanto, Janet notou uma grande diferença na forma como os brancos e os negros em geral a encaram.

Muitos de seus clientes brancos ficam cada vez mais temerosos e nervosos. Reclamam da vida, da família e da saúde debilitada. Os negros, ao contrário, mantêm o bom humor e o espírito vitorioso mesmo quando a maioria tem mais motivos para a amargura e o desespero. Grande parte deles nasceu no sul do país, uma geração após a escravidão, e durante a vida inteira sofreu com a opressão econômica e a injustiça. Muitos já tinham certa idade quando a primeira Declaração dos Direitos Civis foi aprovada.

O que causa essa diferença de perspectiva? Janet concluiu que a resposta é a esperança, a esperança que vem diretamente da crença primordial dos negros no céu. "Este mundo não é minha casa, estou aqui apenas de passagem", dizem eles. Essas palavras e outras semelhantes ("Anda, minha doce carruagem, e vem me buscar para me levar para casa") vêm de um trágico período da história, quando tudo no mundo parecia desanimador. Mas, de alguma forma, as igrejas negras conseguiram instilar a crença vívida de um lar em outra vida.

Se quiser ver algumas imagens atualizadas do céu, compareça a alguns sepultamentos da comunidade negra. Os pastores retratam imagens de uma vida tão serena e apaixonada que todos na congregação começam a pensar em ir para lá. As pessoas de luto choram, naturalmente, mas de maneira apropriada, por uma interrupção, um revés temporário na batalha, cujo fim já está determinado.

Obviamente, não podemos usar o céu como desculpa para não mitigar a pobreza e a miséria aqui na terra. Mas não seria igualmente errado negar uma esperança autêntica no céu para alguém cuja vida está no fim?

COM UM PÉ PARA O ALTO

Acreditar em um lar futuro além deste mundo não deveria afetar apenas a forma como morremos, mas também como vivemos.

J. Robertson McQuilkin, ex-presidente da Faculdade Bíblica de Colúmbia, foi certa vez interpelado por uma senhora idosa, que enfrentava os problemas da idade avançada. Seu corpo definhava, sua beleza fora substituída por cabelos ralos, rugas e manchas na pele. Ela não podia mais fazer as mesmas coisas que antes e se sentia um fardo para os outros. Ela lhe perguntou:

— Robertson, por que Deus permite que fiquemos velhos e enfraquecidos? Por que tenho de passar por este sofrimento?

Depois de pensar por um momento, ele replicou:

— Acho que Deus planejou a força e a beleza da juventude como um dom físico. Mas a força e a beleza da velhice são espirituais. Aos poucos, vamos perdendo a força e a beleza temporárias para que possamos concentrar-nos na força e na beleza que duram para sempre. Sendo assim, estaremos ansiosos para deixar o que é temporário, a parte de nosso ser que está em decadência, ansiosos para entrar em nosso lar eterno, celestial. Se ficássemos sempre jovens, fortes e bonitos, seria bem possível que jamais quiséssemos deixar este mundo!

Se há um segredo em lidar com o sofrimento, o mais citado por aqueles que entrevistei combina com essa linha de pensamento. Para sobreviver, o espírito precisa ser alimentado de tal maneira que seja liberto além de seu corpo. A fé cristã nem sempre oferece recursos para o corpo. Nem Brian Sternberg nem Joni Eareckson Tada foram curados, apesar de milhares de orações. Entretanto, Deus promete força sobrenatural para o espírito que, um dia, reencontrará um corpo aperfeiçoado. Brian voltará a saltar como um bezerro solto do curral [cf. Ml 4.2]; Joni ficará em pé e dançará.

"Não tenham medo dos que matam o corpo, mas não podem matar a alma", disse Jesus aos discípulos. Como a morte física não é o fim, não precisamos temê-la excessivamente. Mas como é também inimiga da Vida, não precisamos recebê-la com agrado.

Em resumo, por crer numa vida além deste mundo, nós, cristãos, podemos ser realistas sobre a morte sem nos sentir desesperançados. A morte é um inimigo, mas um inimigo derrotado. Como Martinho Lutero disse a seus seguidores: "Mesmo com plena saúde, devemos manter a morte em perspectiva [para que] não ansiemos permanecer na terra para sempre, mas fiquemos com um pé para o alto, por assim dizer".

Esse pé para o alto oferece uma nova perspectiva sobre os problemas da dor e do sofrimento. Qualquer discussão sobre sofrimento não estará completa sem essa visão da perspectiva da eternidade.

Um hábil polemista poderia defender a dor como positiva, melhor do que qualquer alternativa que Deus possa ter permitido. Talvez, mas na verdade a dor e o sofrimento não representam nem a metade dessa história.

Como imaginar a eternidade? É tão mais extensa que nossa breve vida aqui que é difícil até de imaginar. Se você traçar uma linha, de ponta a ponta, num quadro-negro de 3 metros e fizer um ponto nela, esse ponto, para uma célula microscópica que ali estiver, parecerá enorme. A célula poderia passar a vida explorando o ponto. Mas se você, um ser humano, der um passo atrás e olhar o quadro como um todo, ficará espantado ao comparar o tamanho daquela linha com o pequeno ponto que a célula considera seu lar.

A eternidade compara-se a essa vida da mesma forma. Setenta anos é muito tempo, é o bastante para criarmos muitas teorias sobre Deus e por que ele, às vezes, parece indiferente ao sofrimento humano. Mas seria justo julgar Deus e seu plano para o Universo pelo fragmento de tempo que passamos na terra? Não mais justo do que aquela célula julgar o quadro-negro pela pequena mancha de giz na qual passa sua vida.

Estaríamos perdendo a perspectiva do Universo e do eterno? Reclamaríamos da vida na terra se Deus permitisse apenas uma hora de sofrimento numa vida inteira de setenta anos de conforto? Agora, nosso tempo de vida inclui sofrimento, mas representa apenas uma hora na eternidade. Como declarou corajosamente Teresa de Ávila, do ponto de vista do céu, a vida terrena mais sofrida parecerá uma noite mal dormida num hotel barato.[4]

No desígnio cristão, este mundo e o tempo que passamos nele não são tudo o que existe. A terra é um campo de provas, um ponto na eternidade, ainda que importante, pois Jesus disse que nosso destino depende de nossa obediência aqui. Da próxima vez que quiser gritar a Deus em desespero, culpá-lo por um mundo miserável, lembre-se: menos de um milionésimo da realidade foi apresentado, e esse milionésimo é vivido sob a bandeira da revolta.

Para entender adequadamente o papel da dor e do sofrimento, é preciso esperar que a história chegue ao fim. A Bíblia está repleta dessas promessas: "O Deus de toda a graça, que os chamou para a sua glória eterna em Cristo Jesus, depois de terem sofrido durante um pouco de tempo, os restaurará, os confirmará, lhes dará forças e os porá sobre firmes alicerces" (1Pe 5.10). "Estes nossos sofrimentos e aflições, afinal de contas, são bem pequenos e não durarão muito tempo. Entretanto, este curto tempo de angústia resultará na mais rica bênção de Deus sobre nós para todo o sempre! Portanto, não olhamos para aquilo que podemos ver atualmente, as dificuldades que nos rodeiam, mas olhamos para a frente, para as alegrias do céu que nós ainda não vimos. As aflições logo desaparecerão, mas as alegrias futuras durarão eternamente" (2Co 4.17,18; BV).

Sempre fui curioso sobre um detalhe comumente esquecido no fim do livro de Jó, a grande história sobre o sofrimento humano. O autor se dá ao trabalho de ressaltar que, no fim, Jó recebeu em dobro tudo o que perdera no período de provações: 14 mil ovelhas para substituir 7 mil, 6 mil camelos para substituir 3 mil, mil cabeças de gado e burros para substituir 500. Há uma única exceção: antes, Jó possuía sete filhos e três filhas e, na restauração, ele ficou com o mesmo número de filhos, não o dobro. Estaria o autor insinuando uma perspectiva eterna? Desse ponto de vista, Jó realmente recebeu em dobro, dez novos filhos aqui, além dos dez aos quais se reuniria um dia.

MORTE E NASCIMENTO

Uma ironia: a morte, única responsável pela maior dor emocional, na verdade abre as portas para a grande alegria da eternidade. Falando de sua própria morte, Jesus usou a analogia de uma mulher dando à luz: ela sente dor até o momento do nascimento, então, de repente, a angústia se transforma em júbilo (Jo 16.21).

A morte é como o nascimento, num sentido mais profundo. Imagine o nascimento da perspectiva do feto. Seu mundo é um lugar escuro, calmo e seguro, onde é banhado por um líquido morno e aconchegante. Não faz nada sozinho, é alimentado automaticamente, e o ritmo constante do batimento cardíaco indica que algo maior do que você supre todas as suas necessidades. A vida se resume simplesmente em esperar, você não sabe bem o quê, mas qualquer mudança parece distante e assustadora. Você não conhece nenhum objeto cortante, nenhuma dor, nenhum perigo. Tem uma vida agradável e serena.

Um dia, sente um puxão, as paredes parecem pressioná-lo. Aquelas paredes macias agora pulsam freneticamente, empurrando-o para baixo. Seu corpo é dobrado, seus membros, torcidos e deslocados. Você está caindo de cabeça para baixo. Pela primeira vez na vida, sente dor. Está num mar turvo e agitado. A pressão aumenta, numa intensidade quase insuportável. Seu crânio sofre um achatamento, e você é puxado com toda a força através de um túnel escuro. Ai, que dor. Barulho. Mais pressão.

Tudo dói. Você ouve um gemido, e um medo terrível toma-o de assalto. Está acontecendo... seu mundo está desmoronando. Você sente que é o fim. Vê uma luz forte, ofuscante. Mãos frias e ásperas pegam você, puxam-no do túnel e seguram-no de cabeça para baixo. Um tapa dolorido. Buáááá!

Parabéns! Você acabou de nascer.

A morte é assim. No fim do canal do nascimento, parece que somos tragados para um túnel escuro e assustador por uma força irresistível. Ninguém espera por isso. Sentimos medo. É só pressão, dor, escuridão... o desconhecido.

Mas, além da escuridão e da dor, existe um mundo totalmente novo. Quando acordarmos depois da morte naquele novo mundo esplendoroso, nossas lágrimas e dores ficarão apenas na lembrança.[5]

Às vezes, você pensa que Deus não ouve? Que seus gritos de dor morrem no vazio? Deus não é surdo. Ele sofre com o trauma do mundo tanto quanto você. Afinal, seu único Filho morreu aqui.

Espere pelo fim da história. Espere a sinfonia arrancar a última nota pesarosa de dissonância antes que a música irrompa. Como disse Paulo: "Sabemos que toda a natureza criada geme até agora, como em dores de parto. E não só isso, mas nós mesmos, que temos os primeiros frutos do Espírito, gememos interiormente, esperando ansiosamente nossa adoção como filhos, a redenção do nosso corpo" (Rm 8.22,23).

Olhando para trás, para a pequena mancha na eternidade que foi a história deste planeta, ficaremos impressionados não apenas pela sua importância, mas pela sua pequenez. Do ponto de vista da galáxia de Andrômeda, a completa destruição de nosso sistema solar mal seria visível, assim como a chama de um fósforo que se acende a distância para logo se apagar permanentemente. No entanto, Deus sacrificou-se por esse fósforo queimado.

A dor pode ser vista, como disse Berkouwer, como um grande "ainda não" da eternidade. Ela nos lembra do que somos agora e desperta o anseio pelo que nos tornaremos um dia. Acredito fortemente que, um dia, toda dor, toda célula leucêmica, todo constrangimento e toda mágoa serão curados, e todos aqueles momentos sombrios de esperança pelo que era quase impossível, finalmente, serão recompensados.

No auge do sofrimento, Jó disse:

> Como gostaria que as minhas palavras fossem escritas, que fossem escritas num livro!
>
> Ou que com uma ponteira de ferro elas fossem gravadas para sempre no chumbo ou na pedra!
>
> Pois eu sei que o meu defensor vive; no fim, ele virá me defender aqui na terra.
>
> Eu o verei com os meus olhos; os meus olhos o verão, e ele não será um estranho para mim (Jó 19.23,24,25,27; NTLH).

ONDE ESTÁ DEUS QUANDO CHEGA A DOR?

Durante boa parte de minha vida, compartilhei a perspectiva daqueles que se revoltam contra Deus por permitir a dor. O sofrimento andou bem perto de mim. Não encontrei forma alguma de racionalizar um mundo tão nociva quanto essa.

Porém, depois de conhecer pessoas cuja dor excedia a minha, fiquei surpreso com seus efeitos. O sofrimento parecia reforçar minha fé e, ao mesmo tempo, disseminar o agnosticismo. E ao visitar os leprosos, em especial, tomei consciência de seu possível valor.

O problema da dor não terá solução definitiva até Deus recriar a terra. Apóio-me nessa grande crença e esperança. Se não cresse realmente que Deus é um Médico, e não um sádico, e que, nas palavras de George MacDonald, "ele próprio sente a presença desvirtuada de cada nervo tencionado", abandonaria qualquer tentativa de sondar os mistérios do sofrimento.

Minha revolta contra a dor dissipou-se principalmente por um motivo: conheci melhor a Deus. Ele me dá alegria, amor, felicidade e bondade. São apenas instantes inesperados que temperam meu mundo confuso e imperfeito, mas suficientes para me convencer de que Deus merece minha confiança. Conhecê-lo vale todo o sofrimento.

Com isso em mente, o que acontecerá quando eu ficar ao lado de uma cama de hospital na próxima vez que um amigo meu desenvolver a doença de Hodgkin? Afinal, foi ali que minha busca começou. Terei fé numa Pessoa, uma fé tão sólida que nenhum sofrimento será capaz de abalar.

Deus está conosco quando a dor chega?

Claro, ele está ao nosso lado desde o início, criando um sistema de dor que, mesmo em meio a um mundo decaído, carrega a marca de sua genialidade e nos prepara para viver neste planeta.

Deus transforma a dor, usando-a para nos instruir e fortalecer, quando permitimos que ela nos aproxime dele.

Com grande comedimento e compaixão, ele observa a vida se desenrolar neste planeta, permitindo que a criação humana siga seu curso segundo sua própria escolha.

Ele permite nossos protestos, como os de Jó, em fortes momentos de revolta contra ele, quando o culpamos por um mundo que nós corrompemos.

Deus se une aos pobres e sofredores, fundando um reino voltado para eles. Humilha-se para conquistar.

Promete ajuda sobrenatural para nutrir o espírito, mesmo que nosso sofrimento físico não encontre alívio.

Juntou-se a nós. Feriu-se, sangrou, chorou e sofreu. Dignificou para sempre os sofredores, compartilhando sua dor.

Está conosco agora, ministrando a nós pelo Espírito e pelos membros de seu corpo comissionados a nos sustentar e a aliviar nosso sofrimento pelo bem da cabeça.

Está esperando, reunindo exércitos do bem. Um dia, ele os enviará, e o mundo testemunhará mais um momento apavorante de sofrimento antes de prenunciar a vitória final. Então, Deus criará para nós um mundo novo e maravilhoso. E a dor deixará de existir.

> Eis que eu lhes digo um mistério: Nem todos dormiremos, mas todos seremos transformados, num momento, num abrir e fechar de olhos, ao som da última trombeta. Pois a trombeta soará, os mortos ressuscitarão incorruptíveis e nós seremos transformados. Pois é necessário que aquilo que é corruptível se revista de incorruptibilidade, e aquilo que é mortal, se revista de imortalidade. Quando, porém, o que é corruptível se revestir de incorruptibilidade, e o que é mortal, de imortalidade, então se cumprirá a palavra que está escrita: "A morte foi destruída pela vitória".
>
> "Onde está, ó morte, a sua vitória?
> Onde está, ó morte, o seu aguilhão?" (1Co 15.51-55).

Guia para discussão

Uma questão como a dor é mais bem entendida em grupo. Se tentarmos decifrá-la sozinhos, poderemos nos fechar e entrar num processo de introspecção nada saudável. Espero que esse pequeno guia para discussão encoraje reuniões em grupo sobre o tópico da dor e do sofrimento. Deus quer que sejamos honestos com ele, que sejamos interessados e motivados.

Também espero que este guia facilite o estudo de meu livro. Pode usá-lo de diversas formas:

1. Sozinho. Observe que, neste guia, parto do princípio de que você está no contexto de um grupo e, por isso, sugiro discussões e atividades. No entanto, se quiser estudar sozinho, as questões o ajudarão a direcionar a reflexão.
2. Com seu cônjuge ou um amigo. Se incluir uma única pessoa em seu estudo, certamente ampliará sua visão.
3. Num pequeno grupo. Teoricamente, um pequeno grupo não deve exceder 12 pessoas. Um grupo maior que isso, provavelmente, já se enquadraria no modelo de uma sala de aula.

Há alguns princípios que gostaria de sugerir, pois os considero importantes para o sucesso do estudo em grupo deste livro.

a. *Você deve se preparar.* Este guia para estudo presume que os capítulos relacionados à respectiva sessão foram lidos; o material está diretamente ligado ao conteúdo do livro. Certamente, é possível discutir as questões sem que todas as pessoas tenham lido o material, mas uma parte do grupo terá de ler os capítulos toda semana para que a discussão tenha efeito. Você poderá reservar de 10 a 15 minutos no início da reunião para que todos possam ler o texto.
b. *Não fique restrito à minha estrutura.* Dividi o estudo em uma sessão para cada capítulo. Mas se o grupo ficar interessado em alguma questão, não precisa interromper a discussão nem tentar encerrá-la. Siga o fluxo do interesse. Entretanto, se o grupo empacar, invista até encontrar algo que desperte seu interesse. O estudo em um pequeno grupo não é como um trabalho escolar, que se deve seguir até o fim do material. Deve ser um estímulo para o crescimento dos próprios participantes. Deixe seu instinto prevalecer sobre o guia.
c. *Escolha um líder.* Os grupos de estudo funcionam melhor com um líder designado que mantém a discussão em movimento. Você pode fazer um revezamento de líderes. Quanto mais disposto o líder estiver a se abrir e compartilhar sua vida, mais motivado será o grupo. Portanto, se for o líder, assuma o papel com seriedade. Reflita sobre o grupo e ore por ele na semana anterior a cada reunião.

LIDERANDO UMA DISCUSSÃO

Se você nunca passou pela experiência de liderar um grupo e não sabe como proceder, as instruções a seguir poderão ser úteis. Foram adaptadas da série Concern Book, da editora Silver-Burdette Co.

Quando suspeitar que quem está falando não tem base alguma, pergunte: "Por que acredita nisso?", "O que observou que o faz pensar assim?".

Quando começar a ficar entendiado, mas desconhecer a razão, diga: "Alguém mais está estranhando tudo isso?", "Alguém está se sentindo perturbado ou confuso?".

Quando uma questão interessante se perder no meio da discussão, sugira: "Será que poderíamos voltar a um assunto mencionado antes?", "Será que poderíamos falar mais um pouco sobre isso?".

Quando o orador der vários exemplos, mas você perceber que está longe da conclusão, diga: "Concordo com seus fatos, mas o que está querendo provar com isso?".

Quando todos ficarem presos num detalhe, diga: "Acho que me perdi. Sobre o que estávamos falando antes?".

Outra técnica muito boa é aproveitar os comentários das pessoas para:

- Levantar questões: "Quando sentiu isso pela primeira vez?".
- Dar apoio: "Também já me senti assim, por isso posso entender o que está dizendo".
- Esclarecer: "Quer dizer que Deus realmente causa a dor ou que ele permite que exista?".
- Expressar o que a pessoa que usa da palavra diz ou sente: "Você realmente acredita nisso, não?".

CAPÍTULO 1

Um problema que permanece

1. Claudia Claxton descreve diversas reações dos cristãos diante do problema da dor. Você já teve a oportunidade de conhecer alguma dessas "filosofias da dor"? Que visitante você acha que foi mais coerente: o diácono, a viúva, a telespectadora, a senhora "espiritual" ou o pastor?
2. É fácil encontrar defeitos nas reações das pessoas. Mas você já visitou alguém no estado de Claudia no hospital? Ou tentou confortar um casal cujo bebê acabara de morrer? O que você disse?
   Passe pelo menos 15 minutos discutindo sobre situações da vida real semelhantes à de Claudia, mas das quais tenha participado pessoalmente. Ou, se preferir, faça uma encenação com essa situação. Uma pessoa pode fazer o papel de Claudia no hospital; as outras podem oferecer conselhos sobre "por que Deus permite a dor", corroborando suas idéias com argumentos da Bíblia.
3. Embora fosse uma cristã devota, Claudia experimentou vários tipos de reação à doença: raiva de Deus e ressentimento contra seus visitantes, descrença e incredulidade quando suas orações não foram atendidas, injustiça por ter sido escolhida para passar por aquilo e, por fim, dúvida. Você considera as reações dela erradas? Já passou por algo semelhante? Como Deus enxerga essas reações?

4. Leia a citação no início do capítulo, tirada do livro A *grief observed* [*Análise de uma aflição*], de C. S. Lewis. Já sentiu isso? Nos momentos de aflição, costuma sentir a presença de Deus, como Lewis descreve, ou sua ausência?
5. O que acha do comentário de Thielicke de que os norte-americanos "têm uma opinião inadequada sobre o sofrimento"? Você concorda com a afirmação? Os norte-americanos são piores que as outras pessoas a esse respeito?

CAPÍTULO 2

A dádiva indesejável

1. Todo mundo já ouviu alguma explicação simplista para a existência da dor: "Ela serve para que não nos queimemos com um fósforo nem nos cortemos com uma faca". Mas será que damos realmente crédito ao incrível sistema protetor especificamente projetado para nossas atividades? Existe alguma coisa que aprendeu nesse capítulo e que mudou sua atitude diante da dor?
2. Pense em seu trabalho e em seus passatempos: cozinhar, jogar tênis, esquiar etc. Como o sistema da dor física permite essas atividades? Por exemplo, você não agüentaria a dor de jogar tênis se seus dedos fossem tão sensíveis à dor quanto são ao toque; o mero fato de segurar a raquete causaria uma dor terrível. Você acha apropriado agradecer a Deus o sistema da dor?
3. Este capítulo diz que o sistema da dor revela o plano intencional de um sábio Criador. Você concorda? Nesse caso, isso levanta algumas questões teológicas. Não lhe disseram sempre que a dor é uma conseqüência direta da queda de Adão? Mas o que aconteceu na Queda? O corpo foi totalmente recriado, acrescentando milhões de sensores da dor? Existe alguma passagem da Bíblia que sugira que a dor não existia antes da revolta descrita em Gênesis 3? E quanto à dor da solidão, ela existia?
4. Há duas reclamações comuns sobre a dor: 1) ela é muito desagradável; e 2) ela não desaparece num piscar de olhos. Por exemplo, no romance *Ardil-22*, de Joseph Heller, há o seguinte diálogo:

   — Como você pode reverenciar um Ser Supremo que acha necessário incluir a cárie dentária no sistema divino de sua criação? Por que, antes de mais nada, acha que ele criou a dor?

> — Dor? — arremeteu a esposa do tenente Shiesskopf em tom vitorioso. — A dor é um sintoma útil. É um aviso dos perigos para o corpo.
>
> — E quem criou os perigos? — questionou Yosarian. — Ele não podia usar uma campainha, ou um de seus corais celestiais para nos avisar, ou mesmo um sistema de alerta em néon azul e vermelho bem no meio de nossas testas?[1]

As descobertas do dr. Brand oferecem algumas explicações para o funcionamento do sistema da dor. O que você acha de suas conclusões?

5. Pelo que conhece do sistema da dor, especialmente do que foi discutido neste capítulo, você acha que o teria criado de maneira diferente? Como ele seria?

CAPÍTULO 3

O inferno indolor

1. Os fatos sobre a lepra (que ela simplesmente destrói as células da dor e que os danos ao corpo são causados pelo próprio leproso em conseqüência da insensibilidade) são novidade para você? Eles aumentaram seu respeito pelo papel da dor?
2. Lou, José e Heitor oferecem exemplos arrepiantes de como as atividades cotidianas — tocar a cítara, usar sapatos novos, esfregar o chão — podem ser extremamente destrutivas para um corpo com um sistema da dor deficiente. Analise com o grupo algumas atividades que fizeram hoje que lhes poderiam causar danos, caso não tivessem um sistema da dor protetor.
3. Você acha que a consciência do valor fisiológico da dor pode ajudar um sofredor? Que aspectos do problema da dor essa explicação ainda não resolve?
4. Os pacientes com lepra e as pessoas que nascem com o problema de "indiferença à dor" fazem uma importante distinção entre *dor* e *sofrimento*. Os leprosos sentem pouca dor, no entanto sofrem intensamente. Não raro, o pior tipo de sofrimento é emocional, sem envolver as células nervosas. Conversem sobre as próprias "experiências dolorosas" com o grupo. Seu sofrimento, em geral, tem uma origem física ou emocional?
5. E quanto ao correspondente psicológico da dor física? Refiro-me aqui, principalmente, às emoções de "alerta", como culpa e medo. Elas podem exercer um papel positivo para a saúde da mesma forma que a dor física?

CAPÍTULO 4

Agonia e êxtase

1. A dor não é uma ação reflexa do tipo causa e efeito. Ela é *percebida*, e essa percepção depende muito da expectativa da pessoa. Culturalmente, o povo dos Estados Unidos parece pouco preparado para enfrentar a dor. Quase não temos contato com a dor animal e rapidamente silenciamos a dor com comprimidos. Desde a infância, os bebês são envolvidos em lençóis macios e protegidos de objetos pontiagudos. Aquecimento central e ar condicionado regulam temperaturas extremas. Até andar descalço é proibido na maioria das casas.
   Você acha essa atitude prejudicial? Os pais deveriam se preocupar menos em proteger os filhos da dor e do esforço? Discutam como seus pais lidaram com essa questão em sua criação.
2. O capítulo 4 oferece exemplos de esforços compensadores, quando a dor está intimamente ligada ao prazer. Reservem algum tempo para compartilhar experiências importantes de suas vidas. Algumas delas incluem a dor? Já experimentou crescimento real sem que houvesse dor?
3. Dor, culpa, medo, solidão, esses são os "inimigos" que tentamos evitar mencionados no capítulo, mas de muito valor para nós. Quais são seus inimigos? Você aprendeu a "fazer as pazes" com eles?
4. "A verdadeira realização vem não pela satisfação do ego, mas sim pelo serviço aos outros." Discutam sobre alguns exemplos de serviço cristão que já experimentaram ou observaram. Como poderiam equilibrar esse princípio com a necessidade de a pessoa alimentar o ego e encontrar uma auto-imagem positiva?
5. Descrevo dois grupos de pessoas: estrelas e servos. Você já conheceu alguém que se encaixaria em algum desses grupos? Concorda com minhas conclusões?

CAPÍTULO 5

O planeta maculado

1. Pelo que conhece da Bíblia, como diria que este planeta difere do plano ideal de Deus? Às vezes, imagina que seria melhor se Deus não tivesse dado tanta liberdade aos seres humanos? Por que ele não fez isso?
2. Discutam o propósito central de Deus para nós neste mundo. Parece que não é o prazer, já que, não raro, ele exige muito de nós. O que Deus

pretende realizar com você aqui na terra? A dor tornará esse objetivo mais fácil ou mais difícil de ser alcançado?

3. Você concorda com a idéia que C. S. Lewis resume na expressão "dor, o megafone de Deus"? Você acha que esse megafone é específico? Em outras palavras, o sofrimento é apenas uma mensagem geral para toda a humanidade, ou Deus usa a dor para sussurrar em seu ouvido que existe alguma coisa errada *com você*?
4. Leia a seção intitulada "Ecos da dor". Já passou por uma experiência desse tipo? Quando você (ou talvez um parente ou um amigo) sofre, torna-se mais consciente de outros valores na vida?
5. Keith Miller disse: "A dor é como o fertilizante. Cheira mal quando está por perto, e você a detesta. Mas, depois de um tempo, percebe que aquela coisa repulsiva forneceu nutrientes para seu crescimento". Você concorda com isso?

CAPÍTULO 6

O que Deus está tentando dizer?

1. Quase todo ano, pelo menos um grande desastre acontece, matando grande número de pessoas e incitando histórias do tipo: "Deus me impediu de tomar aquele avião". Em um acidente em Detroit, somente um passageiro entre 155 sobreviveu. Os jornais rapidamente apelidaram a sobrevivente, uma menina de 4 anos, de "criança milagre". Será que Deus poupou a menina, mas não os outros 154 passageiros, da morte? Por coincidência, uma representante de vendas da editora Zondervan perdeu aquele vôo. Será que Deus a induziu, mas somente ela, a evitar a malfadada empresa aérea?
   O que um acidente de avião pode nos dizer sobre a atividade de Deus no mundo?
   a. Deus tinha um plano específico para cada pessoa no avião e chegara a hora de morrerem. De alguma forma, conseguiu fazer que a lista de passageiros fosse exatamente igual à de seu plano.
   b. Deus causou o acidente de avião.
   c. Deus tinha um plano somente para os cristãos que estavam a bordo do avião. Fez com que alguns possíveis passageiros não pegassem aquele vôo.

d. O acidente foi causado por motivos naturais, como defeito no equipamento ou falha humana ou mesmo um ato de terrorismo. Deus não estava envolvido.
e. Deus, às vezes, interfere para evitar acidentes, mas, outras vezes, permite que aconteçam. Os jornais sempre publicam notícias de acidentes que não acontecem "por um triz", nos quais os aviões escapam no último instante.

Qual dessas afirmações você considera verdadeira? Depois de estudar o capítulo 6, em que você acha que eu acredito?

2. "Será que Deus desce à terra, torce um pouco as rodas de ônibus escolares e fica observando enquanto ricocheteiam de encontro à mureta? Será que ele traça com lápis vermelho, no mapa do estado de Indiana, uma linha planejando o caminho exato a ser seguido por um tornado? *Ali, atinja aquela casa, mate aquela criança de 6 anos, mas suba agora e não atinja a próxima casa.*" Discuta essas questões do capítulo e também a questão levantada por um cristão sobre o terremoto na América do Sul. Você acha que Deus protege as crianças dos desastres naturais mais do que as pessoas em geral?
3. Peça aos membros do grupo que abram a Bíblia nas passagens do Novo Testamento citadas abaixo. Peça a cada um que leia uma delas em voz alta e depois pergunte quem é responsável pelo sofrimento.
   a. Lucas 13.10-16
   b. Lucas 13.1-5
   c. João 9.1-3
   d. 1Coríntios 11.29,30
   e. Atos 5.1-11
   f. 2Coríntios 12.7-10
4. Será que o ministério de Jesus teria sido mais "eficiente", reunindo uma multidão maior e causando mais conversões, se ele tivesse divulgado mais a notícia sobre seus poderes curadores sobrenaturais? Por que ele não fez isso?
5. O próximo capítulo é intitulado "Por que estamos aqui?". Em outras palavras, qual é o principal propósito que os seres humanos devem cumprir na terra? Como preparação, peça a cada pessoa que sugira em uma frase a resposta à pergunta.

CAPÍTULO 7

Por que estamos aqui?

1. A AIDS é uma doença moderna que algumas pessoas enxergam como um castigo de Deus. O que você acha? Trata-se de uma mensagem geral ou específica? Ou não se trata de forma alguma de uma mensagem de Deus?
2. "Poderia até aceitar o sofrimento se ele fosse mais justo, se soubesse que estava sofrendo porque tinha feito alguma coisa errada, por exemplo. É a injustiça que me incomoda." Você já pensou em coisas desse tipo? O capítulo oferece algumas sugestões de como seria um "mundo perfeitamente justo". Você realmente preferiria um mundo assim ao que temos?
3. Por que Deus valoriza tanto o amor espontâneo? Se alguém do seu grupo tiver filhos, peça que compartilhe experiências nas quais receberam o "amor espontâneo" dos filhos.
4. Leia e discuta a passagem de John Hick. Você acha que ele exagerou? Concorda que este mundo é, na verdade, perfeitamente criado para cumprir os propósitos de Deus?
5. O capítulo menciona "dois grandes erros" que a igreja pode cometer. Qual é o maior perigo em sua comunidade?

CAPÍTULO 8

Braços curtos demais para lutar com Deus

1. Forneça algumas passagens do discurso de Deus a Jó encontrado em Jó 38—41. Como reagiria se ouvisse esse discurso em circunstâncias semelhantes às de Jó? Ficaria satisfeito? Peça que várias pessoas resumam em uma ou duas sentenças a mensagem que Deus queria transmitir.
2. Por que você acha que muitas pessoas encontram consolo no livro *Quando coisas ruins acontecem a pessoas boas*? Você concorda com minha análise sobre as conclusões do rabino Kushner?
3. Este capítulo menciona os aspectos "produtivos" do sofrimento. Embora não seja bom em si, o sofrimento pode ser usado em nós para produzir o bem. Você já teve uma experiência desse tipo? Discutam passagens da Bíblia e também experiências pessoais nas quais se tenha observado esse princípio em ação.
4. Pense em pessoas que experimentam algum tipo de sofrimento, em sua rua, em sua igreja ou em seu trabalho. Sem mencionar nomes nem

identificá-las, descreva ao grupo como elas reagem ao sofrimento. Discutam sobre aquelas que lidam com isso de forma destrutiva e as que o enfrentam de forma construtiva. Por que suas atitudes são diferentes?

5. Com suas palavras, explique como alguém poderia "regozijar-se" no sofrimento.

CAPÍTULO 9

Depois da Queda

1. Se você visitasse Brian Sternberg em sua casa em Seattle e ele lhe pedisse conselho sobre sua situação, o que você diria hoje?
2. Tendo em vista este capítulo e o anterior, escolha uma palavra para descrever a reação que Deus gostaria que tivéssemos em meio ao sofrimento. Fé, amor, regozijo, honestidade, esperança, confiança?
3. A família Sternberg acredita que o sofrimento acontece sempre contra a vontade de Deus e que a cura física é tudo o que Deus quer para Brian. Outros cristãos, como C. S. Lewis ou mesmo Joni Eareckson Tada, discordam. E você, concorda ou discorda?
4. É errado apresentar a cura como uma esperança para cristãos sofredores? Você acha que essa filosofia promove ou impede o crescimento de Brian?
5. A família Sternberg enfrenta a "dor prolongada" de uma lesão permanente, mas há outras "dores prolongadas": más lembranças da infância, um passado de maus-tratos, um filho pródigo, um vício incontrolável. Discuta algumas delas. Você acha que a sra. Sternberg está certa em dizer que Deus deseja curar todas as instâncias de desgosto?
6. O que você faz para discernir a "vontade de Deus" para sua vida?

CAPÍTULO 10

Usando os pés para dançar

1. Ao escrever este livro, deliberadamente justapus as experiências desses dois jovens porque, embora suas lesões sejam semelhantes, suas reações e conclusões diferem bastante. Tenha em mente que a dor *física* de Brian é muito mais intensa que a de Joni. Em uma ou duas sentenças, diga qual, em sua opinião, é a grande diferença entre as conclusões de Brian e as de Joni. Com quem você mais se identificou emocionalmente: com Brian ou com Joni? E teologicamente?

2. Joni descreve algumas maneiras diferentes de tentar ajudar pessoas com algum sofrimento ou deficiência. O que você aprendeu sobre a forma como ela gostaria de ser tratada?
3. Joni pensa o seguinte: "Pode ser que a dádiva de Deus para mim tenha sido minha completa sujeição a ele. Jamais serei auto-suficiente a ponto de expulsar Deus de minha vida". Você já passou por situações que o forçaram a depender de Deus? Discuta sobre elas com o grupo.
4. Você acredita que já experimentou "a vida em toda a plenitude"? Caso contrário, o que falta?
5. O que você pensa dos comentários de Joni a respeito de uma "demora de quarenta ou cinqüenta anos"? Esse conceito da cura derradeira afeta sua vida de maneira prática?
   Joni diz: "Ser 'glorificada'. Agora sei o que isso quer dizer. É a ocasião, depois da minha morte, em que estarei usando meus pés para dançar". Como completaria essa sentença sobre sua vida: "É a ocasião, depois da minha morte, em que...".

CAPÍTULO 11

Outros testemunhos

1. Como descobriu Paul Tournier, e pessoas como o sr. Buckley demonstraram, o sofrimento pode oferecer uma oportunidade para o crescimento que dará mais significado à sua vida. A dor ou o sofrimento já realizou algo semelhante em você?
2. C. S. Lewis concluiu que o sofrimento, "em geral, cumpre bem sua função". Pensando nas pessoas que conhece que suportam uma dor crônica, você concordaria com a declaração de Lewis?
3. Se o sofrimento realmente tem função de "formação da alma", por que nos esforçamos tanto para nos abster e proteger nossos filhos da dor? O que podemos fazer para encontrar um equilíbrio?
4. Leia o Sermão do Monte com o grupo (especialmente Mt 5.1-10 e Lc 6.20-38). De que forma este mundo está "voltado" para os pobres e sofredores?
5. Leia a lista das "vantagens" do sofrimento, adaptada da relação de Monica Hellwig. No grupo, verifique se alguém aprendeu alguma lição em especial com cada um dos dez itens.

CAPÍTULO 12

Casos extremos

1. Neste capítulo, confesso que senti uma onda de desespero. Já sentiu alguma coisa semelhante a essa tentação? Nesse caso, como lidou com isso?
2. Alguns líderes da igreja luterana alemã disseram: "Depois de Auschwitz, não conseguimos mais cantar o verso do hino que diz: 'aquele que acima de todas as coisas tão maravilhosamente reina'. Por que Deus não interveio para impedir o Holocausto?" A Bíblia está cheia de suas intervenções milagrosas. Por que ele não operou dessa vez? Você é capaz de imaginar algum motivo?
3. Você pode afirmar com segurança, como Corrie ten Boom: "O abismo pode ser profundo, mas maior ainda é o amor de Deus"? De que forma você experimenta o amor de Deus?
4. Neste livro, assumi a posição de que a Providência é uma doutrina que se projeta no futuro, não no passado. Em resposta a um evento como o Calvário ou o Holocausto, não devemos nos concentrar no passado perguntando "por quê?", mas no futuro, perguntando "para quê?".

   Nem todos nós, felizmente, teremos de viver as circunstâncias extremas descritas neste capítulo. Para que as questões não se tornem muito abstratas e impessoais, permita-me propor um exemplo mais comum para a discussão.

   Um homem chamado Jack está diante de um dilema: não sabe se deve casar com Michelle ou Susan. Ele ora sobre isso e conversa com seus amigos cristãos. Seu pastor diz que ele chegou a uma encruzilhada de sua vida, e o rumo que ele tomar poderá trazer sérias conseqüências para o seu futuro. Finalmente, Jack decide que é da vontade de Deus que ele se case com Michelle. Até seu pastor concorda que ele fez a escolha certa.

   Mas, três anos depois, Michelle repentinamente foge com outro homem, deixando Jack com um filho de seis meses para cuidar. Ele fica arrasado e lembra da conversa que teve com o pastor. Teria tomado o caminho errado naquela encruzilhada da vida? Teria agora de se conformar à "segunda chance de Deus" para sua vida?

   Discuta esse caso com o grupo. Só posso sugerir que enxerguem a vontade de Deus como um mapa rodoviário aberto no qual, *após cada mudança de rumo*, a estrada na qual você estava antes imediatamente *desaparece atrás de você*. A Providência não deixa espaço para a lamentação: "Se ao menos eu tivesse feito algo diferente". De fato, ela declara que, aconteça o que acontecer, mesmo que não possa ser desfeito e tenha conseqüências permanentes, Deus é capaz de redimi-la. Todas as coisas podem contribuir para seu bem supremo. É nesse sentido que digo que a Providência visa o futuro, não o passado.

5. Discuta a afirmação: "Ter fé significa crer em algo que só fará sentido depois que acontecer". O que acha que isso significa?

CAPÍTULO 13

Fronteiras da recuperação

1. John Claxton disse: "Quando surge uma crise na vida do casal, ela só reforça o que já existe no relacionamento". Discutam sobre alguns casais que saibam ter passado por crises. Como isso afetou seu relacionamento com a família e os amigos?
2. Você se sente constrangido perto de quem sofre? Procura evitá-lo? Mencionei que tive de superar algumas barreiras. Quais são as suas barreiras?
3. Como seria a sua vida se você, assim como os membros do grupo "Faça o dia de hoje valer a pena", soubesse que tem apenas alguns meses de vida?
4. Leia com o grupo 1Coríntios 13 e tente aplicar esta mensagem de maneira prática e específica aos que sofrem.
5. Mencionei quatro "fronteiras da recuperação" que formarão a base dos próximos quatro capítulos. O que você acrescentaria a essa lista?

CAPÍTULO 14

Medo

1. Peça a cada pessoa do grupo que cite pelo menos três coisas que lhe causam medo.
2. Levando em conta sua reação à dor, você diria que está mais para um "intensificador", "redutor" ou "moderador" nas escala de Asenath Petrie?
3. O que aprendeu nas últimas semanas que poderia ajudá-lo a entender o propósito da dor e, assim, reduzir o nível de medo?
4. Encontre alguém, do próprio grupo ou um conhecido do grupo, que tenha passado por um período de sofrimento ou pesar. Se possível, convide essa pessoa para se reunir com vocês. Pergunte-lhe quem mais a

ajudou e por quê. Que conselho ela considera apropriado dar a alguém que sofre? Ou seria melhor demonstrar sua preocupação de forma não-verbal, mais sutil?

5. Você já se sentiu abandonado por Deus? O que o ajudou?

CAPÍTULO 15

Desamparo

1. Todos nós nos sentimos desamparados de vez em quando. Não é preciso estar doente para se sentir assim. O que faz com que nos sintamos dessa forma?
2. Discuta sobre "o tênue limite que existe entre oferecer ajuda e ajudar demais". Alguém já tentou ser prestativo demais com você?
3. Passe alguns minutos refletindo sobre o tipo de mensagem que os cartões com desejos de melhoras *deveriam* incluir. O que realmente queremos comunicar a quem está sofrendo?
4. Se alguém de seu grupo esteve num hospital, fale sobre a experiência considerando a visão de Norman Cousins. Como seria um hospital ideal?
5. O psicólogo de Atlanta oferece um princípio que Joni Eareckson Tada demonstra muito bem: um passo importante para a reabilitação é encontrar uma forma de fazer com que a própria pessoa que sofre ministre a outros. Sua igreja ou grupo cristão tem um ministério que use as pessoas dessa maneira? Pense em divorciados com alguma dor ou doença crônica. De que forma específica e prática poderiam assumir o papel de quem dá, em vez de quem recebe?

CAPÍTULO 16

Sentido

1. Tendo em vista os comentários do pastor do Centro-Oeste dos Estados Unidos, o que a comunidade cristã fez de errado em relação a ele quando teve um "colapso nervoso"? O que ele queria e precisava dela então?
2. Este capítulo fala de como atribuir sentidos diferentes a tipos diferentes de sofrimento. Discuta com o grupo como as pessoas poderiam reagir a alguém que sofre das seguintes aflições: a) epilepsia; b) uma lesão causada numa partida de hóquei; c) caxumba aos 24 anos de idade; d) parto; e) aparelho ortodôntico; f) uma torção no pescoço devido a

um acidente de carro; g) enxaqueca; h) cirurgia no joelho. Expresse sua opinião pessoal sobre a questão.

3. Discutam sobre momentos difíceis pelos quais passaram, seja de sofrimento físico ou emocional. Que "tesouro enterrado" foi encontrado nessa experiência?
4. Sharon Fischer menciona cinco estágios do pesar, segundo a definição de Elisabeth Kübler-Ross. Você passa por esses estágios, ou estágios semelhantes, quando sente pesar? E quando sofre com uma dor física?
5. Discuta a conclusão do dr. Trogisch sobre o motivo de Deus permitir que uma criança nasça com deficiência mental grave. Você concorda com ele?

CAPÍTULO 17

Esperança

1. Quando fica doente, naturalmente tende a ser mais "esperançoso" ou "derrotista"? O que fizeram para tornar seu sofrimento mais suportável?
2. Em suas palavras, diga qual é a diferença entre esperança e otimismo.
3. Pense em uma pessoa de sua comunidade ou igreja que esteja passando por algum sofrimento prolongado. Ela se mostra receptiva a receber ajuda ou reticente? Você se sente constrangido perto dessa pessoa?
4. Leia a reação de Barbara Sanderville às pessoas que a exortaram a tentar a cura como fuga para o seu sofrimento. É sempre errado encorajar as pessoas a orar pela cura? O que diria a Barbara se ela pedisse a você, pessoalmente, uma explicação para o fato de não ser curada?
5. Discuta a história de Martha com seu grupo. De que forma sua igreja reagiria a alguém como Martha?

CAPÍTULO 18

Vendo com os próprios olhos

1. Deus, ao visitar nosso mundo, poderia ter realizado um grande espetáculo de poder. Em vez disso, veio em fraqueza, tornou-se um ser humano e sujeitou-se ao sofrimento. Por quê? Por que ele não veio com poder para eliminar toda a dor?
2. "Tomando-a para si, Jesus dignificou a dor." Você concorda com essa sentença? De que forma Jesus dignificou a dor? Você acha que essa idéia oferece alguma ajuda prática e realista a uma pessoa que sofre?

3. O resumo da vida de Jesus neste capítulo é diferente do que lhe ensinaram na infância? Você acha que a igreja "glamouriza" Jesus?
4. Existe um poema anônimo atribuído a um soldado confederado que expressa o conceito da "dor transformada":

   Pedi que me fizesse forte para conquistar;
   Ele me tornou fraco para obedecer.
   Pedi que me desse saúde para realizar grandes feitos;
   Recebi graça para poder realizar coisas melhores.
   Pedi riquezas que me tornassem mais feliz;
   Recebi a pobreza para me tornar mais sábio.
   Pedi poder para obter o respeito dos homens;
   Recebi fragilidade para sentir necessidade de Deus.
   Pedi todas as coisas de que gostava na vida;
   Recebi uma vida que me permitia gostar de todas as coisas.
   Não recebi nada que pedi nem que esperava receber.
   Mas minha oração foi atendida.

   Você concorda com a filosofia do sofrimento expressa nesse poema? O que você já "pediu"? E o que já recebeu?
5. Analisem juntos as quatro aplicações práticas que faço do exemplo de Jesus. Já experimentou algo semelhante em sua vida?

CAPÍTULO 19

O resto do corpo

1. Leia Romanos 8 com o grupo. De que maneiras práticas o Espírito Santo foi importante na vida de Paulo?
2. "Na sociedade humana, sofremos porque não sentimos muita dor." O que acha que essa declaração significa? Como podemos desenvolver maior sensibilidade diante das pessoas que sofrem à nossa volta? Como evitar que nos tornemos apáticos a algumas pessoas, como as que sofrem de dores constantes e crônicas (inclusive no plano emocional) ou as que tendem a grudar em qualquer um que lhe dê atenção?
3. Discuta sobre pessoas à sua volta que sofrem. Como ajudá-las sem ser paternalista ou complacente?
4. Pense em quem está passando por algum sofrimento neste momento em sua igreja. Cite os problemas que conhece. Doença, pesar por causa de

morte, abuso sexual, divórcio, alcoolismo. Em grupo, passe alguns minutos orando por essas pessoas específicas da sua lista.

5. Como dar atenção e ministrar a cada uma dessas pessoas a longo prazo? Você seria capaz de carregar o fardo delas sem se sobrecarregar?

CAPÍTULO 20

Um mundo completamente novo no além

1. Sua igreja dá muita ênfase à vida após a morte? Alguns dizem que essa doutrina é mal usada, que a igreja promete "a recompensa no céu" como forma de evitar as questões humanitárias aqui na terra. No entanto, sem dúvida, a Bíblia enfatiza a importância da vida após a morte. Como manter um equilíbrio apropriado? O que Jesus fez?
2. O documentário *Dying* mostra duas reações diferentes à morte iminente, e uma delas envolve uma família cristã. Pense nos processos do pesar das pessoas que você conhece. Há alguma diferença entre as reações de cristãos e de não-cristãos?
3. Discuta sobre a ilustração do ponto de giz que compara a brevidade da vida em relação à eternidade. "Reclamaríamos da vida na terra se Deus permitisse apenas uma hora de sofrimento numa vida inteira de setenta anos de conforto? Agora, nosso tempo de vida inclui sofrimento, mas representa apenas uma hora na eternidade." Essa abordagem parece dura e insensível? Ela afeta sua perspectiva sobre o sofrimento?
4. Leia a analogia que compara o nascimento e a morte. Você a considera adequada? Que efeito prático seria necessário para mostrar que a morte é apenas um túnel escuro a caminho da luz?
5. No fim deste capítulo, faço um resumo de minha peregrinação quando minha busca sobre o problema da dor chega ao fim (pelo menos, no que se refere a este livro, pois ela não terminou!). Analiso alguns pontos centrais do livro. Leia cada um deles, um a um, e discuta se concorda ou se teria feito a mesma colocação.

   Se *você* tivesse de escrever um capítulo como conclusão sobre o que aprendeu a respeito da dor, como seria? Numa folha, relacione os princípios que, agora, acredita com mais convicção por causa deste estudo em grupo.
6. As discussões sobre a dor podem se tornar complexas e distantes e, na verdade, acabar por afastá-lo da dor das pessoas que sofrem. Não per-

mita que isso aconteça. Assuma, individualmente e em grupo, um compromisso com Cristo e com seu ponto de vista. O Cirurgião Ferido sente nossa dor e deseja ardentemente tratá-la. Decidiu fazê-lo basicamente por meio de seu corpo, composto por... quem diria, por você e por mim. Se o mundo precisa encontrar Cristo e seu caminho, terá de ser por meio de nós. Discutam e planejem em grupo de que forma podem agir como Cristo em relação ao sofrimento. E peça a Deus que o torne sensível à dor para sempre. É a única coisa capaz de unir o corpo.

Notas

CAPÍTULO 1: **Um problema que permanece**

[1]O problema de Claudia foi resolvido quando o tratamento de cobalto destruiu todas as células cancerosas. Já se passaram anos, e ela continua perfeitamente sã.

[2]C. E. M. JOAD, *God and evil*, Nova York, Harper and Brothers, 1943, p. 28.

CAPÍTULO 2: **A dádiva indesejável**

[1]*Formação da personalidade*: um caminho a desbravar, São Paulo, Edições Paulinas, 1985.

[2]R. J. CHRISTMAN, *Sensory experience*, Scranton, Intext Educational Publishers, 1971, p. 359.

[3]Ib., p. 361.

[4]Maurice BURTON, *The sixth sense of animals*, Nova York, Taplinger Publishing Company, 1972, p. 9. Temos exatamente o número necessário de sensórios de dor. Os cientistas ainda conseguem medir outro fenômeno do sistema nervoso chamado *limiar dos dois pontos*. Eles pressionam dois alfinetes ou duas cerdas duras contra a pele de uma pessoa com olhos vendados a fim de determinar a proximidade em que devem estar os alfinetes ou as cerdas para que a pessoa sinta uma só picada, e não duas. Em outras palavras, esse teste demonstra a proximidade em que estão os sensórios individuais de dor. Na perna, duas picadas tornam-se indistintas quando os alfinetes estão a uma distância de 68 mm. No dorso da mão, porém, distinguem-se duas picadas a uma distância de 32 mm e, na ponta do dedo, a uma distância de 2 mm. Na ponta da língua, entretanto, a distância é de apenas 1 mm. Isso explica o fenômeno bastante comum de sentir uma partícula de comida entre os dentes. Com a língua, descobre-se rapidamente em que fenda acha-se a comida, mas, com a ponta do dedo, é mais difícil localizá-la. Os espaços entre os dentes "parecem menores" com o dedo do que com a língua.

[5]Thomas LEWIS, *Pain*, Nova York, The Macmillan Company, 1942.

[6]São Paulo, Vida Nova, 1989.

Capítulo 3: O inferno indolor

[1]Nome médico da lepra.

[2]Ronald Melzack, *The puzzle of pain*, Nova York, Basic Books, Inc., 1973, cap. 1.

Capítulo 4: Agonia e êxtase

[1]Agostinho de Hipona, *The Confessions of St. Augustine*, trad. John K. Ryan, Garden City, NY, Image Books, 1960, p. 186.

Capítulo 5: O planeta maculado

[1]G. K. Chesterton, *Orthodoxy*, Garden City, Nova York, Doubleday and Company, Inc., 1959, p. 144.

[2]Ib., p. 78.

[3]C. S. Lewis, *The problem of pain*, Nova York, The Macmillan Company, 1962, p. 93.

[4]São Paulo, Círculo do Livro, fora de catálogo.

[5]Blaise Pascal, *Pensées*, Nova York, E. P. Dutton & Co., 1958, p. 55-6.

[6]Chesterton, op. cit., p. 80.

[7]John Donne, *Devotions*, Ann Arbor, Mich., University of Michigan Press, 1959, p. 108.

[8]Ib., p. 141.

Capítulo 6: O que Deus está tentando dizer?

[1]A *luckless city buries its dead*, *Time*, 7 jun. 1976.

[2]Klaus Kloch, Is there a doctrine of retribution in the Old Testament?, in: James L. Crenshaw, ed., *Theodicy in the Old Testament*; Filadélfia, Fortress Press, 1983.

Capítulo 7: Por que estamos aqui?

[1]São Paulo, Círculo do Livro, 1973.

[2]C. G. Jung, *Answer to Job*, Princeton, N. J., Princeton Publishing/Bollingen Series, 1973, p. 15 e seguintes.

[3]Ib.

[4]John Hick, *Philosophy of religion*, Englewood Cliffs, N. J., Prentice-Hall, Inc., 1963, cap. 3.

[5]Bernard Seeman, *Man against pain*, Nova York, Chilton Books, 1962, p. 96.

[6]Albert Camus, *The plague*, Nova York, Vintage Books, 1972, p. 203.

[7]Daniel Defoe, *Journal of a plague year*, Nova York, Penguin Books, 1966, p. 33.

[8]In tornados, some trust God, *Psychology Today*, ago. 1974, p. 36.

[9]Anita e Peter Deyneka, Jr. A salvation of suffering: the church in the Soviet Union, *Christianity Today*, 6 jul. 1982, p. 20.

[10]David Watson, *Fear no evil*, Wheaton, Ill., Harold Shaw Publishers, 1984, p. 7.

Capítulo 8: Braços curtos demais para lutar com Deus

[1]Harold Kushner, *When bad things happen to good people*, Nova York, Schocken Books, 1981, 43-4.

[2]Frederick Buechner, *Wishful thinking*, San Francisco, Harper & Row, 1973, p. 46.

[3]A história de Maria é contada no livro *Take my hands*, de Dorothy Clarke Wilson.

[4]Citação de William James em *The varieties of religious experience*, Nova York, The Modern Library, 1936, 281.

Capítulo 9: Depois da Queda

[1]Brian Stenberg com John Poppy, My *search for faith*, *Look*, 10 mar. 1964, p. 79-80.

[2]Ib.

CAPÍTULO 10: Usando os pés para dançar

[1]O livro *Joni,* de Joni EARECKSON, publicado pela Editora Vida conta a sua história.

CAPÍTULO 11: Outros testemunhos

[1]Paul TOURNIER, *Creative suffering,* San Francisco, Harper & Row, 1982, p. 2.

[2]Ib., p. 29, 37.

[3]Citação de David J. GARROW, *Bearing the cross*, Nova York, William Morrow and Co., 1986, p. 532.

[4]C. S. LEWIS, *The problem of pain*, p. 108.

[5]Monica HELLWIG, Good news to the poor: do they understand it better?, in: James E. HUG, *Tracing the spirit*, Mahwah, N.J., Paulist Press, p. 145.

CAPÍTULO 12: Casos extremos

[1]Rio de Janeiro, Francisco Alves, 1982.

[2]Terrence DES PRES, *The survivor*, Nova York, Oxford, University Press, 1976, 162-3.

[3]Bruno BETTELHEIM, *Surviving and other essays*, Nova York, Alfred A. Knopf, 1979, p. 313-14.

[4]George MANGAKIS, Letter in a bottle, *Atlantic Monthly*, out. 1971, p. 253.

[5]Viktor FRANKL, *Man's search for meaning*, Nova York, Washington Square Press, 1959, p. 103-5.

[6]Reeve Robert BRENNER, *The faith and doubt of Holocaust survivors*, Nova York, The Free Press, 1980, p. 94-5, 103-4.

[7]Elie WIESEL, *Night*, Nova York, Avon Books, 1969, p. 44.

[8]Id., p. 8-9.

[9]Ib., p. 79.

[10]Ib., p. 75-6.

CAPÍTULO 13: Fronteiras da recuperação

[1]Rio de Janeiro, Imago, 2000.

[2]Citação de Douglas Colligan, *That helpless feeling*: the dangers of stress, Nova York, 14 jul. 1975, p. 32.

[3]Jean VANIER, Hearts awakened by the poor, *Sojourners*, jan. 1982, p. 17.

CAPÍTULO 14: Medo

[1]DONNE, *Devotions*, p. 36.

[2]Steven BRENA, *Pain and religion*, Springfield, Ill., Charles C. Thomas, 1972, p. 78-81.

[3]MELZACK, p. 29-30.

[4]Betsy BURNHAM, *When your friend is dying*, Grand Rapids, Chosen Books/Zondervan, 1982, p. 71-2.

CAPÍTULO 15: Desamparo

[1]Rio de Janeiro, Technoprint, 1971.

[2]James D. HARDY, Harold G. WOLFF e Helen GOODELL, *Pain sensations and reactions*, Nova York, Haffner Publishing Co., 1967, p. 117.

[3]Eric J. CASSELL, M.D., *The helpers art*: a new approach to the doctor-patient relationship, Nova York, Harper & Row, 1976, p. 44.

[4]Jürgen MOLTMANN, *The power of the powerless*, San Francisco, Harper & Row, p. 142.

[5]Norman COUSINS, São Paulo, Saraiva, 1993.

[6]Ib.

[7]Benjamin M. e Carol WEIR, com Dennis BENSON, *Hostage bound, hostage free*, Westminster/John Knox Press, 1987, em excerto de *Leadership*, Winter, 1989, p. 54.

[8]Barbara WOLF, *Living with pain*, Nova York, Seabury Press, 1977, p. 107.

Capítulo 16: Sentido

[1]Citação de Mark Krum, The face of pain, *Sports Illustrated*, 8 mar. 1976, p. 62.

[2]A dor emocional, como a depressão aguda, é uma grande área do sofrimento que não é tratada neste livro que enfoca a dor física. Recomendo a leitura de *Season of suffering*, de John H. Timmerman (Multnomah Press, 1987), que apresenta o relato impressionante da luta de uma família contra a depressão.

[3]Rio de Janeiro, Bruguera, 1971.

[4]Donne, p. 109.

[5]Sharon Fischer, What to do when you don't know what to do, *Worldwide challenge*, jun. 1983, p. 20.

[6]São Paulo, Paulinas, 2001.

[7]Jürgen Trogisch, Congenital subnormality, in: *God and the handicapped child*, Londres, Christian Medical Fellowship Publications, 1982, p. 41-5.

Capítulo 17: Esperança

[1]Armand Mayo Nicholi II, Why can't I deal with depression?, *Christianity Today*, 11 nov. 1983, p. 41.

[2]Colligan, p. 30.

[3]Citação de Nicholi, p. 40.

[4]Bruce Larson, *There's a lot more to health than not being sick*, Waco, Texas, Word Books, 1981, p. 90.

[5]Citação de Joseph Frank, *Dostoyevsky*: the years of ordeal, Princeton, N.J., Princeton University Press, 1983, p. 157.

[6]Moltmann, *Experiences of God*, Filadélfia, Fortress Press, 1980, p. 7.

[7]Bettelheim, p. 296.

Capítulo 18: Vendo com os próprios olhos

[1]Robert Coles, *Children of crisis, vol. 2:* migrants, mountaineers, and sharecroppers, Boston, Atlantic Monthly Press, 1967-1971, p. 612-13.

[2]Dorothy L. Sayers, *Christian letters to a post-christian world*, Grand Rapids, Mich., William B. Eerdmans Publishing Company, 1969, p. 14.

[3]Cornelius Plantinga Jr., A love so fierce, *The Reformed Journal*, nov. 1986, p. 6.

[4]Harry R. Boer, And a sword [...], *The Reformed Journal*, dezembro de 1984, p. 3.

[5]T. S. Eliot, *Poesia*, Rio de Janeiro, Nova Fronteira, 1990.

Capítulo 19: O resto do corpo

[1]Citação de Brennan Manning, *Lion and lamb:* the relentless tenderness of Jesus, Old Tappan, N. J., Fleming H. Revell/Chosen Books, 1986, p. 77.

[2]Dorothy Clark Wilson, *Ten fingers for God*, Grand Rapids, Mich., Zondervan, 1989, p. 145 e seguintes.

[3]Donne, *Devotions*, p. 107-9.

[4]Alan Paton et. al., *Creative suffering, the ripple of hope*, Kansas City, Mo., National Catholic Reporter Publishing Company, 1970, p. 17.

Capítulo 20: Um mundo completamente novo no além

[1]Pascal, p. 57.

[2]Petrópolis, RJ, Vozes, 1992.

[3]William RAEPER, *George MacDonald*, Londres, Lion Publishing, 1987, p. 133.
[4]Peter KREEFT, *Making sense out of suffering*, Ann Arbor, Mich., Servant Books, 1986, p. 139.
[5]Joseph BAYLY serviu de base para essa analogia.

Guia para discussão
[1]Rio de Janeiro, Record, 1995.

Outras obras de Philip Yancey

O Jesus que eu nunca conheci

Para escrever essa obra, Philip Yancey dicidiu pôr de lado seus pré-julgamentos e examinar detalhadamente o Jesus apresentado nos evangelhos. Sempre disposto a enfrentar questionamentos difíceis, o escritor nos apresenta um Jesus perturbador e animador que ainda hoje deseja transformar profundamente nossa vida e aumentar nossa fé.

A Bíblia, minha companheira

Os autores Philip Yancey e Brenda Quinn apresentam um vasto e épico panorama da Bíblia através de 366 reflexões, uma para cada dia do ano. Personagens, lugares, épocas, histórias e significados contidos no Livro dos livros são comentados e trazidos à luz.

Maravilhosa graça

Em seu livro mais pessoal e provocante, Philip Yancey oferece retratos fortes e verdadeiros da vida sob a graça — o poder que transforma. Ele procura a presença dela em sua própria vida e na igreja. Leia esse livro e descubra uma mensagem poderosa que tem o poder de renovar toda a igreja de Cristo.

O Deus (in)visível

A vida com Deus nunca acontece do jeito que pensamos. Como funciona o relacionamento com um Deus que não podemos ver, ouvir ou tocar? A partir das dúvidas mais comuns, o autor conduz os leitores ao que se oferece pessoalmente em resposta: o Deus que nos convida a encontrá-lo.

Outras obras de Philip Yancey

Muito mais que palavras

Um grande texto literário tem o poder de estimular a imaginação, gerar criatividade e ajudar a entender o mundo. Nessa compilação fascinante realizada por Philip Yancey, 21 autores cristãos contam como foram influenciados por grandes mestres da literatura.

Rumores de outro mundo

Uma investigação sobre a realidade da fé, estimulando os leitores a refletir sobre como o natural e o sobrenatural podem dialogar e influenciar o cotidiano. O escritor aborda as principais dúvidas e questionamentos relacionados à vida e indica o caminho para uma existência repleta de beleza, propósito e liberdade.

A Bíblia que Jesus lia

O Antigo Testamento é a biografia de Deus, a história de seu encontro intenso com as pessoas. Faça companhia a Philip Yancey na trajetória da descoberta desses escritos divinos e conheça Deus de forma mais íntima.

À imagem e semelhança de Deus

Philip Yancey e o cirurgião Paul Brand unem-se para demonstrar como, de modo perfeito e complexo, o corpo humano serve de retrato do corpo de Cristo, a igreja. Com rara sabedoria, eles "dissecaram" as maravilhas do corpo, extraindo muitas verdades espirituais sublimes.

Vida

EDITORA do grupo
ZONDERVAN
HARPER COLLINS

Filiada a
CÂMARA BRASILEIRA DO LIVRO
ASSOCIAÇÃO BRASILEIRA DE EDITORES CRISTÃOS
ASSOCIAÇÃO NACIONAL DE LIVRARIAS
ASSOCIAÇÃO NACIONAL DE LIVRARIAS EVANGÉLICAS

Título do original
Where is God when it hurts?,
ZONDERVAN PUBLISHING HOUSE,
(Grand Rapids, Michigan, EUA)

■

EDITORA VIDA
Rua Júlio de Castilhos, 280, Belenzinho
CEP 03059-000 São Paulo, SP
Tel.: 0 xx 11 6618 7000
Fax: 0 xx 11 6618 7050
www.editoravida.com.br

■

Todas as citações bíblicas foram extraídas da
Nova Versão Internacional (NVI),
©2001, publicada por Editora Vida,
salvo indicação em contrário.

■

Coordenação editorial: Vera Villar
Edição: Denise Avalone e Liege M. S. Marucci
Revisão: Josemar de Souza Pinto
Capa: Cláudio Souto
Diagramação: Efanet Design

Dados Internacionais de Catalogação na Publicação (CIP)
(Câmara Brasileira do Livro, SP, Brasil)

Yancey, Philip
Onde está Deus quando chega a dor? / Philip Yancey ; tradução: Emma Anders de Souza Lima e Denise Avalone — 2. ed. — São Paulo : Editora Vida, 2005.

Título original: Where is God when it hurts?
Título anterior: Deus sabe que sofremos
Bibliografia
ISBN 85-7367-939-5

1. Dor - Aspectos religiosos 2. Sofrimento - Aspectos religiosos I. Título.

05-3264 CDD 248.4

Índices para catálogo sistemático:

1. Dor : Aceitação : Prática Religiosa : Cristianismo 248.4
2. Sofrimento : Aceitação : Prática Religiosa : Cristianismo 248.4

Esta obra foi composta em *Goudy Old Style* e impressa por
Imprensa da Fé sobre papel *Lux Scream* 70 g/m²
para Editora Vida em junho de 2005.

3ª impressão da 2ª edição — fevereiro de 2009